财政部规划教材

全国高等院校资产评估专业教材

企业价值评估

俞明轩　主编

中国财政经济出版社

图书在版编目（CIP）数据

企业价值评估/俞明轩主编．—北京：中国财政经济出版社，2014. 12
财政部规划教材　全国高等院校资产评估专业教材
ISBN 978－7－5095－5887－4

Ⅰ. ①企…　Ⅱ. ①俞…　Ⅲ. ①企业－价值论－高等学校－教材　Ⅳ. ①F270

中国版本图书馆 CIP 数据核字（2014）第 285929 号

责任编辑：付克华　　　　责任校对：徐艳丽
封面设计：陈　瑶　　　　版式设计：兰　波

中国财政经济出版社 出版
URL：http：//www. cfeph. cn
E－mail：cfeph @ cfeph. cn
（版权所有　翻印必究）
社址：北京市海淀区阜成路甲 28 号　邮政编码：100142
营销中心电话：88191537　北京财经书店电话：64033436　84041336
北京富生印刷厂印刷　各地新华书店经销
787×1092 毫米　16 开　16. 25 印张　490 000 字
2015 年 4 月第 1 版　2021 年 1 月北京第 5 次印刷
定价：48. 00 元
ISBN 978－7－5095－5887－4/F·4751
（图书出现印装问题，本社负责调换）
质量投诉电话：010－88190744
打击盗版举报热线：010–88191661　QQ：2242791300

编　委　会

主任委员： 刘红薇

委　　员： 贾荣鄂　　刘　萍

王庆阁　　韩立英

序

Preface

我国资产评估行业经过二十余年的发展，走出了一条适合中国特色的评估服务专业之路，创立了一套符合中国市场经济的评估理论体系，培养了一支讲道德、有能力的专业服务队伍，成为市场经济体系不可或缺的现代专业服务业。

党的十八大明确提出要推动服务业特别是现代服务业的发展壮大，十八届三中全会对经济体制、政治体制、文化体制、社会体制、生态文明体制和党的建设制度改革进行了全面部署，财政部发布的资产评估行业发展规划对我国资产评估行业未来一个时期的发展提出了目标和要求。资产评估行业迎来了前所未有的发展机遇，资产评估行业人才的基础性、专业性和战略性作用日益凸显。培养一支具备资产评估专业知识、具有创新实践能力的高层次、应用型人才，是资产评估行业适应新形势、新要求，实现可持续发展的根本保障。

为适应我国市场经济发展对资产评估专业技术人才的迫切需求，2010 年，国务院学位委员会审议通过了包括资产评估在内的 19 种专业学位设置方案，批准设立资产评估硕士专业学位。从 2011 年开始，全国共有 68 所高等院校取得了资产评估硕士专业学位举办资格，这是资产评估学历教育发展的里程碑，是国家重视和扶持评估行业发展的重要体现。随着设置评估专业的院校日益增加，对统一的评估专业硕士教材的需求愈加迫切。为切实提高资产评估硕士专业学位研究生的培养质量，财政部组织相关学者和行业专家编写了资产评估专业系列教材。这是资产评估专业学科建设中的一件大事，对资产评估专业的教学具有重要的引领和示范作用，必将为我国资产评估高层次应用型人才的系统、科学培养奠定坚实的基础。

这套资产评估专业系列教材，是资产评估行业管理者、执业者、理论研究者集体智慧的结晶，为指导评估教学和实践提供了有益参考，为推进中国资产评估学科发展做了一项扎实的基础建设工作。希望能够为资产评估专业人才的培养提供教学工具，发挥好教材的基础性和系统性作用。

财政部部长楼继伟十分重视和关心资产评估工作，近期指出，市场经济发展需要资产评估，资产评估前景广阔，要进一步发挥资产评估在市场经济及财政管理中的基础作用，对行业发展寄予厚望。资产评估行业要将贯彻落实党的十八大和十八届三中全会精神作为重大使命，立足于服务经济社会发展，努力实现评估行业转型升级，积极为国家“五位一体”建设全面服务。

资产评估行业学科建设和人才培养，肩负着服务国家经济社会建设的光荣使命，是行业实现转型升级的基础保障。让我们不断探索，努力前行，以高层次后备人才培养为抓手，共同创造资产评估行业美好的明天，实现中国资产评估行业的中国梦。

刘红薇

2014 年 6 月

编写说明

Written description

本书是财政部规划教材，由财政部教材编审委员会组织编写并审定，作为全国高等院校资产评估专业教材使用。

企业价值评估是资产评估中的重要内容，其评估对象和评估思路以及评估假设都具有明显的特征，值得深入学习和思考。本书侧重阐述企业价值评估中的宏观分析、行业分析、企业分析以及特定行业、特定目的和特定情况下的企业价值评估。

本书由俞明轩担任主编。具体分工如下：第一章由俞明轩、谷雨编写，第二章和第三章由刘登清编写，第四章由崔劲编写，第五章由赵强编写，第六章由王少豪编写，第七章、第八章和第九章由王生龙编写，第十章和第十一章由朱军编写。本书由中和资产评估有限公司董事长杨志明审稿。

对于本书中存在的不足和需推敲之处，诚恳希望读者提出批评意见，以便作者修改完善。

编　者

2014年10月

目　录

Contents

第一章 绪 论

【学习目的与要求】

通过本章的学习，掌握企业价值评估的基础知识，包括企业的组织形式、企业价值与企业价值评估以及企业价值评估的特点与目的等。

【关键词】

企业组织形式　企业价值评估特点　企业价值评估目的

随着市场经济的深入发展，经济活动和经济行为也日益多样化、复杂化，在诸如资产重组、企业改制、产权交易、资产抵押、出租、保险等众多经济活动中，越来越需要聘请专业的第三方对资产或权益的价值发表独立意见，从而提供客观、公正的价值尺度。我国的资产评估行业最初是由 20 世纪 80 年代国有企业改制的需求而起源的，经过二十多年的发展壮大，资产评估已经成为许多重要经济活动的关键性专业支撑程序。同时，社会的自发需求也不断增加，扩展到了证券市场、房地产市场、珠宝市场等众多经济生活领域，从而成为市场经济体系中一个不可或缺的组成部分。

资产评估活动，根据不同的划分标准可以划分为不同的类型。若以评估对象为划分依据，则可分为机器设备评估、房地产评估、土地使用权评估、流动资产评估、无形资产评估、金融资产评估、资源性资产评估、珠宝首饰艺术品评估以及企业价值评估等。其中，具有整体性、全面性的企业价值评估，是把企业作为一个经营整体、一项资产来开展评估活动，它与其他单项资产的评估活动既有区别又有联系，是资产评估的重要组成部分。在西方发达国家，企业价值评估的理论与实践起步较早，而在我国，虽起步较晚，但实践非常丰富，相关准则较为具体实用。2004 年，中国资产评估协会发布了《企业价值评估指导意见（试行）》（中评协［2004］134 号），正式将“企业价值评估”纳入我国正在高速发展的资产评估体系之中，这也标志着我国资产评估行业与国际评估行业发展方向趋同；2011 年底，中评协为进一步规范注册资产评估师执业企业价值评估业务行为，在总结《企业价值评估指导意见（试行）》实施经验的基础上，结合评估理论和实践发展，制定了《资产评估准则——企业价值》（中评协［2011］227 号），并于 2012 年 7 月 1 日起开始试行。

本章将分别从企业及其组织形式、企业价值与企业价值评估，以及企业价值评估的特点与目的等方面展开。

第一节 企业与企业组织形式

一、企业的概念与特征

企业的价值是一个整体概念，它涵盖了企业发展的战略性、风险性与可持续性等多方面的特征，主要通过对企业生存和发展至关重要的、综合企业各种资源要素所获得的获利信息来反映其价值的大小。企业是企业价值的载体，要评估企业价值，首先应该理解企业的概念及其特征。西方国家给企业的定义是：一种把土地、资本、劳力和管理等生产要素集合起来的组织，进行追求效率的经营，以达到创造利润的目标。在我国通常认为：企业是承担一定社会责任的法人，为了满足社会需要，以营利为最终目标，实行独立核算、自主经营、自负盈亏、自我约束、自我发展，从事商品生产和经营的基本经济单位。企业一般具有以下几个基本特征。

（一）企业是一个经济组织

企业是一个营利性的经济组织，其出发点与归宿都是获利，首先表明企业是一个投入产出系统，即从事经济活动；其次表明它具有经济性的目标，即实现赢利。赢利是企业创造附加价值的组成部分，也是社会对企业所生产、提供的产品或服务的一种认可，以及给予企业的报酬，所有企业都是追求赢利的。

（二）企业是一个社会组织

企业作为一个投入产出系统，需要从外界获得生产经营活动所需的人力、物力、财力，同时又向社会提供其所需要的产品和服务。企业作为社会性组织意味着不可避免地要承担社会责任，其经济绩效必然受到外界利益相关者的影响。利益相关者指的是企业环境中对企业决策有影响的有关者，比如：政府机构、职工、顾客、供应商、社会公众等。随着市场竞争的加剧，公众对企业的社会期望越来越高，希望企业不仅要追求经济目标，也要追求社会目标。

（三）企业是依法设立的实体

企业既是一个经济概念，也是一个法律概念。企业作为社会的组成部分进行生产经营活动时，必然会受到相关法律制度的规范。从法律角度讲，企业是具有自己独立财产的组织机构，以自己的名义进行民事活动并承担责任，享有独立的民事权利和义务。企业契约理论认为，企业是节约交易成本的产物，是由契约所限定的组织。市场上每一笔交易的发生都有一个契约成本，市场通过价格机制来调节资源配置，而企业则通过内部管理来协调各种交易。一般而言，通过企业这一组织形式能够节约一定的契约成本，因此企业被认为是在特定的法律环境下一系列特定契约的有机结合体。

（四）企业是自主经营的主体

“自主经营”是指企业可以对其生产经营活动进行自主决策，而且自负盈亏。也就是说，企业有独立决策其生产经营活动的权利，同时也要承担其决策所带来的后果。企业实行自负盈亏，可以使责、权、利统一，有利于发挥企业生产经营的积极性，增强企业的活力，促进生产力的发展，从而也有利于进一步完善社会生产关系。企业或经济组织实行独立经营、独立核算，对自己的经营成果好坏及盈亏承担全部或相应的经济责任，这是商品经济的必然产物，也是企业作为独立的经济法人的重要标志。

二、企业的经济学分析

在传统经济学理论中，企业被假设成一个“黑匣子”，即以利润最大化为目标的投入产出系统。可以通过对生产函数的研究，确定企业在什么条件下生产是最有效率的。应该说，这种传统经济学对企业的分析从一个侧面解释了企业的经济行为，但并没有解释企业为什么存在以及企业的本质是什么。

1997 年，科斯发表了其具有划时代意义的《企业的性质》一文，提出了企业为什么存在的假设和交易费用学说。他指出：“经济理论一直因未能清楚地说明其假设而备受困扰。……必须认识到市场交易中存在交易费用，并将这些交易费用结合到经济学家过去未能进行的分析中去。所谓交易费用就是指市场经济交换过程中产生的费用，包括运输费用、佣金、谈判所花费的时间、其他费用等等。”科斯还指出，“建立企业有利可图的主要原因似乎是，利用价格机制是有成本的。当存在企业时，契约不会被取消，但却大大减少了。某一生产要素或它的所有者不必与企业内部同它合作的一些生产要素签订一系列的契约。一系列的契约被一个契约替代了。通过契约，生产要素为获得一定的报酬同意在一定限度内服从企业家的指挥。”也就是说，如果能够使企业内部组织交易的费用比通过市场进行交易的费用少，那么企业就会在经济体系中扮演一个角色。

科斯还研究了企业规模的问题。他指出：“首先，当企业扩大时，对企业家功能来说，可能会减少，也就是说，在企业内部组织追加交易的成本可能会上升。自然，企业的扩大必须达到这一点，即在企业内部组织一笔额外交易的成本等于在公开市场上完成这笔交易所需要的成本。或者等于由另一个企业家来组织这笔交易的成本。”即企业的界限应该设定在其运行范围扩展到企业内部组织附加交易的费用等于通过市场或在其他企业中进行同样交易的费用那一点上。

虽然企业家在创办企业时考虑的并不是市场交易费用问题，但科斯的企业存在假设至少说明了企业家为什么可以通过创办企业来追求财富的最大化，即企业家追求利润的主观原因导致了交易费用减少的客观结果。

三、企业的组织形式

按照组织形式的不同，一般可将企业划分为个人独资企业、合伙企业和公司制企业等。

（一）个人独资企业

个人独资企业是由一个自然人依法投资兴办的企业，投资人拥有并控制全部企业财产，享有全部的经营所得，同时投资人以其个人财产对企业债务承担无限责任。一般而言，个人独资企业是非法人企业，它并不作为企业所得税的纳税主体，其收益应与投资人的其他收益一同计入个人所得税的纳税范畴。这种企业一般结构简单、规模较小，其优点是经营者和所有者合一，利润独享，经营管理方式灵活，内部机构设置简明，各种程序均较为简单。

（二）合伙企业

合伙企业是由两个以上的自然人为了共同的目的，依法订立合伙协议，约定共同出资、合伙经营、共享收益、共担风险，并对合伙企业债务承担无限连带责任的营利性组织。按照《中华人民共和国合伙企业法》的规定，设立合伙企业，应当具备下列条件：(1) 有两个以上合伙人，且都具有完全民事行为能力，都是依法承担无限责任者；(2) 有书面合伙协议，合伙人依照合伙协议享有权利、承担义务；(3) 各合伙人均都实际缴付出资，出资可以是货币资金、实物资产、无形资产等，经全体合伙人协商一致，也可以劳务出资；(4) 有合伙企业的名称；(5) 有经营场所和从事合伙经营的必要条件。根据是否存在有限合伙人，合伙企业还可以分为普通合伙企业和有限合伙企业，后者实际上是介于合伙企业与有限责任公司之间的一种企业形式，有限合伙人仅以其认缴的出资额为限，对合伙企业的债务承担责任，但必须强调的是，在本质上它仍是合伙的特殊形式之一，而不是公司。

（三）公司制企业

公司是一种重要的企业组织形式，根据我国《公司法》的规定，公司是指股东依法以投资方式设立，以营利为目的，以其认缴的出资额或认购的股份对公司承担责任，公司以其全部独立法人财产对公司的债务承担责任的企业法人。公司制有别于其他类型的组织形式的一个最大特点就是其具有独立法人资格，这一特征具体表现在：第一，公司拥有独立的财产，该财产最初由股东出资形成，并在经营过程中逐步通过赢利积累或其他途径形成，但是其又不同于公司股东财产，股东出资之后，只享有股权或股份，对公司财产没有直接的支配权，公司对股东出资享有法律上的财产权，且以其全部财产对外承担责任；第二，公司独立承担民事责任，公司的责任与股东的责任相互独立，与管理人员和工作人员的责任相互独立，与下属企业或者其他组织的责任相互独立；第三，公司具有独立的组织机构，这些机构包括管理机构，也包括业务机构，它们应当依照法律、公司章程或公司规章制度独立行使职权。

公司的独立法人资格和股东的有限责任使得股东可以通过设立公司或者购买公司的股权或者股份，获得公司的经营利润，同时又可以将投资风险降低到最低程度，即使公司经营亏损或者资不抵债，也不及于股东的其他财产，这也是公司制优于其他企业组织形式的重要内容。

依据不同的标准，可以对公司做出不同的分类。随着公司组织形式的不断发展，在不同的历史时期，公司的分类也不尽相同。根据股东对公司的责任形式不同，可以将公司分为无限公司、有限责任公司、两合公司、股份有限公司和股份两合公司；根据公司的股份是否公开发行及股份是否可以自由转让，可以将公司分为封闭式公司（也称非上市公司）和开放式公司（也称上市公司）；根据公司资本来源的所有制性质不同，可以将公司分为国营公司、民营公司和混合所有制公司。而我国的《公司法》则将公司分为两种主要形式——有限责任公司和股份有限公司。有限责任公司，也称有限公司，是指由50个以下的股东共同出资设立，股东以其出资额为限对公司承担责任，公司以其全部资产对公司的债务承担责任的公司。而股份有限公司，也称股份公司，是指其全部资本分成等额股份，股东以其所持股份为限对公司承担责任，公司以其全部资产对公司的债务承担责任的公司。两者主要在设立方式、股东人数限制、股东出资的表现形式、股权转让的限制、注册资本的最低限额、组织机构的设置以及信息披露的义务等方面存在着不同。

第二节 企业价值与企业价值评估

一、企业价值的内涵

企业价值是企业作为一种商品的货币表现，其关注点主要在企业未来的赢利水平。企业通过各种途径，如提高企业的管理水平和应用先进的科学技术、新兴的工艺等以提高企业的生产能力，培训员工以提高员工素质等，可以提高企业现在和将来的获利能力。这样，企业的生产能力、获利能力、企业在市场中的地位以及企业在其所在行业中的影响力等等因素就成为人们衡量企业价值时所需要考虑的因素。因此，企业价值具有如下特点：

（一）企业价值是一个整体概念

首先，企业价值与其他单项资产价值最大的不同就是其整体性，企业的价值不能通过企业全部各类资产价值的简单相加而得到，各类资产之间的相互作用会直接影响到企业的价值大小，企业价值是企业作为一个整体，其人力、物力、财力、管理能力等生产要素整合在一起所能在现在和未来获得净现金流量的能力。企业价值与企业文化、企业发展战略、企业治理结构、企业运营团队以及企业品牌等都密切相关。

其次，根据不同的评估对象，企业价值可以划分为企业整体价值、股东全部权益价值或者股东部分权益价值等。明确具体的范围对于企业价值评估至关重要：一方面针对不同的企业价值，可以采用相适宜的评估方法；另一方面，不同范围的企业价值，会应用于不同的经济活动之中，因此明确这种角度的分类、在企业价值评估的理论与实务中应用此分类，有助于更加客观、可靠地计量企业的价值。另外，由于在现代企业制度下，企业的所有权和控股股权是截然不同的概念，拥有少数股权的股东实际上对企业的经营实务发表的意见无足轻重，只有控股股权的股东才拥有重大事务的决定权。我国上市公司中存在“一股独大”的现象，大股东决定企业生产、经营等重大事项，少数股权股东基本上没有发言权。那么针对这一特殊的国情，我国的资产评估师在进行企业价值评估时，应当明确控股权价值与整体股权价值的区别。

（二）企业的存续期具有不确定性

企业的价值是依附于企业这一实体而存在的，企业又是具有生命周期的，处于生命周期的不同阶段，企业的价值也会有所不同。与其他资产不同，企业未来可存续的期限是不确定的、难以预估的，比如，土地使用权的存续期可以根据法律的相关规定来确定，机器设备的存续期可以根据其本身的使用寿命来确定，但是对于企业，却很难有一个公允的方法来确定其未来可以持续经营的时间。

（三）表现形式具有虚拟性

金融制度的变迁导致了企业的实体价值与虚拟价值并存，它们分别依托于实体经济和虚拟经济而存在，实体经济是指商品市场上进行生产、流通和消费活动以及自给自足等非商品的经济活动。企业的实体价值表现为企业在商品市场上的交换价值或资产价格（包括有形资产和无形资产）。虚拟经济是指金融市场上金融资产的形成和交易活动。企业的虚拟价值是指在金融市场上（特别是股票市场）形成的企业虚拟资产（股票）的市场价值。在实体价值与虚拟价值并存的情况下，对企业价值的判断和把握应综合考虑这两种表现形式。

二、企业价值的相关理论

随着经济的发展，逐步形成了劳动价值论、资本价值论、客户价值论和效用价值论等企业价值理论，这些理论奠定了企业价值评估理论的基础。

（一）劳动价值论

劳动价值论认为，价值是凝结在商品中无差别的人类劳动，是以社会的必要劳动时间加以衡量的。劳动创造了企业价值，只要付出了劳动就会得到相应的价值。企业的价值体现在企业所生产的产品中，即企业价值等于企业未来生产的商品价值的现值减去企业未来生产成本的现值。

劳动价值论基于任何商品的价值都由生产该商品的社会必要劳动时间决定的原理，解释了劳动、价值和商品三者之间的逻辑关系。但是现代企业的资产结构复杂，在一个企业内部存在着许多不同类型的不变资本，包括实体的和无形的、可用货币计量的和不可用货币计量的，特别是良好的企业文化、高效的销售网络等等。把所有凝聚在企业中的单项资产的价值评估出来，然后汇总计算出企业价值的方法实际上就是成本法，这种方法往往会低估一个企业的价值。

（二）资本价值论

资本价值论的核心观点是劳动能创造价值，资本也能创造价值。随着经济的飞速发展，企业资本呈现出多样化的复杂结构，除了实物资本之外，还存在无形资本、智力资本和资源资本等等。

1. 实物资本包括厂房建筑物、机器设备、土地等。我国国有土地所有权归国家并虚化，企业可拥有土地使用权，核算时土地使用权计列无形资产，但其本质上应类似于实物资本。

2. 无形资本可以是专利权、专有技术、商标，也可以是优秀的企业文化、销售网络、先进的管理理念等。虽然根据现行会计准则，后几种无形资本不能在财务报表中体现，但是在部分企业中其所创造的价值远比其他资本创造的价值高。

3. 智力资本包括人力资本、结构性资本和客户资本。人力资本是指企业员工掌握的知识和技术，在实践中不断增长，而且还会通过其能动作用使企业的物质资本价值加大；结构性资本是指企业的组织机构创新、业务流程创新等，用以提高企业的整体管理效率；客户资本是指企业拥有稳定的外部客户群、广大的销售和社会关系网络等。

4. 资源资本包括矿产资源和生态资源。资源资本应该说大多数等同于实物资本，但在现行会计准则中很难确切计量，因此，形成一类特殊的资本类型。企业拥有资源资本的差异，同量劳动投入会体现不同价值产品的产出或不同的企业价值。

（三）客户价值论

客户价值论认为企业价值不是由企业决定的，而是由客户感知的，客户的感知是多方面的，不但包括企业所提供的产品和服务，还包括其与企业之间的整体关系，从而企业的价值产生于发展良好的客户关系之中。这是一种新的视角，其在资产评估中的应用还有待进一步探索。

（四）效用价值论

19 世纪初，法国经济学家蒙让·萨依在《政治经济学概论》中提出，效用是价值的基础，物品的价值是由财富构成的。而后庞巴维克则概括了效用价值论的基本要点，他认为，价值是主观的，它只表示物对人的福利关系，只有人们主观上认为有用的商品，才拥有价值；效用和稀缺性是价值形成的两大条件；而决定商品价值的是其边际效用。

三、企业价值评估的产生与发展

《资产评估准则——企业价值》对企业价值评估做出如下定义：企业价值评估是指注

册资产评估师依据相关法律、法规和资产评估准则，对评估基准日特定目的下企业整体价值、股东全部权益价值或者股东部分权益价值等进行分析、估算并发表专业意见的行为和过程。从这一定义中，我们可以看出：其一，企业价值评估是一种行为与过程，评估结论固然重要，但是获得评估结论的评估过程所能发挥的信息功能也应当受到充分重视；其二，定义中明确提出了“企业整体价值”、“股东全部权益价值”和“股东部分权益价值”这三个不同范围的企业价值，那么在进行企业价值评估活动时，评估人员务必要明确其所要评估的具体价值范围。

笼统地讲，企业价值评估可以帮助投资者和管理者改善决策。具体来讲，其主要应用于企业的并购重组、企业的投资决策和企业的价值管理活动之中，并且企业价值评估还在企业并购重组、企业租赁、企业贷款、企业跨国并购等经济活动中发挥了重要作用。

（一）国外企业价值评估的产生与发展

在国外，企业价值评估已经有一定历史，并且成为国际评估行业的重要发展领域和方向。资产评估的发展经历了一个从传统的实物资产评估到现代企业价值评估的发展过程。企业价值评估的出现，是适应社会发展要求应运而生的。市场经济越发达，市场交易行为越多，企业价值评估发展就越迅速。企业价值评估行业的存在，为交易者提供了透明、高效的信息传递机制，使交易者能够及时把握企业价值的有关信息，节省了交易成本，提高了市场交易的效率。企业价值评估的产生，不仅弥补了传统评估领域的不足，更是创新了评估理念和评估思路。

20 世纪 80 年代以后，随着全球化经济的发展和企业并购的浪潮，企业价值评估逐步发展成熟。比如，当时美国成立了一些企业价值评估的专门行业组织机构——美国评估师协会、企业价值评估师研究会、美国注册价值分析师协会等，这些机构不但颁布各自的企业价值评估准则，而且还提供了职业教育培训和执业资格考试。直到 1987 年，这些协会相互联合成立了美国评估促进会，各成员协会都约定遵守由美国评估促进会制定的全美评估统一标准，即 USPAP。与此同时，以美国为代表的企业价值评估理论界的研究有了重大突破，美国评估师协会出版的《企业价值评估季刊》、《价值评估》，企业价值评估师研究会出版的《企业价值评估实践》，美国注册价值分析师协会出版的《价值评估审核员》，加拿大特许企业价值评估师协会出版的《价值评估法律导报》等刊物极大地推动了企业价值评估业的发展。进入 21 世纪，国际会计准则开始了实质性运作，以财务报告为目的的评估业务取得不断发展，企业价值评估也开始与财务报告编制目的相结合，这也将是未来企业价值评估业的发展方向与重点。

（二）国内企业价值评估的产生与发展

改革开放以后，随着外资的进入，合资的要求使得评估，包括实物资产评估和企业价值评估，成为迫切的市场需要。1989 年，我国第一个资产评估项目开始实施，同年 9 月，国家国有资产管理局正式颁布了《关于在国有资产产权变动时必须进行资产评估的若干暂行规定》，这一规定的颁布标志着我国资产评估行业的诞生。1990 年，国家国有资产管理局批准组建了资产评估中心，负责全国的国有资产评估工作。同年 5 月 1 日，国家国有资产管理局又印发了《资产评估机构管理暂行办法》，初步确立了评估机构的管理规范。1991 年 11 月，国务院颁布了《国有资产评估管理办法》，确立了我国评估工作的基本依据、方针和政策。在政府的大力支持下，我国的评估行业得以迅猛发展。我国的资产评估业用短短十几年的时间，走过了其他国家 100 多年发展走过的历程，成绩是值得肯定的。当前，全球经济一体化的趋势不断推进，我国经济与世界接轨、与世界融合的步伐也不断加快，资产评估行业也应顺势而动。

最后，我们再一次强调：企业价值是一个整体概念。企业价值不仅仅是企业全部资产价值的简单相加，而且是企业作为一个整体，其人力、物力、财力、管理能力等生产要素整合在一起所能在现在和未来获得净现金流量的能力。企业可以通过准确地把握投资机会，合理地配置企业资产，其中包括进行投资和结构的战略调整，采取兼并收购、资产重组等方式，提高组织的灵活性和环境的适应性，以增加社会及相关利益群体对企业收入和增长的预期，为投资者创造更多的财富，提高企业价值。从这个意义上来讲：一方面，企业价值作为评价指标能全面反映企业的经营状况，以此作为企业进行并购、重组、上市、担保等重要经营决策的依据；另一方面，企业价值可以对企业整个存续期间的生产经营情况进行评估和反映。这样有助于企业的所有者和经营者制定长远的战略规划，避免短期行为，有利于企业的长远发展。

另外，企业价值是一个兼顾所有利益相关者的概念，有一些企业将企业价值最大化作为企业的经营目标。传统上来讲，人们都认为股东承担了企业的全部风险，也应享受因企业发展带来的全部税后收益。所以股东享有付清所有要素报酬后对剩余收益的要求权，又称“剩余索取权”。正因为享有剩余索取权，股东在企业业绩良好时，可以最大限度地享受收益，在企业亏损时，也将承担全部亏损。这就决定了企业以股东收益最大化为企业目标。但是，现代意义上的企业与以往企业有很大不同。现代企业中除企业股东外，企业债权人、企业职工甚至政府都承担了一定的风险。20 世纪 50 年代前，企业的负债率比较低，一般不超过 50%，而现代企业资产负债率都比较高，我国企业的资产负债率有的接近或超过 70%，债权人所承担的风险大大增加。现代企业职工所承担的风险也相对于传统企业承担的风险要大。同时，现代企业的劳动分工越来越细，劳动中的技术含量也越来越高，企业中从事某项专门作业的职工一旦失去工作，很难在进行其他专业培训之前重新就业，因此，企业职工所承担的风险也日益增加。另外，企业往往被理解成多边契约关系的总和。企业的经营目标就是企业各利益集团相互作用和相互妥协的结果。当企业某利益相关者的利益受到损害时，它必然会对企业生产经营成果产生不利影响，当然也不利于股东实现其财富最大化的目标，而企业各相关利益集团的目标都可以折中为企业长期稳定的发展以及企业总价值的不断增长，也就是说，企业价值可以平衡各利益相关者，成为企业的最终目标。

从以上描述可以看出，企业价值实质上可以理解为企业所有者因拥有企业而获得的在未来取得收益的权利。也就是说，企业价值并不是企业全部单项资产价值的总和，而是企业作为一个整体在未来获取收益的现值之和。

第三节 企业价值评估的目的和特征

一、企业价值评估的目的

企业价值评估的目的，是指某一评估项目是因为什么具体的业务需要而进行的，即导致企业价值评估活动的经济行为。一般来说，企业价值的评估目的主要有以下几种：

（一）企业出售

企业出售是指独立核算的企业或企业内部的分厂、车间及其他整体性资产的出售。企业的出售方在做出出售的决策之前，会考虑企业出售价值的问题，设定转手的底价，对于有意接手的买方来讲，也要评估企业对买方的实际意义。

（二）企业清算

企业清算是指依据《中华人民共和国企业破产法》的规定，在企业破产时进行清算，或依照国家有关规定对改组、合并、撤销法人资格的企业资产进行清算，或企业按照合同、契约、协议规定终止经营活动的清算。这些时候需要对企业价值有一个合理的评估。

（三）企业合并

企业之间进行合并，合并过程中各方都需要对各自的企业价值进行必要的合理估计，以合理调整合并各方的利益。企业合并包括收购、兼并等多种具体表现形式。

（四）企业租赁

企业租赁是指以收取租金的形式，将企业全部或部分资产的经营使用权转让给其他经营使用者的行为。

（五）税收

许多税种的课税基数都与企业价值相关，为合理避税或满足有关税法的规定，企业通常要聘请专业资产评估师对企业价值进行评估。我国在推进税制改革的进程中，由资产评估师向税收征纳提供价值尺度，已逐渐经成为资产评估实践领域的重要方面。

（六）财务管理

企业要想快速增长，必须要有较好的融资能力。无论是权益融资，还是债权融资，都需测算企业价值。

（七）业绩考核

即运用以价值为基础的管理，检验各项经济活动的绩效成果。

二、企业价值评估的特征

作为一门学科，企业价值评估更多地与企业发展战略、资本运营、财务状况分析联系在一起，并不只是评价其中单项资产的价值，而是满足于企业在市场竞争中的活力和能力，与会计、金融特别是财务分析、企业管理等学科密不可分。

企业价值评估要求资产评估师具有深厚的财务会计和金融知识基础，对宏观经济、行业经济、企业状况具有较强的比较分析能力，并能熟练运用经济、财务、金融理论和现代信息、管理、计算机和数理统计等技术手段。企业价值评估的特征主要有以下四个方面：

（一）系统性

企业价值评估中，企业是作为一个经营整体并依据企业的未来收益能力来评估的，其评估对象是企业的全部资产及负债，所反映的是其生产经营能力和持续获利能力。因此，企业价值评估强调的是，从整体上计量企业全部资产及负债的评估价值，这与企业单项资产评估反映各单项资产的实体价值是不一样的。一般来说，企业各项资产评估值的简单加总不一定等于企业总价值。一个管理水平较高、经营业绩较好的企业，其获利能力就较高，其企业价值评估值一般会大于各单项资产评估值之和；反之，一个濒临破产、负债累累的企业，其企业价值评估值往往不会大于各单项资产评估值之和。

（二）预测性

预测性是指企业价值评估要对企业未来获利潜力进行评估。一般来讲，假设企业的生产经营活动是一个持续的过程，评估企业价值时，就可以用企业未来预期收益的折现值来反映企业的现实价值。

（三）公正性

公正性是指在评估中要尊重客观事实，客观、公正地依照国家有关法律、法规和各种规章制度对被评估资产做出不偏不倚的估算和评定。因此，进行企业价值评估的评估人员应具有独立性，服务于企业价值评估业务的需要，而不是偏向于评估业务当事人或任何一方的需要。这就要求评估者在评估时，不仅要按照公允的、法定的准则和规章制度的要求科学地进行评估，还要以第三者的身份，不受外部干扰，不屈服于外界压力，不迁就任何当事人的片面要求，将企业价值准确、客观地反映出来。

（四）咨询性

企业价值评估的咨询性是指，企业价值评估结论是为企业相关业务提供的专业化意见，这个意见可以为企业做出决策提供依据，但其本身并不具有强制实施的效力。评估者只对结论本身是否合乎执业规范要求负责，并不对企业的交易定价负责。事实上，企业价值评估为企业交易提供的估价往往是当事人作为要价和出价的参考，最终的成交价取决于讨价还价的能力。企业价值评估的咨询性与资产评估的咨询性是一致的。

【思考题】

1. 企业有哪几种组织形式？分别有什么特点？
2. 企业价值评估的目的有哪些？
3. 企业价值评估的特征是什么？

第二章 宏观环境分析

【学习目的与要求】

通过对政治和法律因素、经济因素、社会和文化因素、技术因素等四类宏观环境因素的学习，掌握宏观分析的关注点和基本思路。

【关键词】

宏观分析　宏观环境因素　政治和法律因素　经济因素　社会和文化因素　技术因素

宏观环境因素是指对所有企业的经营管理活动都会产生影响的各种因素，这些外部的、基本不可控的因素会影响到企业的内部实力和经营活动，由此会对企业的发展产生持久、深远的影响。所以在对企业价值进行评估时，要充分考虑宏观环境对该企业乃至整个行业的影响，这样才能保证评估结论的合理性。分析企业的宏观环境，主要是识别环境给企业带来的机遇和挑战，对于宏观环境的研究，就是要对外部环境进行调查、分析，预测其发展趋势，掌握其变化规律。宏观环境因素主要包括：政治和法律因素、经济因素、社会和文化因素、技术因素。

第一节 政治和法律因素

政治和法律因素是指一个国家或地区的政治制度、体制、方针政策、法律法规等方面的内容。这些因素常常制约、影响企业的经营行为，尤其影响企业较长期的投资行为。

政治和法律因素对企业的影响其特点是：

- 直接性，即国家政治法律环境直接影响着企业的经营状况；
- 难于预测性，对于企业来说，很难预测国家政治法律环境的变化趋势；

• 不可逆转性，政治法律环境因素一旦影响到企业，就会使企业发生十分迅速和明显的变化，而对这一变化企业是驾驭不了的。

一、政治环境因素分析

（一）政治体制

政治体制是指国家的基本制度及国家为有效运转而设立的一系列制度，如国家的政治和行政管理体制、政府部门结构和选举制度、公民行使政治权利的制度等等。国家的政治体制决定了政府的行为和效率。而且，政治体制常常制约着宏观经济调控的方式和力度，从而影响企业的经营方式和自身战略选择的灵活度。如在计划经济体制下，企业是政府的附属机构，效率低下。在市场经济体制下，企业有自主权，政府只能运用间接手段对企业进行控制。

（二）政治的稳定性

政治的稳定性包括政局和政策等方面的稳定性。政局的稳定性是指国家由于领导人的更换能否导致国家政体和政治主张的变化，国家领导人之间的关系、民族关系的稳定等。如果国家政变迭起，国家领导人之间的斗争不断，企业经营环境注定恶劣。政策的稳定性是指国家所制定的各项政策是否会经常发生变动。如果一个国家的政策朝令夕改，缺乏稳定性，那么该国的企业就无法正确判断政策的变化方向及对企业经营的有利性，企业不可能形成长远的发展战略。

（三）政府对企业的干预

经济学诞生以来的二百多年里，有关“政府干预”的争论一直没有停止。当今世界的市场经济国家中没有一个符合古典经济学家所描述的“完全竞争”。政府干预在各个国家、地区都不同程度地存在着，就连自诩为最“自由”的美国，政府对经济的干预也是显而易见的。政权的性质和稳定程度影响到政府对经济的干预范围、干预方式和干预深度。如政府对不同类型的投资主体的态度，特别是对经济主体的认识和对外国投资的政策、行业投资的可能存活期长度等。

其中，政府对经济的干预手段可以分为宏观和微观两个方面。一般而言，政府干预经济的宏观目标是稳定增长，微观目标是提高市场效率。对企业而言，这两方面也就意味着来自政府的间接和直接的管理。以下分别介绍政府的干预手段对企业的影响。

1. 宏观干预手段。政府的宏观干预手段包括财政手段、货币手段、收入—价格管制。

财政手段即政府的支出与收入控制。其作用就在于利用经济学中的“乘数原理”，在萧条时刺激经济的复苏，在高涨时遏制过度的膨胀。货币手段指政府通过中央银行调节货币，来影响利率的变动，从而间接地影响总需求，以实现政府的宏观目标。货币手段通常是与财政手段配合使用的。收入—价格管制制度是政府常用的一种控制手段，是指政府利用法律、行政等强制力，对某一类人的工资和某一类商品的价格强制规定上限和下限，以维持宏观经济和市场秩序的稳定。企业的目标是追求低成本、高赢利，因此，收入管制对企业来说，总体上是有利的。但是，收入管制也会造成一些负面影响。比如，社会购买力可能会受到限制，当企业希望以“效率工资”（为吸引高级人才而设立的高工资）吸引高素质的人才也会遇到障碍。在价格管制中，企业既可能有收益，也可能有损失，具体内容如表2－1所示。

表2－1　　企业在价格管制中的收益与损失

限制类型	企业收益	企业损失
最高限制	国家财政补贴	扩大规模、降低成本的动力，当补贴不足以弥补损失时，企业亏损严重
最低限制	商品专营权 减轻竞争压力	市场占有率、潜在消费者群

2. 微观干预手段。政府对企业的直接干预主要作用于国有企业和关乎国计民生的大型、特大型企业。造成这种情况的原因，一方面是国有企业的性质决定了它必须承担政府的部分职能，如国家安全、民生问题、保持垄断等；另一方面则源于大型企业的某些经营行为可以引发整个行业甚至宏观经济的震动，政府希望对其严格控制。例如1996年、1998年由中国彩电“巨无霸”——四川长虹电器集团公司挑起的价格大战，导致了整个彩电行业的整合与震动，1998年，信息产业部不得不直接出面干预，协调长虹与康佳、TCL等其他彩电大户的关系。

3. 行业政策。除宏观与微观干预手段外，政府还有一些介于宏观与微观、直接与间接之间的干预手段，主要是行业政策。行业政策包括行业结构政策和行业组织政策两个方面的内容。行业结构政策的作用是通过扶植那些具有潜在优势，能够带动整个结构升级的行业部门发展，并帮助那些“夕阳”行业向其他行业转移，使资源配置朝着有利于结构高级化的方向倾斜。行业组织政策的作用是通过对企业规模结构、企业之间竞争与协作关系的限制与引导，形成一种有利于竞争，又不过度竞争的市场组织结构，使得社会在维持竞争的效率和利用规模经济之间达到某种平衡。

（四）国际政治格局和国际关系

国际政治格局和对外友好关系状况影响着对外贸易的发展和参与国际竞争的程度，从而影响企业的国家营销战略和跨国经营战略。例如，某企业本打算生产产品到国外市场销售，如果由于外国政府与本国政府政治关系紧张而对本国实施经济制裁，禁止本国产品进入该国市场，导致无法外销，这必然会给企业带来巨大损失。

二、法律环境因素分析

企业像个人一样都是在法律的框架下存在和活动，法律源于风俗、习惯、法院的司法裁定以及政府颁布的法令。法律环境不仅限制和规范企业的运行，而且为企业提供一个能动的机制，企业可以通过该机制追求自己的目标，尤其通过经营活动获取利润。企业的法律环境同它紧密相连的政治和经济环境一样，是影响企业组织的关键因素。

法律对企业的影响方式由法律的强制性特征所决定，法律对企业的影响可以从制约和保障两个方面考虑：一方面，法律保护依法成立的公司的合法地位、经营权利、正当竞争行为、合法权益等。法律使企业经济活动被纳入正轨，通过法律来实现国家对企业经济活动的承认和保护。另一方面，执法机关有权依据法律对经济行为主体的违法行为追究其经济责任、行政责任、刑事责任。法律不仅从积极方面对企业的存在和经营进行保护，而且还从消极方面防止违法活动。法律环境主要通过以下四个因素进行分析。

（一）法律法规

法律是国家制定或认可的，由国家强制力保证实施的，以规定当事人权利和义务为内容的具有普遍约束力的社会规范。广义的法律是指法的整体，包括法律、有法律效力的解释及行政机关为执行法律而制定的规范性文件（如规章）。狭义的法律专指拥有立法权的国家权力机关依照立法程序制定的规范性文件。法律法规与企业的日常经营息息相关，特别是与企业经营密切相关的经济法律法规，以中国为例，与企业经营密切相关的法律有《公司法》《合同法》《专利法》《商标法》《税法》《企业破产法》等。

（二）国家司法执法机关

司法机关是行使司法权的国家机关，狭义仅指法院，广义还包括检察机关。与企业关系较为密切的行政执法机关有工商行政管理机关、税务机关、物价机关、计量管理机关、技术质量管理机关、专利机关、环境保护管理机关、政府审计机关。此外，还有一些临时性的行政执法机关，如政府的财政、税收、物价检查组织等。

国家司法执法机关是企业直接打交道的对象，例如，企业注册登记需要到工商行政管理机关；企业履行纳税义务需要到税务机关办理缴税手续；企业的产品定价会受到物价机关调控的影响等。

（三）企业的法律意识

企业的法律意识是法律观、法律感和法律思想的总称，是企业对法律制度的认知和评价。企业拥有良好的法律意识和法制观念，并加强对法律法规知识的学习有助于企业在一定的法律环境中站稳脚跟。目前的法律已经渗透到企业经营的方方面面，如果企业缺乏一定的法律意识和法制观念，企业在经营过程中将有可能处处碰壁，影响企业在一定环境中健康的发展。因此，企业应具有法律意识、法制观念，掌握必备的法律知识，且依法治理企业。

（四）国际法所规定的国际法律环境和目标国的国内法律环境

国际法指适用主权国家之间以及其他具有国际人格的实体之间的法律规则的总体。国际法又称国际公法，以区别于国际私法或法律冲突，后者处理的是不同国家的国内法之间的差异。国际法也与国内法截然不同，国内法是一个国家内部的法律，它调整在其管辖范围内的个人及其他法律实体的行为。目标国的国内法律环境指的是企业业务所涉及的国家的法规规范的总体。

目前，越来越多的企业走出国门，向国际化的跨国公司发展。在这样的背景下，必然面对宏观环境变化对企业的影响，不同的国家有着不同的法律规范，还可能存在着一些跨国家的区域性法律规范，例如，欧盟的法律以及相关组织的缔约条款。在全球化的背景下，国际法所规定的国际法律环境和目标国的国内法律环境势必对企业的经营活动产生一定的影响。

第二节
经济因素

企业的经济环境主要由社会经济结构、经济发展水平、经济体制、宏观经济政策、当前经济状况和其他一般经济条件等六个要素构成。

一、社会经济结构

社会经济结构，是指国民经济中不同的经济成分、不同的产业部门及社会再生产各方面在组成国民经济整体时相互的适应性、量的比例以及排列关联的状况。社会经济结构主要包括五个方面的内容：产业结构、分配结构、交换结构、消费结构和技术结构。其中，最重要的是产业结构。

（一）产业结构

产业结构是指各产业的构成及其各产业之间的联系和比例关系。各产业部门的构成及其相互之间的联系、比例关系不尽相同，对经济增长的贡献大小也不同。因此，把包括产业构成、各产业之间的相互关系在内的结构特征概括为产业结构。产业结构包括产业结构本身，以及技术结构、产业布局、产业组织和产业链五个要素。在经济研究和经济管理中，经常使用的分类方法主要有两大领域、两大部类分类法、三次产业分类法。两大领域、两大部类分类法这种分类法就是按生产活动的性质及其产品属性对产业进行分类。按生产活动的性质，把产业部门分为物质资料生产部门和非物质资料生产部门两大领域，前者指从事物质资料生产并创造物质产品的部门，包括农业、工业、建筑业、运输邮电业、商业等；后者指不从事物质资料生产而只提供非物质性服务的部门，包括科学、文化、教育、卫生、金融、保险、咨询等部门。三次产业分类法则是根据社会生产活动历史发展的顺序对产业结构划分。产品直接取自自然界的部门称为第一产业，对初级产品进行再加工的部门称为第二产业，为生产和消费提供各种服务的部门称为第三产业。这种分类方法成为世界上较为通用的产业结构分类方法。

（二）分配结构

分配结构也就是国民收入实际使用额的具体去向及其相互之间的构成比例。从总体上来讲，可分为基本结构和具体结构两大层次。第一层次为基本结构，是指积累基金与消费基金的比例关系。这一比例显示出国民收入分配最直接、最概括的总体结构状态，是国民收入使用额的两大基本去向，因而又属于表层结构。积累基金是国民收入通过初次分配和再分配之后形成的，用于社会扩大再生产和非生产性建设以及增加社会储备的那部分追加投资，是剩余产品价值的一部分。第二层次为具体结构，是指积累基金内部和消费基金内部的分配比例关系。积累与消费基金内部的这些比例关系之间又呈现出不同的层次，从而具体反映出国民收入分配极其错综复杂的结构关系。具体结构表明了国民收入使用额最终的具体去向，因而又可以看作是国民收入分配的深层结构。

（三）交换结构

交换结构主要指社会消费构成，包括商品流转结构、价格结构和进出口结构等。交换是指人们相互交换其生产活动或劳动产品。人们的需要是多方面的，但他们的生产活动及其产品是单方面的。为了满足多方面的需要，人们必须相互交换自己的生产活动和产品。在商品经济发达的环境下，交换结构通常是指商品交换结构，如商品流转结构、商品价格结构、商品进出口结构等等。交换是生产与消费之间的中间环节。生产结构的性质、形式和规模，决定了交换结构的性质、形式和规模，交换结构必须与生产结构衔接，它反作用于生产结构。

（四）消费结构

消费结构是在一定的社会经济条件下，人们（包括各种不同类型的消费者和社会集团）在消费过程中所消费的各种不同类型的消费资料（包括劳务）的比例关系。有实物和价值两种表现形式。实物形式是指人们在消费中，消费了一些什么样的消费资料，以及它们各自的数量。价值形式是指以货币表示的人们在消费过程中消费的各种不同类型的消费资料的比例关系 。在现实生活中具体表现为各项生活支出。消费结构研究的是居民消费结构是随着其总消费支出的增加而变化的，关于消费结构一词虽然被广泛应用，但学界对其确切定义有着不同的认识，具有代表性的观点有：人们在消费过程中，所消费的不同类型的消费资料的比例关系；在消费行为过程中，各类消费品和劳务在数量上各自所占的百分比及其相互之间配合、替代的比例关系；在需求和供给的矛盾运动中，形成的各类消费资料（劳务）在消费支出总额中所占的比例及其相互关系；人们生活消费过程中，各种社会因素、自然因素内部以及社会因素与自然因素之间的相互关系和数量比例的总和。

（五）技术结构

技术结构是指国家、部门、地区或企业在一定时期内不同等级、不同类型的物质形态和知识形态技术的组合和比例。它反映技术水平和状况，影响乃至决定产业结构和经济发展。合理的技术结构是国民经济持续、高速和高效益发展的基础和重要条件。一定时期内，在不同国家或在同一国家的不同部门、地区和企业中，各类技术的组合和比例各不相同。技术结构和生产力的发展有着密切的相互制约、相互促进的关系。一方面，生产力发展水平是技术结构形成和发展的决定性因素；另一方面，技术结构的状况对生产力发展又有着很大影响。在经济发达国家中，尖端技术、先进技术占有很大比重，初级技术、原始技术占很小比重甚至没有；一般国家的新兴工业部门也大都如此，这可以称为先进型技术结构。在发展中国家中，初级技术、原始技术占有很大比重，先进技术特别是尖端技术占很小比重甚至没有；一般国家的农业部门也多半如此，这可以称为后进型技术结构。一个国家的技术结构，是由该国的经济、科学、教育、文化已有水平所提供的物资、资金和人才条件以及社会经济进一步发展需要所决定的。

二、经济发展水平

经济发展水平是指一个国家经济发展的规模、速度和所达到的水平。反映一个国家经济发展水平的常用指标有国内生产总值、国民收入、人均国民收入和经济增长速度。

经济发展水平是衡量经济发展状态、潜力的标志。包括：（1）GDP/GNP 总值、人均值和变化率，是衡量经济可持续发展的核心指标。据联合国和经济学的相关资料，当人均 GDP/GNP 值超过 3000 美元/年时，经济发展趋向稳定上升，即可持续发展。（2）科技在 GDP/GNP 中的贡献率，是判别是否属于高投入、低产出的落后经济或生产发展方式。科技贡献率越高，经济越可持续发展，是衡量生产现代化水平的指标。

对一个国家或地区经济发展的水平，可以从其规模（存量）和速度（增量）两个方面来进行测量。所谓“经济规模测量”是指对一个国家在特定时间范围里能够生产出来的财富总量的测量，包括从基本的生活用品到复杂的生产资料，再到各种文化和精神产品等财富的总量。在对经济规模的测量中最常用的指标是 GDP，它综合代表了一个国家或地区在一定时期内所生产的财富（物品和服务）的总和。此外，对经济规模的测量又分为绝对规模和相对规模的测量。绝对规模只是测量一个国家或地区在特定时期内 GDP 的总量，而不论这一规模的 GDP 是多少劳动力创造出来的。而相对规模指标则要关心一个国家的人口（或劳动力数量）与其 GDP 总量之间的关系。在相对规模指标中，最常用的指标是“人均 GDP”指标。在经济发展速度方面，最常用的指标是“GDP 年增长率”。

三、经济体制

（一）经济体制的含义及构成

经济体制指在一定区域内（通常为一个国家）制定并执行经济决策的各种机制的总和。通常是一国国民经济的管理制度及其运行方式，是一定经济制度下国家组织生产、流通和分配的具体形式，或者就是一个国家经济制度的具体形式。社会的经济关系，即参与经济活动的各个方面、各个单位、各个个人的地位和他们之间的利益关系。经济体制除了指整个国民经济的管理体制外，还包括各行各业如农业、工业、商业、交通运输等等各自的管理体制。此外，不同企业的企业管理体制也属于经济体制的范围。经济体制的不同体现在社会制度的不同上，而社会制度的不同决定了经济体制的不同。

经济体制作为系统化的制度安排，总是由各种具体的经济制度按照一定的联系方式构成有机的整体。我们把经济体制理解为资源占有方式与资源配置方式的有机组合，任何经济体制都由三类制度构成：资源占有制度安排，包括所有制、利益关系和动力机制三组制度。资源配置的制度安排其出发点就是所有制或产权制度。经济运行的支持系统主要是两方面：一是信息系统，二是监督协调系统。如果没有这两类系统，经济运行过程必然发生紊乱或摩擦，从而阻碍甚至窒息经济体制的活力。

经济体制的构成要素有三个层次：核心要素是所有制或产权制度；支配要素包括决策结构和利益结构；运行要素包括组织结构、动力结构、信息结构和协调（监督）结构。

（二）经济体制的分类

1. 按资源占有方式或按所有制形式划分。这是通常采用的方式，这种方式也往往用于区分社会基本制度或经济制度，如马克思把西欧社会的发展历程划分为原始社会、奴隶社会、封建社会、资本主义社会和共产主义社会，这就是以所有制形式划分的。

2. 按所有制划分。这往往与意识形态联系在一起，即“所有制 + 运行机制 + 意识形态 = 某种主义的经济制度”。熊彼特把经济体制分为资本主义、社会主义和民主主义三类。哈姆把经济体制分为资本主义、马克思主义和自由社会主义三类。

3. 按资源配置方式划分。瑞典的艾登姆等按照资源是集中配置还是分散配置，把经济分成三类：完全集中的模式、完全分散的体制模式、中间模式。

4. 按资源占有方式与资源配置方式的组合分类。经济体制是资源占有方式与资源配置方式的组合，资源占有方式可抽象为公有制与私有制两种，资源配置方式可抽象为计划配置与市场配置两种。

四、宏观经济政策

宏观经济政策是指国家或政府为了增进整个社会经济福利，改进国民经济的运行状况，达到一定的政策目标，有意识和有计划地运用一定的政策工具而制定的解决经济问题的指导原则和措施。

宏观经济政策的选择原则是急则治标、缓则治本、标本兼治。宏观经济政策就是短期的调控宏观经济运行的政策，需要根据形势的变化而作调整，不宜长期化，因为经济形势是不断变化的。在经济全球化趋势不断发展的今天，一国的经济形势，不仅取决于国内的经济走势，还在相当程度上取决于全球经济的走势。“急则治标”是指运用财政、货币等宏观经济政策处理短期经济问题，如刺激经济增长，防止通货紧缩，应付外部冲击等；“缓则治本”是指通过结构政策与经济改革处理长期经济问题，如调整经济结构、促进技术进步、提高经济效益、实现持续发展、积极参与全球经济。因为中国经济发展前景在很大程度上取决于中远期战略相一致的政策组合。

（一）宏观经济政策的目标

一般来讲，宏观经济政策的主要目标有四个：持续均衡的经济增长；充分就业；物价水平稳定；国际收支平衡。

1. 经济增长。经济增长是指在一定时期内经济社会所生产的人均产量和人均收入的持续增长。它包括两个方面：一是维持一个高经济增长率；二是培育一个经济持续增长的能力。一般来讲，经济增长与就业目标是一致的。经济增长通常用一定时期内实际国民生产总值年均增长率来衡量。经济增长会增加社会福利，但并不是增长率越高越好。这是因为经济增长一方面要受到各种资源条件的限制，不可能无限地增长，尤其对于经济已相当发达的国家来说更是如此；另一方面，经济增长也要付出代价，如造成环境污染，引起各种社会问题等。因此，经济增长就是实现与本国具体情况相符的适度增长。

2. 充分就业。充分就业是指包含劳动在内的一切生产要素都以愿意接受的价格参与生产活动的状态。充分就业包含两种含义：一是指除了摩擦失业和自愿失业之外，所有愿意接受各种现行工资的人都能找到工作的一种经济状态，即消除了非自愿失业就是充分就业；二是指包括劳动在内的各种生产要素，都按其愿意接受的价格，全部用于生产的一种经济状态，即所有资源都得到充分利用。失业意味着稀缺资源的浪费或闲置，从而使经济总产出下降，社会总福利受损。因此，失业的成本是巨大的，降低失业率，实现充分就业常常成为西方宏观经济政策的首要目标。

3. 物价稳定。物价稳定是指物价总水平的稳定。通常用价格指数来衡量一般价格水平的变化。价格稳定不是指每种商品价格的固定不变，也不是指价格总水平的固定不变，而是指价格指数的相对稳定。价格指数又分为消费物价指数、批发物价指数和国民生产总值折算指数三种。物价稳定并不是通货膨胀率为零，而是允许保持一个低而稳定的通货膨胀率，所谓低，就是通货膨胀率保持在1% ~3%之间，所谓稳定，就是指在相当时期内能够使通货膨胀率维持在大致相等的水平上。这种通货膨胀率能为社会所接受，对经济也不会产生不利影响。

4. 国际收支平衡。国际收支平衡具体分为静态平衡与动态平衡、自主平衡与被动平衡。静态平衡是指一国在一年的年末，国际收支不存在顺差也不存在逆差；动态平衡不是强调一年的国际收支平衡，而是以经济实际运行可能实现的计划期为平衡周期，保持计划期内的国际收支均衡。自主平衡是指由自主性交易即基于商业动机，为追求利润或其他利益而独立发生的交易实现的收支平衡；被动平衡是指通过补偿性交易，即一国货币当局为弥补自主性交易的不平衡而采取调节性交易，以达到的收支平衡。

国际收支平衡的目标要求做到汇率稳定，外汇储备有所增加，进出口平衡。国际收支平衡不是消极地使一国在国际收支账户上经常收支和资本收支相抵，也不是消极地防止汇率变动、外汇储备变动，而是使一国的外汇储备有所增加。把适度增加外汇储备看作是改善国际收支的基本标志。同时由于一国国际收支状况不仅反映了这个国家的对外经济交往情况，还反映出该国经济的稳定程度。

以上四大目标相互之间既存在互补关系，也有交替关系。互补关系是指一个目标的实现对另一个目标的实现有促进作用。如为了实现充分就业水平，就要维护必要的经济增长。交替关系是指一个目标的实现对另一个目标有排斥作用。如物价稳定与充分就业之间就存在两难选择。为了实现充分就业，必须刺激总需求，扩大就业量，这一般要实施扩张性的财政和货币政策，由此就会引起物价水平的上升。而为了抑制通货膨胀，就必须紧缩财政和货币，由此又会引起失业率的上升。又如经济增长与物价稳定之间也存在着相互排斥的关系。因为在经济增长过程中，通货膨胀是难以避免的。再如国内均衡与国际均衡之间也存在着交替关系。这里的国内均衡是指充分就业和物价稳定，而国际均衡是指国际收支平衡。为了实现国内均衡，就有可能降低本国产品在国际市场上的竞争力，从而不利于国际收支平衡。为了实现国际收支平衡，又可能不利于实现充分就业和稳定物价的目标。

由此，在制定经济政策时，必须对经济政策目标进行价值判断，权衡轻重缓急和利弊得失，确定目标的实现顺序和目标指数的高低，同时使各个目标能有最佳的匹配组合，使所选择和确定的目标体系成为一个和谐的有机整体。

（二）宏观经济政策工具

宏观经济政策工具是用来达到政策目标的手段。在宏观经济政策工具中，常用的有需求管理、供给管理、国际经济政策。

1. 需求管理。需求管理是指通过调节总需求来达到一定政策目标的宏观经济政策工具，其中包括财政政策和货币政策。需求管理政策是以凯恩斯的总需求分析理论为基础制定的，是凯恩斯主义所重视的政策工具。

需求管理要通过对总需求的调节，实现总需求等于总供给，达到既无失业又无通货膨胀的目标。其基本政策有实现充分就业政策和保证物价稳定政策两个方面。在有效需求不足的情况下，也就是总需求小于总供给时，政府应采取扩张性的政策措施，刺激总需求增长，克服经济萧条，实现充分就业；在有效需求过度增长的情况下，也就是总需求大于总供给时，政府应采取紧缩性的政策措施，抑制总需求，以克服因需求过度扩张而造成的通货膨胀。

2. 供给管理。供给学派理论的核心就是把注意力从需求转向供给。供给管理是通过对总供给的调节，来达到一定的政策目标。在短期内影响供给的主要因素是生产成本，特别是生产成本中的工资成本。在长期内影响供给的主要因素是生产能力，即经济潜力的增长。供给管理政策具体包括控制工资与物价的收入政策、指数化政策、人力政策和经济增长政策。

（1）收入政策。收入政策是指通过限制工资收入增长率，从而限制物价上涨率的政策，因此也叫工资和物价管理政策。之所以对收入进行管理，是因为通货膨胀有时由成本（工资）推进造成的。收入政策的目的就是制止通货膨胀。它有以下三种形式：

一是工资与物价指导线。根据劳动生产率和其他因素的变动，规定工资和物价上涨的限度，其中主要是规定工资增长率。企业和工会都要根据这一指导线来确定工资增长率，企业也必须据此确定产品的价格变动幅度，如果违反，则以税收形式以示惩戒。

二是工资物价的冻结。即政府采用法律和行政手段禁止在一定时期内提高工资与物价，这些措施一般是在特殊时期采用，在严重通货膨胀时也被采用。

三是税收刺激政策。即以税收来控制增长。

（2）指数化政策。指数化政策是指定期根据通货膨胀率来调整各种收入的名义价值，以使其实际价值保持不变。主要有：工资指数化；税收指数化，即根据物价指数自动调整个人收入调节税等。

（3）人力政策又称“就业政策”。它是一种旨在改善劳动市场结构，以减少失业的政策。主要有以下几种形式：

一是人力资本投资。由政府或有关机构向劳动者投资，以提高劳动者的文化技术水平与身体素质，适应劳动力市场的需要。

二是完善劳动市场。政府应该不断完善和增加各类就业介绍机构，为劳动的供求双方提供迅速、准确而且完全的信息，使劳动者找到满意的工作，企业也能得到其所需的员工。

三是协助工人进行流动。劳动者在地区、行业和部门之间的流动，有利于劳动的合理配置和劳动者人尽其才，也能减少由于劳动力的地区结构和劳动力的流动困难等原因而造成的失业。对工人流动的协助包括提供充分的信息、必要的物质帮助与鼓励。

（4）经济增长政策。主要有以下几种形式：

一是增加劳动力的数量和质量。增加劳动力数量的方法包括提高人口出生率、鼓励移民入境等；提高劳动力质量的方法有增加人力资本投资。

二是资本积累。资本的积累主要来源于储蓄，可以通过减少税收、提高利率等途径来鼓励人们储蓄。

三是技术进步。技术进步在现代经济增长中起着越来越重要的作用。因此，促进技术进步成为各国经济政策的重点。

四是计划化和平衡增长。现代经济中各部门之间协调的增长是经济本身所要求的，国家的计划与协调要通过间接的方式来实现。

3. 国际经济政策。国际经济政策是对国际经济关系的调节。现实中每个国家的经济都是开放的，各国经济之间存在着日益密切的往来与相互影响。一国的宏观经济政策目标中有国际经济关系的内容（即国际收支平衡），其他目标的实现不仅有赖于国内经济政策，而且也有赖于国际经济政策。因此，在宏观经济政策中也应该包括国际经济政策。

五、当前经济状况

当前经济状况是指国家宏观经济当前的运行状况。经济运行分析是经济决策的核心。正确分析经济形势对于提高决策的前瞻性、科学性和有效性都具有重要的作用。事实证明，最有效的方法往往是那些最简单、最基本的方法。经济分析方法也面临通俗化、通行化的问题，不应只成为“专家”的专利。对于企业和社会普通公众而言，掌握正确的方法比了解结果或许更为重要。授人以鱼，不如授人以渔，我们应当提倡那些简便易行的方法。

（一）要关注先行指标的变化

先行指标也叫领先指标，主要用于判断短期经济总体的景气状况和转变情况，因为其在宏观经济波动到达高峰或低谷前，先行出现高峰或低谷，因而可以利用它判断经济运行中是否存在不安定因素以及程度如何，从而进行预警和监测。1961 年，美国商务部公布了 NBER 景气监测系统结果，经济先行指标体系开始从研究机构的理论探讨进入实际应用阶段。随后，世界上许多国家开始致力于本国经济先行指标体系的研究和构建。我国一般采用的先行指标包括轻工业总产值、一次能源生产总量、钢产量、铁矿石产量、10 种有色金属产量、国内工业品纯购进、国内钢材库存、国内水泥库存、新开工项目数、基建贷款、海关出口额、出口成交额、狭义货币 M1、工业贷款、工资和对个人其他支出、农产品采购支出、现金支出、商品销售收入等。

金融危机爆发之后，先行指标的运用越来越普遍。经常见诸报端的有波罗的海干散货综合运费指数（BDI）、采购经理人指数（PMI）、人民币远期无交割汇率（NDF）等。BDI 是国际贸易和国际经济的先行指标之一，集中反映了全球对矿产、粮食、煤炭、水泥等初级商品的需求，与这些初级商品市场的价格正相关。BDI与全球经济增长变化基本同步。一般来讲，全球经济过热时期，对初级商品的需求增加，BDI会相应上涨；全球经济衰退时期，BDI则会下降。

PMI综合反映了就业、订单、库存等情况，是一段时期以来广为人们提及的一个指标。这一指标低于50%表明经济景气不足，高于50%则表明经济正常和活跃。PMI指数与GDP具有高度的相关性，且其转折点往往领先于GDP几个月的时间。中国近两年多的数据累计分析证实，PMI在经济高潮到来之前，确实领先于GDP等相关指标出现变化。

NDF向来被视为即期汇率的先行指标。人民币NDF市场始于1996年6月，在新加坡开始交易。从长期来看，人民币NDF的变化会对人民币汇率变化产生正向影响。人民币NDF价格的形成特点决定了其升贴水点数能够反映交易双方对人民币的预期升贬值幅度。数据表明，NDF的波动与各个时期海外市场对人民币汇率的预期是基本一致的。

（二）应关注同步指标

同步指标的变动时间一般与经济情况基本一致，可以显示经济发展的总趋势，并确定或否定先行指标预示的经济发展趋势。这些指标的转折点大致与国民经济周期的转变同时发生，表明国民经济正在发生的情况。

我国常采用如下指标作为同步指标：工业总产值、全民工业总产值、预算内工业企业销售收入、社会商品零售额、国内商品纯购进、国内商品纯销售、海关进口额、广义货币M2等。这些指标多为常规性指标。传统观点认为，常规性指标不能表明经济运行趋势，其实并不尽然。这些经济金融指标的同比或环比都体现出一些趋势性的东西。例如，2009年初以来，M1同比增速的上行速度远快于M2同比增速的上行速度，M1与M2之间的剪刀差连续回落，从1月份的12.1个百分点缩减至6月份的3.67个百分点。这是经济活动趋于活跃的反映，充裕的资金面对经济持续回暖构成了进一步的支撑。

（三）应关注经济景气调查分析指标

当前，世界上有五十多个国家都在进行企业景气调查，并把它作为一项重要的统计调查制度，促其形成规范的景气调查体系。与一般调查相比，景气调查的最独特之处在于，问卷中的问题主要以定性判断的选择题形式出现，极少有数量指标，调查对象只需就调查内容的"好"、"一般"、"不好"或"上升"、"不变"、"下降"三个答案做出选择即可，最后经过扩散指数将定性判断定量化。也就是说，景气调查通过对定性问题出现的频率进行计算分析比较，从而达到判断宏观经济景气和企业生产经营景气的目的。

随着市场经济的深入发展，为满足各级政府进行宏观决策、企业参与市场竞争的需要，我国有关部门从20世纪90年代初期开始借鉴国外的经验开展景气调查，例如，中国人民银行、国家统计局、国家信息中心等。以人民银行为例，目前已建立的景气调查分析制度有5000户企业问卷调查制度、银行家问卷调查制度、居民储蓄问卷调查制度以及进出口调查问卷制度。

（四）应关注区域经济运行指标

在我国，观察区域经济金融运行走势对于了解整体经济运行趋势有很大帮助，有助于对宏观政策进行适当的动态微调。这主要是因为我国区域经济发展不平衡以及各区域经济对外依存度存在较大的差异。

需要指出的是，各个国家和地区对经济运行指标的侧重点有所区别。在对不同国家或地区进行经济趋势分析时，我们必须掌握其分析体系的指标构成以及每个指标的确切含义。

还需要强调的是，经济传导的过程异常复杂，即使运用完备的指标分析体系有时也难以准确把握经济变化的趋势。例如，我国对2008年国际金融危机影响的认识就经历了一个不断提高和深化的过程。在2008年上半年，虽然很多经济体的金融市场综合指数有较大幅度调整，但经济运行常规性指标并没有表现出过度的异常，特别是经济运行的一些先行指标，如BDI、PMI及人民币NDF等一直保持相对平稳状态，只是到了下半年以后才逐渐发生变化。因此，我们对危机的认识具有一定的滞后性，这直接影响到我们应对措施的制订和实施。

此外，在危机状态下，经济形势的突然逆转或加速变化以及主要经济体对发展模式进行的较大调整，都会使形势变得扑朔迷离。因此，分析经济形势离不开对经济周期和经济发展阶段等大势的判断，这是进行指标分析的基础和前提。

六、其他一般经济条件

其他一般经济条件和发展趋势对一个企业的成功也很重要。工资水平、供应商及竞争对手的价格变化以及政府政策，都会影响产品的生产成本和服务的提供成本以及它们被出售的市场的情况。这些经济因素可能会导致行业内竞争，或将公司从市场中淘汰出去，也可能会延长产品寿命，鼓励企业用自动化取代人工，促进外商投资或引入本土投资，使强劲的市场变弱或使安全的市场变得具有风险等。

第三节 社会和文化因素

社会和文化因素包括人口因素、社会流动性、消费心理、生活方式、文化传统和价值观、消费习俗等，这些因素的变化能给市场、产品、服务和消费者带来深刻影响，所有产业中的企业及非营利性组织都会受到这些因素的影响。

一、人口因素

人口因素是指企业所在地居民的人口总数及地理分布、年龄、性别、密度、教育水平等。人口因素对市场的结构、容量及潜力都有着重要影响，因此，在进行企业价值评估时，需要考虑人口因素。例如，人口总数是决定市场规模的一个基本要素，人口总数的规模和变化，对生活必需品的需求内容和数量影响较大，进而直接影响社会生产总规模；人口的地理分布影响着企业的厂址选择；人口的性别比例和年龄结构在一定程度上决定了社会需求结构，不同年龄的消费者对商品和服务的需求是不一样的，不同的年龄结构形成了具有年龄特色的市场；性别差异会给人们的消费需求带来显著差异，反映到市场上就会出现男性用品市场和女性用品市场。企业可以针对不同性别的不同需求，生产适销对路的产品，制定有效的营销策略，开发更大的市场；人口密度不同，则市场大小和消费需求特性不同；人口的教育文化水平直接影响着企业的人力资源状况，同时受教育程度的不同会导致收入水平的差距，对市场需求也表现出不同的倾向，如收入水平较高的人口对奢侈品及高档商品的需求会增加；家庭是商品购买和消费的基本单位，一个国家或地区家庭单位的多少及家庭成员的多少直接影响到某些消费品的消费数量，家庭户数及其结构的变化与耐用消费品的需求和变化趋势密切相关，因而也影响到耐用消费品的生产规模等。

二、社会流动性

社会流动性实际上是一个社会学概念，包括两层含义：一是指民众在地域上的迁徙情况，即水平流动性；二是指人们在社会结构上的升迁，即纵向的流动性，关于宏观环境的分析主要是指纵向流动性。社会流动性主要涉及社会分层、各阶层差异和各阶层之间的转移、各群体规模、财富及构成变化、不同区域的人口分布。较高的社会流动性有利于经济增长，保证动态的机会公平，调动社会上所有人的积极性，以进行人力资本投资。社会流动性低、社会利益结构被固化，将造成动态的不平等，必然导致长期经济增长的停滞。此外，不同的阶层关心的也不同，富人阶层更加强调品牌，中产阶级可能关心性价比，穷人更关心成本等，这也导致各阶层消费的商品层次上的差别。社会流动性对企业的战略决策具有重要影响，在对企业进行评估要充分考虑到社会流动性。例如，我国中产阶级的兴起将对汽车行业形成大量的潜在需求，这将会促进汽车及相关行业的发展；我国城镇化建设将改变城镇人口和农村人口比例，将会对未来消费结构和趋势产生影响。

三、消费心理

消费心理也是企业价值评估时需要考虑的因素。消费心理是指消费者进行消费活动时所表现出的心理特征和心理活动的过程，其中大致包括四种消费心理：从众、求异、攀比、求实。消费者心理体现在消费需求上，并对企业生产经营产生影响。例如，从俗心理，即消费行为上的趋同心理；好奇心理，即在购物过程中追求有新鲜感的产品多于满足其实际需要；同步心理，即我们通常所说的攀比心理，处在相同社会阶层中的消费者在消费行为上有相互攀比的倾向；便利心理，指消费者主要从功能便利的角度选择商品的心理现象，如快餐店的兴起就是对这一心理的最佳诠释；求异心理，这是一种与从俗心理相反的心理现象，如现代人比较喜欢搜集限量版的消费品，就是求异心理。消费心理受到消费引导、消费环境、消费者购物场所等多个方面因素的影响。当今企业正面临前所未有的激烈竞争，市场正由卖方市场向买方市场转变，消费者主导的营销时代已经到来。在买方市场上，消费者将面临更为纷繁复杂的商品和品牌选择，这一变化将使消费者心理与以往相比呈现出新的特点。如个性消费的复归、消费主动性增强、消费心理稳定性减小，转换速度加快、对购买方便性的需求与对购物乐趣的追求并存。生产企业需要掌握消费者的心理，生产不同的产品类型来满足消费者的需要，有时候可能会开发出新的商业模式或新产品来满足消费者需求，销售企业则制定相应的营销策略来迎合不同的消费心理需求。

四、生活方式

生活方式是一个内容相当广泛的概念，它包括人们的衣、食、住、行、劳动工作、休息娱乐、社会交往、待人接物等物质生活和精神生活的价值观、道德观、审美观，以及与这些方式相关的方面。可以理解为，在一定的历史时期和社会条件下，各个民族、阶级和社会群体的生活模式。随着生产力的发展和科学技术的进步，人们生活的空间和时间也随之扩大和增多。人们的主体性在社会发展中的作用越强，生活方式在社会生产和再生产中的地位和作用就越重要。当今世界经济全球化，人们的生活方式也越来越国际化，精致生活成为主流的生活方式。其内容可以是独特的个人爱好、事业观念、感情观念、生活品质观念、精神追求的世界观、人生观、价值观等等，同时也包括在居住、服饰、饮食、旅游、休闲、体育运动、事业追求等方面的精致要求。精致生活这种生活方式的产生与品牌商业行为紧密相关。生活方式变化主要包括当前及新兴的生活方式与时尚。生活方式的改变能够给某些行业带来机会，也给某些行业带来风险。因此，在对某些企业价值进行评估时，需要时刻关注人们生活方式的变化。例如，网上购物的生活方式现在越来越多地被人们所接受，网购的方式促进了第三产业的发展，但是它也使许多实体店的营业额下降严重，如何适应这种生活方式可能是考验企业的难题。生活方式也会进一步影响人们的出行方式、社会交往方式、消费习惯等。随着物质生活水平的不断提高，人们对社交、自尊、求知、审美的需要更加强烈，这也是企业面临的挑战之一。

五、文化传统和价值观

消费是人类生存的基本条件，是人类社会经济活动的重要组成部分。消费观的养成不仅受到收入水平、物价水平及生活环境的影响，而且受到文化传统和价值观的影响，文化传统与价值观对消费行为产生的影响越来越受到关注。文化是指人们通过社会实践活动，适应、利用、改造世界客体而逐步实现自身价值的过程。文化蕴含着一个社会的价值观和心理习惯，影响人口、经济、政治法律、技术的变革。不同的国家都有独具特色的文化传统，文化的各个要素都对消费行为具有一定影响，从而影响人们的购买决策和企业经营方式。企业进行生产经营活动时，只有融入当地文化，才能提供符合消费者需求的产品和服务，才能取得成功。例如，中国的春节和西方的圣诞节就为商家带来无限商机，节前的一个月都会有销售额的大幅增长。价值观是指人们对社会生活中各种事物的态度和看法。在不同的文化背景下，人们的价值观念往往是不同的，价值观促使人们在长期经济与社会活动中形成一种消费方式和习惯，价值观的变化会给企业经营带来机会或威胁。中国文化的核心价值是中华民族在一定历史时期内形成并广泛持有的、居于主导地位的一些基本价值观念，这些观念很大程度上影响我们现在的消费行为和习惯。中国传统文化中存在“存天理，灭人欲”的价值原则，在家庭和个人消费上强调节约勤俭，主张精打细算，反对奢侈浪费，使收入变化对购买决策产生了迅速和直接的影响，加之，天灾人祸造成的产品缺乏促使人们形成了勤俭的习惯。改革开放以来，中国经济发展突飞猛进，健康观念的形成促使我国保健品消费以每年15%以上的速度迅速增长。企业价值评估要充分研究目标市场的社会行业准则、社会习俗、社会道德观念、价值观等因素的变化对企业的影响，准确预测企业的发展前景和收益。

六、消费习俗

消费习俗是指人们在长期经济与社会生活中形成的消费方式和习惯，具有一定的倾向性，消费习俗反映了人们的消费特征，也折射出人们具有的独特的商品要求。消费习俗具有特定性、长期性、继承性和社会性等特征，一旦形成不易改变。不同的消费习俗具有不同的商品要求。消费习俗是社会习俗的重要组成部分，约束着人们的消费心理和消费行为，影响着人们日常生活中的消费方式。消费习俗对消费者心理与行为的影响分为两点：第一，消费习俗使消费者形成了稳定性的消费心理和普遍性的消费行为。第二，消费习俗使消费心理的变化减慢。研究消费习俗，对于企业认识消费者特点、识别目标市场、制定开发竞争战略都具有非常重要的意义。例如，中国是礼仪之邦，自古就有过节送礼的习俗，随着商品经济的发展和人们生活水平的提高，送礼这一习俗甚至支撑了颇具发展潜力的礼品经济的江山。中秋节的高档月饼，端午节的粽子都是对这种礼品经济的很好阐释。对于消费习俗的研究，不但有利于组织好消费用品的生产和销售，而且有利于正确、主动地引导健康消费，对目标市场消费习俗的了解是进行企业价值评估的重要前提。

第四节 技术因素

技术因素是指企业所处环境中的科技因素及其与科技因素相关的各种社会现象的集合，科学技术直接影响着市场竞争、市场需求以及政府政策。一是科学技术发展可以使得高科技企业减少市场竞争的压力。科学技术发展能够使部分高科技企业形成自身的核心竞争力，保持较强的竞争优势。二是科学技术能够改变市场的需求。数字技术的发展导致胶卷市场需求的急剧萎缩，但却极大地促进了数码相机的市场需求，同样也引发了数字存储卡的大量消费。三是科学技术会改变政府政策。随着物联网的不断发展，我们可以发现我国政府科技政策对于物联网研究和实用化支持的力度很大。粗略地划分企业的科技环境，企业的技术因素大体包括四个基本因素：社会科技水平、社会科技力量、国家科技体制和科技立法。

一、社会科技水平

社会科技水平是构成科技环境的首要因素，社会的进步和发展归根到底要受社会科技水平的制约。它包括科技研究的领域、科技研究成果的门类分布及先进程度、科技成果的推广和应用三个方面。科技研究领域对企业的发展有着重要影响，例如，我国航天事业的迅猛发展就为钛合金行业的发展起到了推波助澜的作用。科技成果的推广应用是一个由科技供给系统、科技需求系统、科技成果推广应用系统和科技环境系统构成的大系统，科技成果推广应用的真正含义就在于科技研发必须动态地适应市场，市场对科技成果的需求、接纳程度，以及科技成果转移的环境支持程度等诸多因素的综合变化趋势。第二次世界大战以来，世界经济和科技迅速发展，市场结构发生了根本性变化：需求不足，供给过剩，竞争越来越激烈；科研成果的推广和应用的速度越来越快，在核心产品的生产上创造成本或差异优势的难度越来越大。可以说，现在已经进入了一个高科技、高投入、高变化、高风险的时代。如手机的生命周期在1955年是36个月，2004年开始变为6个月。社会科技进步是推动企业自主创新的重要动力，当科学和技术的成果累积到一定数量后，就会出现主动创造市场需求的情况，例如，苹果公司的iPad、iPhone、iPod都是典型的例子。这一切都会推动企业充分利用技术成果去完成自主创新的活动。在我国，开发利用技术方面存在两个致命的不足：一是科研开发投入不足；二是技术或产品开发成功至商业化的距离很长，技术转化为生产力的效率很低。在对企业价值进行评估时，要充分考虑企业所在地区及目标市场的社会科技水平，确定其研发创新的成本和收益。

二、社会科技力量

社会科技力量是指一个国家或地区的科技研究与开发的实力。研究与开发是指为增加知识总量以及用这些知识去创造新的应用而进行的系统性创造活动，其中包括基础研究、应用研究与技术开发三项。基础研究主要是为了获得关于现象和可观察事实的基本原理而进行的实验性或理论性工作。其作用主要是为新技术的创造和发明提供理论前提。从长远发展来看，基础研究是技术开发的基础工作，同时也是科研实力的重要标志和创新的基础。应用研究是为了获取新知识而进行的创造性研究，较之基础研究有明确的目的性，是连接基础研究和技术开发的桥梁。技术开发是指利用从研究和实际经验中获得的现有知识，或从外部引进的技术、知识，为生产新的材料、产品和装置，建立新的工艺和系统，以及对已生成和建立的上述工作进行实质性改进而进行的系统性工作。企业科研机构、国立科研机构和非营利性科研机构是构造社会科技力量总体布局的组织基础。根据OECD的统计报告，在美国、日本和德国等发达国家，大学是仅次于产业部门的第二大研究开发活动主体。在我国"十五"期间，高校研究和开发人员总数保持在25万左右。高等院校还承担了2/3左右的国家科研基金项目。此外，我国的国防科技力量雄厚，逐渐形成了一个相对独立的研发和生产体系，国防科技已具备了较强的研究开发能力。经过几十年的发展，我国已经形成了一个庞大的科研机构群体，具有了较强的研究实力，这些科研机构为中国企业的发展及整体实力的提高提供了前所未有的空间。

三、国家科技体制

国家科技体制是一个国家社会科技系统的结构、运行方式及其与国民经济其他部门的关系状态的总称，主要包括科技事业及科技人员的社会地位、科技机构的设置原则及运行方式、科技管理制度、科技发展战略等。高等院校人才聚集，有良好的基础设施、自由的学术氛围和多学科交叉的影响，这些特点使高等院校成为产生新知识、新思想的沃土，是培养科技创新人才的主要基地，也是科技知识生产和传播的重要基地。科技管理制度是科技体制的内在组合，管理是指在特定的环境和客观条件约束下，通过调动各种资源，以优化的策略和方法，达到组织和团体的特定目的的过程。科技管理内涵丰富，而且由于科技活动以知识的生产和应用为其行为特征，具有探索性和创造性、不确定性，因此，科技管理具有其他管理不具备的特殊性。良好的科技管理体制有利于企业积极创新，促进企业发展。国家的政体不同，国家战略的结构、内涵以及实现战略的手段都存在较大差异。国家科技发展战略是一个国家为了加速科学技术发展而制定的科学技术发展的总体行动纲领和指导思想框架。近几年，我国一直实行科教兴国的发展战略，积极鼓励企业的自主创新及科技研发活动，这为企业的发展尤其是高新技术企业的发展提供了广阔的空间，因此，在进行企业价值评估时，要充分考虑到科技体制是否有利于被评估对象的保值、增值。

四、国家科技政策和科技立法

国家科技政策和科技立法是指国家凭借行政权力与立法权力，对科技事业履行管理、指导职能的途径。政府的直接资助、科技政策实施、政府采购都对市场竞争、市场需求以及科学技术有着重要的影响。政府政策支持会对企业家精神感染力、企业利益驱动力、企业创新保障力、企业文化影响力产生影响。一是政府政策会直接作用于企业家精神。倘若政府对在科技发展方面作出突出贡献的民营企业进行宣传和物质奖励，那么企业家的自主创新精神就会大大加强，并且还会持续弘扬。二是政府政策也直接作用于高技术企业的创新资源。政府的政策支持，如资金的直接提供或担保、人才政策的倾向、科技政策的扶持、科技中介服务的提供等都会直接推动科学技术的不断进步，例如，科技部的“863”计划、“973”计划、科技攻关项目，教育部的基本科研业务费等，都大大促进了我国科学技术水平的提高。

法律法规具有明示、预防和规范的作用，可以为民营高科技企业自主创新的开展提供强有力的保证。法律法规以法律条文的形式明确告知合法行为和不合法行为。尤其是完善的知识产权、市场竞争方面的相关法律法规可以促进企业自主创新实践活动的发展。

除以上四种衡量技术环境的指标外，政府对科技开发的投资和支持重点、技术发展动态和研究开发费用总额、专利及其保护情况等，也可以作为关键技术因素进行分析。英国大多数基础理论研究的资金基本都是来自公共部门，用于研究开发的支出相当于国内生产总值的2%。为提高研究和开发支出的水平，英国政府自2002年起开始对所有公司的研发支出引入了税收抵免制度。我国为鼓励创业投资企业对未上市高新技术企业进行股权投资，投资2年以上（含2年），凡符合相关条件的，可按其对中小高新技术企业投资额的70%抵扣该创业投资企业的应纳税所得额。对于高新技术企业，科技主管部门择优对其承担的科技项目予以支持，并帮助其投融资及提供信贷支持。对于专利等知识产权的态度及其保护措施，也是技术环境的重要组成部分，它无疑是企业进入一个新市场的重要影响因素。例如，自20世纪90年代以来，软件盗版问题是许多外资软件企业决定是否进入中国及如何在中国发展时必须要考虑的问题。

一个国家的经济发展，在很大程度上与重大技术发明及应用的数量和程度相关。在国际贸易中，如果一个国家在产品生产中优先采用先进技术，就会导致另一个国家同类产品价格偏高。一个企业的赢利能力与其研发费用的投入程度相关。在对技术密集型行业的企业价值进行评估时，要充分考虑技术进步的影响。一方面，技术进步可以降低企业的生产成本并提高竞争优势，可能会给企业提供有力的发展机会，使企业获得新的竞争优势。如互联网正在改变产品的生命周期，加快商品分销和配送速度，创新新的产品和服务，消除传统区域市场的局限，并改变以往的生产标准化与灵活性之间的权衡关系。另一方面，技术进步会派生大量新型的产品，也可以使现有产品或服务过时，降低竞争优势。例如，数码相机的发明和使用使彩色胶卷行业陷入困境；MP3 的发明和应用对随身听及磁带行业的“破坏”。

【思考题】

1. 对企业价值产生影响的宏观环境因素主要有哪些？
2. 宏观经济政策的四大目标是什么？如何理解它们之间的关系？
3. 目前运用较为普遍的先行指标有哪些？
4. 举例说明人口因素对市场的影响。
5. 社会科技水平的概念是什么？举例说明其对企业价值的影响。

第三章 行业分析

【学习目的与要求】

通过对行业定义、行业分类、行业分析的学习，了解行业生命周期、波特五力模型，掌握行业分析的关注点和基本思路。

【关键词】

行业　行业分析　行业生命周期　波特五力模型

第一节 行业分析概述

一、行业的定义

行业，是指国民经济活动中同质的生产或其他经济社会活动的经营单位和个体等构成的组织结构体系，如林业、汽车业、银行业等。由定义可以看出，行业是根据人为经济活动的经济技术特点划分的，即按照反映生产要素（劳动者、劳动对象、劳动资料）不同排列组合的各类经济活动的特点划分的。例如，铁匠、木工、律师、医生，我们从其各自的劳动对象、劳动资料很容易地就能看出各自的技术特征，从而区分其四种行业。

产业，是对各类行业在社会生产力布局中发挥不同作用的称谓。行业划分的着眼点是生产力的技术特点这一微观领域，产业划分的着眼点是生产力布局的宏观领域。如上述铁匠、木工、律师、医生四个行业，按它们在生产力发展总链条中所发挥的不同作用归类，就会发现：铁匠与木工同属于加工制造业，律师与医生都属于服务业。加工制造业与服务业又被分别称为第二产业和第三产业。产业一般都具有规模性、职业化和社会功能性三个特点。

二、行业分析的主要内容

行业分析是指对行业经济特性、行业市场结构、行业生命周期、行业景气分析等特征的分析和预测。图 3－1 列出了几种分析的主要内容。

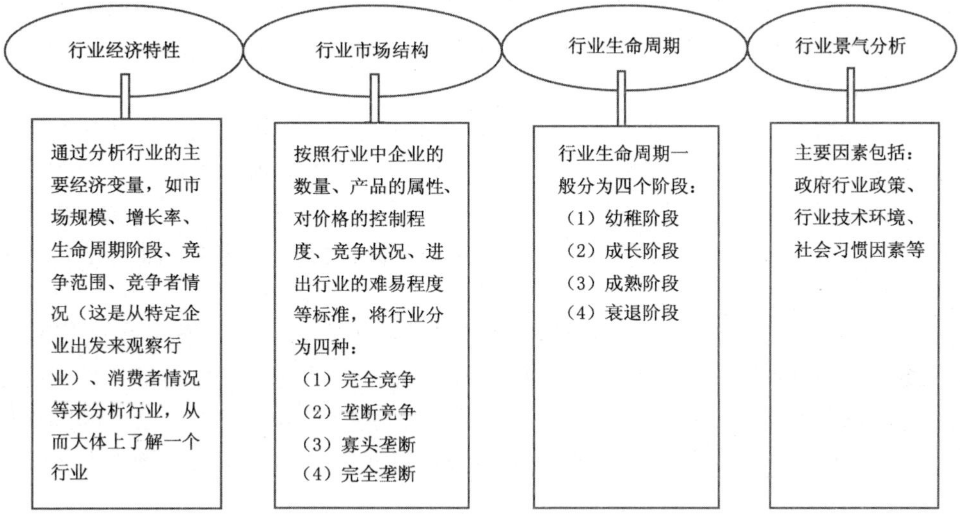

图 3－1　行业分析的主要内容

（一）行业经济特性

通过分析行业的主要经济变量，可以对行业的整体情况进行刻画。表 3－1 列出了主要经济变量的内容及其表现形式。

表 3－1　　行业主要经济变量及其表现形式

主要经济变量	表现形式
市场规模	主要产品的年需求或销售总量的绝对值
市场增长率	$市场增长率 = \frac{当年市场需求量 - 上年市场需求量}{上年市场需求量} \times 100\%$
生命周期阶段	分幼稚、成长、成熟、衰退四个阶段
竞争范围	分为全球性、全国性、地方性三档
竞争者情况	竞争者规模、竞争力等
消费者情况	消费者消费习惯、数量、和消费能力

（二）行业市场结构

市场结构就是市场竞争或垄断的程度。根据各行业拥有的企业数量、产品性质、企业控制价格的能力、新企业进入行业的难易程度、是否存在非价格竞争等因素，可以将市场结构分为四种类型：

1. 完全竞争型行业。完全竞争型行业的特点是：生产者众多，各种生产资料可以完全流动；产品无论是有形还是无形的，都是同质、无差别的；没有一个企业能够影响产品的价格；企业永远是价格的接受者，不是价格的制定者；企业的赢利基本上由市场对产品的需求决定；消费者和生产者对市场情况非常了解，并可以自由进入或退出市场。在现实生活中，完全竞争的市场类型是很少见的。

2. 完全垄断型行业。完全垄断型行业的特点是：由于市场被独家企业所控制，产品又没有或缺少合适的替代品，因此，垄断者能够根据市场的供求情况制定理想的价格和产量，以获取最大的利润，而消费者只能被动地接受垄断企业制定的价格。在现实生活中，公用事业和某些资本、技术高度密集型或稀有金属矿藏的开采等这类行业属于这种完全垄断的市场类型。

3. 垄断竞争型行业。垄断竞争型行业的特点是：生产者众多，各种生产资料可以流动；生产的产品同种但不同质，即产品之间存在差异，产品的差异性是指各种产品之间存在着实际或想象上的差异；由于产品差异性的存在，生产者可以树立自己产品的信誉，从而对其产品的价格有一定的控制力。在国民经济各行业中，制成品的市场类型一般属于这种类型。

4. 寡头垄断型行业。寡头垄断型行业的特点是：在这一行业中，少数几家大企业占据了该行业绝大部分的市场份额，他们对产品的市场价格和交易具有一定的垄断能力。由于各寡头垄断企业的实力都比较强，要想通过降低产品价格来获取较大的市场份额，难度很大，而且还会招致对手的报复，结果很可能两败俱伤。一些资本密集型、技术密集型行业都属于此种类型。

（三）行业生命周期

通常，行业的兴衰呈现出此起彼伏的特点，每一行业的发展，都要经历幼稚—成长—成熟—衰退的演变过程。这一过程就是行业的生命周期发展过程，它一般分为四个阶段：

1. 幼稚阶段。这一阶段，由于新行业刚刚诞生或创建不久，因而只有为数不多的创业公司投资于这一新兴行业。由于在初创阶段行业的创立投资、产品的研究开发费用较高，而产品市场需求较小，销售收入较少，因此这些创业公司不但没有赢利，反而普遍亏损。同时，较高的产品成本和价格与较小的市场需求，还使这些公司面临很大的投资风险。另外，在初创阶段，企业还可能存在因财务困难而引发破产的风险。

2. 成长阶段。这是行业稳定发展的阶段。在这一阶段，拥有一定市场营销能力和财务力量的企业逐渐主导市场。这些企业往往是较大的企业，其资本结构比较稳定，因而它们开始定期支付股利并扩大经营。在成长阶段，新行业的产品经过广泛宣传和消费者的试用，逐渐以其自身的特点赢得了大众的欢迎和偏好，市场需求开始上升，新行业也随之繁荣起来。随着竞争的加强，原来生存下来的企业价格急剧下降，一些基础不稳定、经济效益低下的企业逐渐被大企业淘汰。最后，那些技术实力雄厚、经营管理水平高的大企业逐渐扩大其产品的市场占有率，并占据主导地位。这一阶段企业的利润虽然增长较快，但竞争激烈，企业经营环境很不稳定，破产率和合并率很高。

3. 成熟阶段。这是行业发展规模最大，但发展速度逐渐下降的阶段。在这一阶段，新的企业难以再进入该行业，在行业中生存下来的企业数量有限，它们垄断了市场，行业中每一家企业均占有一定的市场份额，由于竞争手段相似，竞争能力相当，市场份额的分配格局变化不大，市场风险有所降低，行业一定程度的垄断使行业的利润保持较高的水平。在这一阶段，由于市场竞争势均力敌，企业经营风险有所降低，行业利润水平较为稳定。

4. 衰退阶段。这是一个行业发展的最后阶段。由于新兴行业兴起并取代了原有的行业，原行业的产品需求下降，产量减少，增长率逐渐降低甚至出现负增长，竞争能力削弱，还有不少企业因无利可图或亏损而开始将资金转移到其他行业，整个行业逐渐萎靡甚至解体。

（四）行业景气分析

1. 政府行业政策。政府对行业兴衰的影响主要是通过行业政策和管理政策来实现的。在行业政策中，政府对以新兴技术为基础的行业以及一些国民经济的瓶颈行业会采取鼓励措施。例如，通过降低税收、扩大信贷和实施补贴等手段来激励它们发展。对那些耗费较多、环境污染严重的行业，以及一些国民经济的长线行业会采取抑制的政策。因此，政府的行业政策在相当程度上会影响行业的兴衰。政府的经济管制政策主要有价格管制政策、行业准入政策和反垄断政策。对于一些关系到国民生计的行业，例如公用事业、交通运输业，政府通常实行限价政策，政府限价政策的力度势必会影响这些行业的发展。

2. 行业技术环境。在进行行业分析时，需要考虑行业技术环境，行业技术的进步对行业的影响很大。行业技术进步的效应主要分为两个方面：一方面，技术进步推动现有行业产品的技术升级，从而使现有产品的成本和价格下降，社会需求扩大，生产增长，并促使行业由初创期进入快速成长期；另一方面，技术进步将创造新产品，开拓新市场，从而使新行业不断出现，一些落后的行业进入衰退期。例如，IT 技术的发展，E－mail 通信方式被广泛采用，使得传统的邮政通讯行业进入衰退期。在科学技术飞速发展的时代，技术进步不仅为经济发展提供了强大的技术基础，而且促进了行业结构的调整，一些以新兴技术为基础的行业进入快速成长期，而那些落后于时代的行业则被淘汰。

3. 社会习惯因素。对于一个行业来说，随着时间的发展，企业所生存的社会环境，行业面临的利益相关者都会产生变化，包括生活水平、政策目标、文化素质、消费心理、消费偏好、文明程度等。由于行业是生存在社会中，就必须对社会习惯做出反应。正是由于社会习惯的变化，许多行业面临着各自不同的命运。

行业分析是连接宏观分析与企业分析的桥梁，是中观经济分析的主要内容，是基本分析的重要环节。行业分析的主要任务就是解释行业本身所处的发展阶段及其在国民经济中的地位，分析影响行业发展的各种因素以及判断对行业的影响力度，预测并引导行业的未来发展趋势，判断行业投资价值，揭示行业投资风险，为政府部门、投资者以及其他机构提供决策依据或投资依据。

第二节 行业的分类

一、标准行业分类法

标准行业分类法是联合国经济和社会统计局为了便于汇总各国的统计资料并进行相互对比而制定并建议世界各国采用的行业分类标准——《全部经济活动国际标准行业分类》（简称《国际标准行业分类》）。它把国民经济划分为10个门类，如表3－2所示。

表3－2 标准行业分类

1.	农业、狩猎业、林业和渔业	6.	批发与零售业、餐馆与旅店业
2.	矿业和采石业	7.	运输业、仓储业和邮电通信业
3.	制造业	8.	金融业、不动产业、保险业及商业性服务业
4.	电力、煤气、供水业	9.	社会团体、社会及个人的服务
5.	建筑业	10.	不能分类的其他活动

标准行业分类不仅对行业进行划分归类，而且还提供相关信息，诸如行业中的企业数量、该行业中的雇员和生产规模、产品的生产总值及其他重要的数据资料。

二、中国国民经济行业分类

国家统计局将国民经济各行业明确划分为三大产业：

第一产业：农、林、牧、渔业（不含农、林、牧、渔服务业）。

第二产业：采矿业（不含开采辅助活动），制造业（不含金属制品、机械和设备修理业），电力、热力、燃气及水生产和供应业，建筑业。

第三产业。即服务业，是指除第一产业、第二产业以外的其他行业。第三产业包括：批发和零售业，交通运输、仓储和邮政业，住宿和餐饮业，信息传输、软件和信息技术服务业，金融业，房地产业，租赁和商务服务业，科学研究和技术服务业，水利、环境和公共设施管理业，居民服务、修理和其他服务业，教育，卫生和社会工作，文化、体育和娱乐业，公共管理、社会保障和社会组织，国际组织，以及农、林、牧、渔业中的农、林、牧、渔服务业，采矿业中的开采辅助活动，制造业中的金属制品、机械和设备修理业。

《国民经济行业分类》（GB T4754－2011）根据经济活动的同质性原则来划分国民经济行业，即每一行业类别按照同一种经济活动的性质划分。新标准共有行业门类20个，行业大类97个，行业中类396个，行业小类913个，基本上反映了中国目前行业结构状况（见表3-3）。

表3-3　行业分类标准（GB T4754-2011）

A.	农、林、牧、渔业	K.	房地产
B.	采矿业	L.	租赁和商务服务业
C.	制造业	M.	科学研究和技术服务业
D.	电力、燃气及水的生产和供应业	N.	水利、环境和公共设施管理业
E.	建筑业	O.	居民服务、修理和其他服务业
F.	批发和零售业	P.	教育
G.	交通运输、仓储和邮政业	Q.	卫生和社会工作
H.	住宿和餐饮业	R.	文化、体育和娱乐业
I.	信息传输、软件和信息技术服务业	S.	公共管理、社会保障和社会组织
J.	金融业	T.	国际组织

资料来源：国家统计局。

三、中国上市公司行业分类

中国证监会于2012年修订了《上市公司行业分类指引》（以下简称《指引》），该《指引》是以国家统计局《国民经济行业分类》为主要依据，在借鉴联合国国际标准行业分类、北美行业有关内容的基础上制定而成的。

《指引》是以上市公司营业收入等财务数据为主要分类标准和依据，所采用的财务数据为经过会计师事务所审计并已公开披露的合并报表数据。当上市公司某类业务的营业收入比重大于或等于50%，则将其划入该业务相对应的行业。当上市公司没有一类业务的营业收入比重大于或等于50%，但某类业务的收入和利润均在所有业务中最高，而且均占到公司总收入和总利润的30%以上（包含本数），则该公司归属该业务对应的行业类别。不能按照上述分类方法确定行业归属的，则由上市公司行业分类专家委员会根据公司实际经营状况判断公司行业归属；归属不明确的，划为综合类。

《指引》将上市公司共分成19个门类，即农、林、牧、渔业，采掘业，制造业，电力、煤气及水的生产和供应业，建筑业，交通运输业、仓储业，信息技术业，批发和零售贸易，金融、保险业，房地行业，社会服务业，传播与文化行业，综合类（见图3-2）。在此基础上划分出90个大类和288个小类。

从图3-2可以看出，制造业的分类最多，制造业共分为31个大类（见表3-4）。

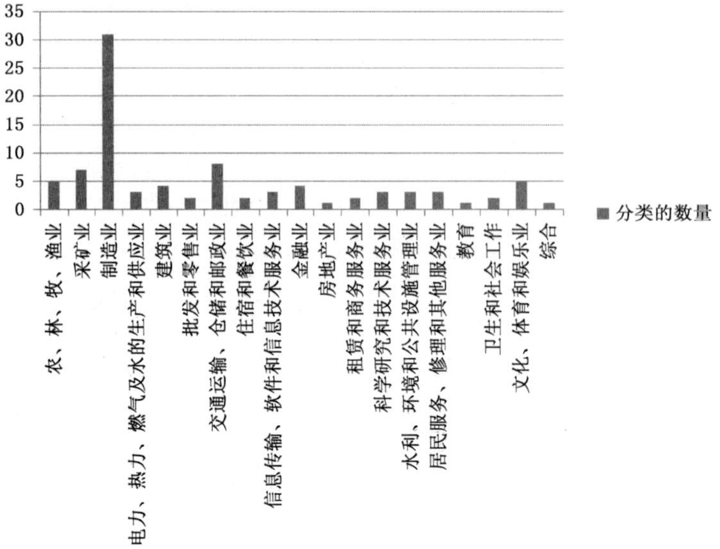

图3－2 各个门类的分类

表3－4 制造业的分类

13.	农副食品加工业	29.	橡胶和塑料制品业
14.	食品制造业	30.	非金属矿物制品业
15.	酒、饮料和精制茶制造业	31.	黑色金属冶炼和压延加工业
16.	烟草制品业	32.	有色金属冶炼和压延加工业
17.	纺织业	33.	金属制品业
18.	纺织服装、服饰业	34.	通用设备制造业
19.	皮革、毛皮、羽毛及其制品和制鞋业	35.	专用设备制造业
20.	木材加工和木、竹、藤、棕、草制品业	36.	汽车制造业
21.	家具制造业	37.	铁路、船舶、航空航天和其他运输设备制造业
22.	造纸和纸制品业	38.	电气机械和器材制造业
23.	印刷和记录媒介复制业	39.	计算机、通信和其他电子设备制造业
24.	文教、工美、体育和娱乐用品制造业	40.	仪器仪表制造业
25.	石油加工、炼焦和核燃料加工业	41.	其他制造业
26.	化学原料和化学制品制造业	42.	废弃资源综合利用业
27.	医药制造业	43.	金属制品、机械和设备修理业
28.	化学纤维制造业		

四、按行业发展与经济周期变化的关系划分

（一）增长型行业

增长型行业始终保持向上的发展趋势，与国民经济的波动相关性不大，在经济高增长时，增长型行业也表现为高增长；在经济萧条时，增长型行业也能维持一定的增长势头，高新技术行业一般属于这类行业。增长型行业的销售收入和利润的增长速度不受宏观经济周期变动的影响。这些行业之所以呈现出可持续增长态势，主要的依据是技术进步，推出新产品，提供更优质的服务及改善经营管理。

（二）周期性行业

周期性行业的运动状态与经济周期紧密相连。当经济处于上升期，对这些行业相关产品的需求相应增加，因而，这些行业会紧随其扩张和发展；但当经济衰退时，这些行业相关产品的需求则被延迟到经济改善后，因而这些行业也相应衰退。产品收入弹性较高的行业多数属于这类行业。

（三）防御性行业

防御性行业正好与周期性行业相反，其运动状态与经济周期无关，原因是该行业的产品需求相对稳定，需求弹性小，无论宏观经济处于经济周期的哪个阶段，产品的销售收入和利润均呈增长态势或变化不大。即使经济处于衰退阶段，对这种行业的影响也有限，一些防御性行业在经济衰退阶段甚至还会有一定的增长。防御型行业的产品往往是必要的公共服务或是生活必需品，社会对其产品有相对稳定的需求，典型的防御型行业是食品业和公用事业。

五、其他分类

行业按照未来可预期发展可分为朝阳行业与夕阳行业；按照采用技术的先进程度可划分为新兴行业和传统行业；按照要素集中度可划分为资本密集型行业、技术密集型行业和劳动密集型行业。

第三节 行业分析的作用与意义

一、行业分析的一般作用与意义

（一）行业分析对行业管理部门的作用与意义

行业管理部门主要是指政府行业主管部门以及行业自律组织。政府主管部门主要通过制定产业政策对行业发展进行宏观指导与调控，行业自律组织则主要通过制定具体的行业

标准，规范行业内各企业的行为。行业管理部门对本行业进行深入分析，有利于明确行业所处的发展阶段、行业的优势与劣势以及行业发展所面临的内外环境，有利于其科学决策，推动产业结构优化升级，促进产业布局的合理化，鼓励产业组织形式不断创新，引导产业技术不断进步。

（二）行业分析对企业的作用与意义

竞争性行业内的各大中小型企业，面临着瞬息万变的市场环境和激烈的竞争。企业必须深入了解所在行业或准备进入的行业，掌握行业生命周期、竞争状况、发展前景等，尤其要把握外在因素如国际化、政府政策对行业发展的长期影响，并结合自身的资产规模、财务状况、产业链等因素，制定稳定、长远、灵活的经营方针，做到长期决策科学化，短期经营即时化。

（三）行业分析对投资者的作用与意义

行业分析是进行公司分析的前提，有利于投资者发现成长性或赢利性较好的投资目标。无论是机构投资者（如投资银行、证券公司、基金管理公司等），还是个人投资者，都应当将行业分析作为其投资决策的重要依据。机构投资者一般比较重视行业分析，有专门人员长期负责某一行业的发展战略及投资策略的研究工作，对行业的现状及未来发展趋势把握比较准确，因而，其投资是比较精确的。个人投资者在投资决策时参考优秀的行业研究报告也是很有必要的。

二、企业价值评估中行业分析的必要性

（一）行业因素是企业价值的决定因素之一

企业的市场价值是由多种因素决定的。一般理论认为，企业的赢利能力、企业的经营管理水平、企业的规模、企业所处的行业等因素都直接影响一个企业的市场价值。其中，行业因素是影响企业价值的重要因素。行业因素通过影响企业的获利能力，最终影响企业价值。

（二）行业分析是《资产评估准则——企业价值》的要求

《资产评估准则——企业价值》对行业分析的规定有六条之多，其中，第十四条要求注册资产评估师执行企业价值评估业务，必须搜集企业所在行业现状与发展前景的资料；第二十七、二十八条要求资产评估师必须分析行业现状与发展前景对企业价值的影响；第三十条要求资产评估师在确定折现率时，必须考虑行业的特定风险；第四十六、四十八条要求资产评估师必须在企业价值评估报告中披露所在行业现状与发展前景，并对应披露的具体信息做了规定。

三、行业分析对企业价值评估的作用与意义

行业分析对企业价值评估的作用与意义，具体体现为以下两方面：

（一）有利于明确行业环境和基本面

1. 行业发展的外部因素。行业的赢利状况与成长性要受到多重外部因素的制约，如政府的宏观调控（政府产业政策对行业发展有着直接影响）、社会因素（收入水平、消费习惯的改变会影响行业产品的需求）、技术因素（技术创新形成的新行业可能会替代原有行业）及国际因素（经济全球化、国际分工调整等）。

2. 行业利润状况分析。分析行业利润状况，实际上就是要分析行业的供给和需求状况。通过供给与需求的分析和预测，就可以预测和判断行业的未来利润。一般而言，如果行业的产品供给和需求同时增长，行业的收入和利润就处于增长趋势；而如果同时下降，则行业的收入就应处于下降趋势。

一般而言，行业会在很大程度上依赖于一些关键的投入要素，这些要素价格往往是行业产品成本的主要构成因素，而要素价格的变化将会对行业产品的生产成本和利润产生重大影响。有时全行业可以通过提高产品价格来抵消因这些要素价格提高所带来的成本增加，而更多的时候则是迫于竞争的压力保持原来价格，进而造成全行业收入和利润下降。因此，行业内关键投入要素价格的变化，是影响行业价格和利润的重要因素，也是行业获利能力的重要决定因素及行业分析的重要内容。

（二）为进一步分析被评估企业竞争能力提供基础

企业价值的大小一般会受到企业竞争能力的制约。在行业分析中，一般通过两方面的内容来考察企业的竞争能力。

1. 产业价值链。产业价值链由美国哈佛大学教授迈克尔·波特提出。他认为，企业可以视为一个由管理、设计、采购、生产、销售等一系列活动组成的链条式集合体，每一项活动都会为企业带来增值。将企业价值链根据企业与供给方和需求方的关系，分别向前向后延伸就形成了产业价值链。从产业价值链的角度考察被评估企业的竞争能力，实际上就是将某一产业价值链进行分解，通过区分和界定处于产业价值链上的不同企业在某一特定产业内的各种活动，比较各个环节的价值和变化，从而明确被评估企业的竞争优势。

2. 行业竞争结构。可以运用波特五力模型对行业竞争结构进行分析。“五力”是指被评估企业所在行业存在五种竞争力量，即上游供应商、下游买方、潜在进入者、替代品及现有同业竞争对手。以上五种竞争力量的强弱会影响到被评估企业的竞争能力，最终影响被评估企业的未来收益与价值。

第四节 行业分析的主要内容

一、行业生命周期

（一）行业生命周期的含义

生命周期这个概念，从狭义上理解，是指生物体出生、成长、成熟、衰退、死亡的全部过程；从广义上理解，泛指自然界和人类社会各种客观事物的阶段性变化及其规律。生命周期的概念应用非常广泛，早已超出了生物学的范畴，在政治、经济、环境、技术、社会等诸多领域经常出现，从而产生了产品生命周期、企业生命周期、领导生命周期、旅游地生命周期等一系列概念。无论应用在哪个领域，生命周期的基本涵义都可以通俗地理解为"从摇篮到坟墓"（Cradle – to – Grave）的整个过程。

（二）行业生命周期理论的主要内容

行业生命周期理论认为，通常情况下，每个行业都会经历一个由成长到衰退的发展演变过程，这个过程一般可以分为四个阶段，即幼稚期、成长期、成熟期和衰退期（见图 3 – 3）。

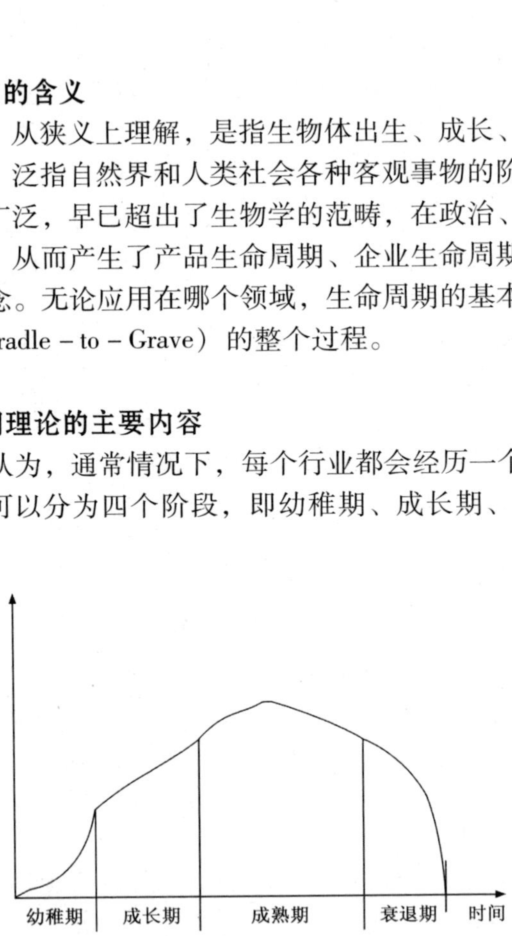

图 3 – 3 行业生命周期

1. 幼稚期。一个行业的产生，最根本的原因是人们的物质文化需求，而资本的支持和资源的供给则是行业不断发展的基本动力。行业的产生有三种方式：分化、衍生和新生。分化是指新行业从原行业中分离出来；衍生是指出现与原有行业相关、相配套的行业；新生是指新行业以相对独立的方式出现，并不依附于原有行业。这种行业的产生往往是科学技术产生突破性进步的结果。

处于幼稚期的行业主要有以下三个特点：

第一，资本来源有限，投入不足。在这一阶段，由于新行业刚刚诞生或初建不久，而只有为数不多的创业公司投资于这个新兴的产业。

第二，收益较低。收益较低一方面是由于行业刚刚形成，公众对其产品缺乏了解，导致其市场狭小，销售收入较低；另一方面是处于这一阶段的行业，产品的研究、开发费用较高，因此，这些行业的公司在财务上赢利极少，甚至出现亏损。

第三，风险较大。幼稚期行业的公司主要面临三大风险：一是高投入、高成本引起的经营风险；二是需求较低、销售渠道不确定带来的市场风险；三是可能由财务困难引起的破产风险。

在幼稚阶段后期，随着行业生产技术进步、成本降低及市场的扩大，新行业高风险、低收益的状况会逐步改善。

2. 成长期。处于成长期的行业，公司的经营状况较幼稚期有了很大改观：一方面，随着行业生产技术的进步，公司的生产成本逐渐降低；另一方面，由于消费者对产品的认可度提升，市场需求不断增加，公司的销售收入和利润率有所增长。虽然财务状况有所好转，但是这一阶段的企业需要更多的外部资金以投入人力及固定资产，迅速扩大生产规模并研究开发新产品。

成长期的行业风险也是比较大的，主要表现为以下三方面：

第一，由于消费者对产品的要求不断提高以及进入该行业的公司不断增多，引起行业内竞争日趋激烈，导致了较高的公司经营风险。

第二，公司规模的不断扩大始终考验着公司对于融资方式及渠道的选择，导致了较高的财务风险。

第三是由以上两种风险引起的公司破产和兼并风险。虽然风险较高，但是高成长性的公司为投资者带来的回报也是十分巨大的。

在成长期，行业内的激烈竞争会持续多年，那些经营策略正确，具备强大的研发、生产能力，融资渠道畅通的企业会在竞争中胜出，并通过并购、重组不断扩大规模，使得行业内的企业数量不断减少并稳定下来，整个行业开始走向成熟。

3. 成熟期。处于成熟期的行业一般表现出以下特点：

第一，生产技术和工艺逐渐成熟，即行业内企业普遍采用的是适用的、有一定先进性、稳定性的技术，由此带来的是，产品在基本性能、式样、功能、规格、结构等方面都趋向成熟。

第二，市场需求比较稳定。在该时期，消费者已对产品比较熟悉甚至习惯，对于产品的要求是比较明确的，因此，企业之间很难通过价格战达到竞争目的，从而转向各种非价格竞争手段，如提高质量、改善性能和加强售后维修服务等。

第三，利润较高。这一时期产业组织比较成熟，行业内企业间建立起良好的分工协作关系，共同垄断市场，由此带来较高的垄断利润。

第四，风险较小。处于成熟期的行业已被少数几家资本规模较大、技术先进的企业所控制，这些企业之间的竞争比较有序，使得市场结构非常稳定，而新进入的企业则在资本实力、技术、销售渠道等方面无法与之抗衡。

第五，行业增长速度放缓。在行业成熟期，行业增长速度降到一个适度水平。在某些情况下，整个行业的增长可能会完全停止甚至下降。

4. 衰退期。行业的衰退一般都有如下表现：新产品和大量替代品出现，原行业的市场需求开始逐渐萎缩，产品的销售量也开始下降，行业内的原有企业着手退出并向其他成长性更强或利润更高的行业转移。

行业衰退一般可以分为自然衰退和偶然衰退：自然衰退是一种行业本身内在的衰退规律起作用而发生的衰退；偶然衰退是指在偶然的外部因素作用下，提前或者延后发生的衰退。行业衰退还可以分为绝对衰退和相对衰退：绝对衰退与自然衰退的概念比较接近；相对衰退是指行业因结构性原因或者无形原因引起行业地位和功能发生衰减的状况，而并不一定是行业实体发生了绝对衰退。

按照行业衰退的原因，还可以将行业衰退分为四种类型：**资源型衰退**，即由于生产所依赖的资源枯竭所导致的衰退；**效率型衰退**，即由于效率低下的比较劣势而引起的行业衰退；**收入低弹性衰退**，即因需求—收入弹性较低而衰退的行业；**聚集过度性衰退**，即因经济过度聚集的弊端所引起的行业衰退。

行业的衰退是客观的、必然的，而且行业衰退所经历的时间比前三个阶段所经历的时间都要长。大量的行业都是衰而不亡，如钢铁业、纺织业虽然在衰退，但是其与消费者生活息息相关，因此在较长时间内都会与人类社会共存。

（三）行业生命周期分析

企业价值评估中的行业分析主要有以下两个要点：一是要判断被评估企业所属行业处于哪个发展阶段；二是要分析影响行业生命周期的主要因素，从而更准确地判断行业未来的发展趋势。

1. 行业生命周期判断指标。在执行企业价值评估业务时，可以综合以下几个指标判断被评估企业所属行业处于何种发展阶段：

（1）行业规模。行业规模可以用行业销售额、行业资产规模等指标来衡量。在幼稚期，行业规模较小；在成长期，行业规模增长较快；在成熟期，行业规模达到顶峰，增长放缓；在衰退期，行业规模逐渐萎缩。

（2）产出增长率。产出增长率在成长期较高，在成熟期以后降低，经验数据一般以15%为界。到了衰退阶段，行业处于低速运行状态，有时甚至处于负增长状态。

（3）利润率。幼稚期的行业往往利润率较低，甚至出现亏损；进入成长期后，利润率开始迅速上升；成熟期的行业由于垄断的存在，一般都有比较高的利润率，并且比较稳定；进入衰退期后，行业利润率逐渐下降，直至严重亏损。

（4）技术成熟度。行业技术成熟度与行业的研发能力密切相关，处于幼稚期的行业，研发活动刚刚展开，成果较少，相关的标准、流程等还未确定，因此技术成熟度较低；进入成长期后，企业研发能力逐渐增强，技术也趋于成熟；成熟期的行业由于垄断利润的存在，企业创新的动力不足，研发活动逐渐减少；进入衰退期后，行业技术逐渐落后。

（5）资本进退。处于幼稚期的行业由于风险较高，仅有少量的创业资本进入；处于成长期的行业，由于原有企业规模的扩大以及新进入者的增加，会有大量的资本涌入行业；进入成熟期以后，原有企业的经营情况比较稳定，新进入企业会面临较高的门槛，此时进入行业的资本较少，资本进退会处于一个平衡状态；行业开始衰退后，会有大量企业减少规模、破产或转产，使得资本逐渐退出行业。

2. 影响行业生命周期的因素：

（1）技术因素。技术因素对行业生命周期的影响主要体现在以下三个方面：

第一，直接促使新行业产生。第三次科技革命以来，技术对产业经济产生了更为深远的影响，由技术创新直接引起新行业产生的例子不胜枚举，例如，因核技术进步而产生的原子能产业，由空间技术取得重大突破而产生的航天产业，以及由微电子、网络技术、计算机和通信技术进步而产生的信息产业等。

第二，加速了某些落后产业的衰退。新技术主要通过两条途径加速旧产业的衰落：一是利用新技术生产出新产品，满足消费者更高的需求，具备更高的使用价值；二是利用新技术提高生产效率，降低成本，提供价格更低的产品。新产业替代旧产业，往往是这两种因素共同作用的结果。

第三，利用新技术改造传统产业，延长传统产业的生命周期。例如，通过生物技术改造传统农业，通过信息技术改造钢铁、化工、汽车等传统工业，都可以极大地提高传统产业的生产效率，降低生产成本，提升利润空间，从而使进入成熟期甚至衰退期的行业获得二次成长的机会。

（2）政策因素。对行业影响较大的政策是政府制定的针对该行业的产业政策。产业政策对行业的影响主要有以下几个方面：

第一，促进产业结构优化升级。产业结构是指产业的构成及各产业之间的联系和比例关系。政府出台产业政策，对关系到国计民生和国家安全的基础行业以及战略性行业进行保护和扶持，对衰退产业进行调整和援助，其目的都在于促进产业结构的优化升级，使行业之间的关系更协调、社会资源配置更合理。

第二，引导产业技术进步。通过产业政策，政府可以制定具体的产业技术标准，规定各产业的技术发展方向，促进技术引进、开发政策并资助基础技术研究，从而达到引导产业技术进步的目的。

第三，促进产业布局的合理化。产业布局是产业存在和发展的空间形式。要实现产业布局合理化，政府首先应当根据经济、合理原则，鼓励各地区根据自身资源、经济和技术条件，发展具有相对优势的产业，从而保证产业的投资效率、经济效益及发展速度；其次应当鼓励各地区不同产业之间的经济、技术交流，逐步缩小地区差距，实现协调发展。

（3）社会因素。消费者的需求是一切行业产生和发展的基础，消费需求的变化是行业生命周期的根本原因。随着人们生活水平和受教育程度的提高，消费心理、消费习惯、文明程度和社会责任感会逐渐改变，对某些商品的需求也必将发生变化，从而影响行业的兴衰。例如，在收入相对比较低的时候，人们对生活用品有较大需求，因此消费品制造业将获得巨大发展。但是随着生活水平的提高，消费者会逐渐增加服务消费，服务业如金融、教育、旅游业等会逐渐超过消费品制造业。

（4）国际因素。这里的国际因素主要指的是20世纪末以来的经济全球化趋势。经济全球化对我国行业生命周期的影响主要表现在以下两个方面：一是由于国际分工调整，发达国家劳动密集型产业及低端的资本密集型产业向我国转移，使得上述行业在我国得到了加速成长；二是产业转移加速了我国原有落后产业的衰退；三是我国有机会学习并借鉴外国先进的技术及管理经验，增强了我国的自主创新能力，从而有机会对传统产业进行改造，延长其生命周期，并推动新兴产业的起步和成长。

二、波特五力模型

（一）波特五力模型简介

五力分析模型由美国哈佛商学院教授迈克尔·波特（Michael Porter）于20世纪80年代初提出。五力分别指供应方的议价能力、购买者的议价能力、潜在竞争者进入的能力、替代品的竞争能力和行业内竞争者现有竞争能力。

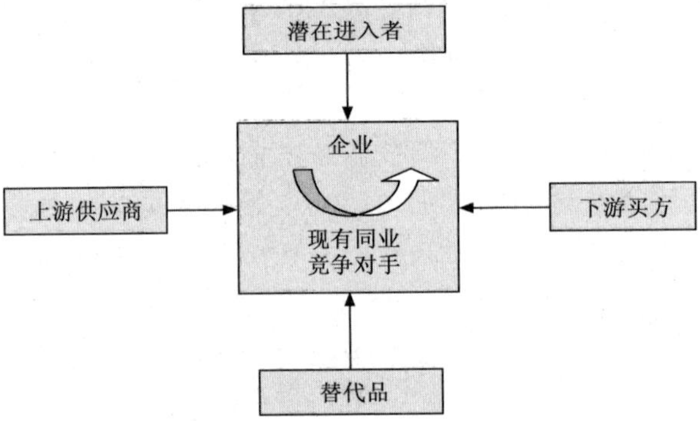

图3－4 波特五力模型

从静态角度来看，这五种基本竞争力量的状况及其综合强度决定着行业内的竞争激烈程度，决定着行业内的企业可能获得利润的最终潜力。从动态角度来看，这五种竞争力量抗衡的结果共同决定着行业的发展方向，共同决定行业竞争的强度和获利能力。但是，各种力量的作用是不同的，常常是最强的某个力量或某几个力量处于支配地位，起着决定性作用。例如，一个企业在某行业中处于极为有利的市场地位时，潜在的加入者可能不会对其构成威胁。但如果它遇到了高质量、低成本的替代品的竞争时，可能会失去其有利的市场地位，只能获得较低的收益。有时，即使没有替代品和大批的加入者，现有竞争者之间的激烈抵抗也会限制该企业的潜在收益。

（二）波特五力模型的主要内容

1. 供应方的议价能力。供应方是指被评估企业上游产品的提供者。供应方主要通过其提高上游产品价格，对被评估企业及其所在行业的赢利能力和产品竞争力施加影响。供应方这一意图能否达成主要取决于以下几个因素：

（1）上游产品市场上供应方的集中程度。如果在上游产品市场中，供应方的数量少于购买方的数量，则供应方的集中程度高于购买方的集中程度，上游产品市场上就会出现卖方完全垄断或寡头垄断的现象，使得被评估企业在上游产品价格的谈判上处于劣势。

（2）被评估企业上游产品是否存在替代品。即使供应方对上游产品市场有较强的控制力，只要存在替代品与其竞争，供应方或多或少地都会受到牵制。如果上游产品不存在替代品，或替代品较少、替代程度不高，则无法削弱供应方的议价能力。

（3）供应方对被评估企业的依赖性。如果供应方的产品销售主要依赖于被评估企业及其所在行业，则被评估企业就会在上游产品定价谈判中掌握主动，产品价格就会比较有利于被评估企业。反之，则被评估企业只有被动接受上游产品价格。

（4）被评估企业对供应方的依赖性。如果被评估企业上游产品来源渠道有限，且对其生产过程有着重大影响，则供应方的议价能力就会大大增强。

（5）被评估企业转嫁成本的能力。如果被评估企业有能力将上游产品购进成本转嫁给其消费者，则供应方议价能力对于被评估企业的经营活动及利润水平影响不大。

（6）供应方纵向并购的威胁。所谓纵向并购是指并购处于同一产业链的上下游企业。如果供应商并购下游企业，则会掌握被评估企业所在行业的成本及经营信息，并利用这些信息操纵价格，从而大大增强其议价能力。

2. 购买者的议价能力。购买者主要通过压低被评估企业及其所在行业产品的价格，从而对被评估企业及其所在行业的赢利能力与产品竞争力施加影响。购买方这一意图能否达成主要取决于以下几个因素：

（1）下游产品市场上购买方的集中程度。如果在下游产品市场上，购买方的数量少于供应方的数量，则购买的集中程度高于供应方的集中程度，下游产品市场上就会出现买方完全垄断或寡头垄断的现象，使得被评估企业在上游产品价格的谈判上处于劣势。

（2）被评估企业产品是否存在替代品。即使被评估企业对产品市场有较强的控制力，但只要存在替代品与其竞争，被评估企业或多或少都会受到牵制。如果被评估企业不存在替代品，或替代品较少、替代程度不高，则购买方的议价能力就会受到削弱。

（3）被评估企业对购买方的依赖性。如果被评估企业及其所在行业的产品销售主要依赖于购买方，则购买方就会在产品定价谈判中掌握主动，产品价格就会比较有利于购买方。反之，则购买方只能被动地接受被评估企业制订的产品价格。

（4）购买方对被评估企业的依赖性。如果购买方产品来源渠道有限，且对其生产过程有重大影响，则被评估企业的议价能力就会大大增强。

（5）购买方转嫁成本的能力。如果购买方有能力将购进产品的成本转嫁给其消费者，则这一部分成本对其经营活动及利润水平影响不大，购买方就不会把主要精力放在与被评估企业协商价格上来。

（6）购买方纵向并购的威胁。所谓纵向并购是指并购处于同一产业链的上下游企业。如果购买方并购上游企业，则会掌握被评估企业所在行业的成本及经营信息，并利用这些信息操纵价格，从而大大增强其议价能力。

3. 潜在竞争者进入的能力。潜在竞争者给被评估企业所在行业带来新的资源与新的产能，但与此同时，也希望其产品能够在现有市场占有一定的比例，这就有可能会与被评估企业在原材料与产品销售方面展开竞争，最终导致被评估企业赢利水平降低，甚至产生破产风险。潜在竞争者威胁大小主要受以下几个因素的影响：

（1）规模经济。规模经济描述的是企业单位成本的下降，从而形成企业的长期平均成本随着产量的增加而递减的现象。如果被评估企业所在行业内的厂商已达到了产生规模经济的产能，则此时潜在竞争者由于规模较小，单位成本较高，对被评估企业的威胁较小。

（2）差异产品。差异产品是指相互竞争且具有较强可替代性但又不完全相同的产品，其不同之处可能表现在产品的功能、外观、位置、质量或者其他方面。差异产品是由于被评估企业较早进入行业，从而拥有一定数量的忠实客户，品牌认同度较高。此时，潜在竞争者构建自己的品牌认同度就需要花费大量成本，因而对被评估企业威胁较小。

（3）资本门槛。潜在竞争者需要投入大量资本用于研发、形成固定资产、建立销售渠道、培养员工。巨大的融资规模为新进入者带来了极高的财务风险，构成了其进入行业的一个门槛，降低了潜在竞争者的威胁。

（4）原材料来源及其产品销售渠道。被评估公司所在行业的原材料来源渠道及产品销售渠道已被行业内原有企业瓜分完毕，潜在竞争者无论是建立新渠道还是与原有企业在原渠道内竞争都需要花费较大的代价，构成其进入行业的又一个障碍。

（5）政策因素。政府可以直接禁止其他企业进入行业，但更多的时候是设置较高技术、产品质量、环保等标准以限制潜在竞争者，这些政策无形中又削弱了潜在竞争者的威胁。

4. 替代品的竞争能力。所谓替代品是指具有相同或相似功能的产品，其中一种产品价格的上升会引起另一种产品需求的增加。企业之间，尤其是处于同一行业的企业之间，可能会由于所生产的产品互为替代品而产生竞争行为。替代品及替代品生产企业给被评估企业带来的威胁主要取决于以下几个方面：

（1）替代品的可替代程度。替代品与被评估企业产品在功能等方面越相似，可替代程度越高，则竞争就越激烈；反之，则替代品的威胁较小。

（2）替代品的价格。根据经济学的一般原理，当某种商品价格上升时，会引起这种商品的替代品需求的上升。因此，如果替代品生产企业采取低价策略，则替代品的销量就会上升，降低被评估企业产品的市场占有率。

（3）替代品对于其生产企业的重要性。如果替代品的生产企业与被评估企业不处于同一行业，且替代品的生产、销售并非其生产企业最主要的业务，则替代品生产企业没有动力与被评估企业展开激烈竞争，因此替代品的威胁较小。

5. 行业内竞争者现有竞争能力。在大部分行业中，企业为了争夺更多的市场份额并增加利润，往往会与同行业的其他企业展开竞争，企业间的竞争可以发生在价格、产品质量、售后服务、广告等多个方面。行业内竞争者现有竞争能力主要受以下几个因素的制约：

（1）行业内现有竞争者的规模。行业内的竞争往往发生在同等规模的企业之间，企业间规模差距越小，竞争程度就越激烈。如果被评估公司是行业内规模较大的公司，能利用其有利地位较好地掌控市场，则行业内竞争者的竞争能力就会受到制约。

（2）行业成长速度。如果行业成长速度缓慢，市场需求增量较小，行业内的其他竞争者为了争夺存量市场份额势必须要与被评估公司展开激烈竞争。

（3）固定成本。如果行业内现有企业的固定成本过高，那么现有竞争者一定会在价格仅高于变动成本时出售产品，较低的价格使得其销量大增，从而分摊固定成本，减少高额固定成本带来的压力。

（4）产能。由于规模经济将促使产能大幅扩充，产能提升的幅度过大，则会慢慢破坏产品市场的供需平衡，形成供大于求的情况。此时现有竞争者为了保证其市场占有率，必然采取价格战等激烈的竞争措施。

（5）退出障碍。退出障碍是指厂商欲退出所在产业所需要的额外成本。厂商基于经济、策略或心理因素的考虑仍让厂商留在市场上继续竞争难以轻易退出市场，导致竞争更加激烈。

（三）波特五力模型与企业战略的衔接

利用波特五力模型可以比较准确地把握特定行业内企业面临的竞争环境，但是在分析行业竞争状况对评估企业预期收益的影响时，仅使用波特五力模型还是不够的，原因在于五力模型忽视了企业的战略选择。当企业面临竞争力量威胁其利润的状况时，必然会在战略上做出相应的调整，从而降低这种威胁，确保企业的利润。企业的这种战略调整主要表现在两个方面：一是企业内部在三种一般性竞争战略（低成本战略、差异化战略和集中化战略）中的选择；二是企业与其他市场主体达成长期的合作关系。

1. 一般性竞争战略与五力模型。

（1）低成本战略。采取低成本战略的企业一般会通过技术创新和加强管理，降低研发、生产、销售等环节的成本费用，使得总成本在行业内处于低水平。低成本战略可以使企业建立起相对于同行业竞争者的竞争优势，缓解行业内竞争者对企业利润的压力，同时还可以对潜在进入者起到威慑的作用；此外，低成本战略也可以降低供应商及购买者议价对企业利润的影响程度。

（2）差异化战略。差异化战略是指企业采取一系列手段将其产品或服务区别于行业内的其他厂商，这种区别可能体现在设计、工艺、品牌、特征等多个方面。产品差异化主要是针对替代品而采取的战略，差异化战略可以降低替代品的替代程度，从而减少替代品对企业的威胁。此外，差异化战略还可以减少企业与同行业竞争者及潜在进入者的竞争。

（3）集中化战略。集中化战略是指企业把目标放在某个特定的、相对狭小的市场范围内（如特定客户群、特定产品或特定地区），力图在局部市场内建立竞争优势。一旦该战略在某个局部市场取得成功，企业就可以在一定程度上避免与行业内其他竞争者及其潜在进入者的竞争。同时，集中化战略还可以为企业培养一定数量的忠实客户，增加客户对企业产品的认同感，从而削弱其议价能力。

2. 合作竞争关系与五力模型。波特五力模型认为在行业内只存在着单纯的竞争关系、企业只有不断地增强竞争能力才能够占有市场，获取利润。然而，在现实中，企业与供应商、购买者、潜在进入者、同行业厂商和替代品厂商之间并不只是单纯的竞争关系，也可能存在着长期的互惠合作。因此，企业在制定战略时，不能一味地强调提升竞争优势，而是要兼顾竞争与合作的状况。

哈佛商学院教授大卫·亚非（David Yoffie）在波特五力模型的基础上，增加了一个主体——互补品厂商，从而提出了六力竞争互动模型，从而更有利于企业分析所处行业内的竞争与合作关系。

六力竞争互动模型认为，行业内的各种市场主体之间存在着既竞争又合作的关系，这种关系受市场主体主观认知、行为习惯、价值取向等方面因素的影响，并且随着企业环境、使命、实力的变化以及各方行为互动而呈现动态变化。

在以上六种主体中，与企业合作基础最强的就是互补品生产商，识别与利用这种互补互动的力量对于企业的长远发展具有重要的战略意义。企业也可以根据自身需要与不同的主体合作，例如，已在行业内占据主导地位的企业可以与行业内其他企业合作，防止潜在的竞争力量进入行业，而在行业内处于从属地位的企业则可以同潜在进入者联盟以增强其竞争力。

企业与其他主体之间的竞争合作关系的发展变化是比较复杂的。各主体在长期内是合作关系，但是在短期内表现为竞争关系；对于增量的资源与市场，各主体间是合作、共享的，但是对于存量资源与市场则激烈争夺；处于高速成长阶段的行业内，各主体间是互惠合作的，但是在发展缓慢的、成熟的行业内，各主体之间是相互竞争的。

【思考题】

1. 行业市场结构有哪几种？每种结构有什么特点？
2. 什么是朝阳行业？请举例说明。
3. 阐述行业分析对企业价值评估的作用与意义。
4. 影响行业生命周期的因素有哪些？是如何影响的？
5. 简要阐述波特五力模型。

第四章 企业分析

【学习目的与要求】

通过本章的学习，应该了解和掌握企业业务分析、战略分析和财务报表分析对企业价值评估的重要性，并掌握企业业务分析、企业战略分析、企业财务报表分析的内涵及方法。

【关键词】

业务分析　战略分析　财务报表分析

从微观层面来讲，企业价值评估是建立在企业分析的基础之上的。企业分析可以概括为业务分析、战略分析和财务报表分析。企业业务分析是在了解了整个行业发展现状及发展趋势的基础上，研究企业现有业务在所处行业中的竞争地位，以便对企业的成长、经营业绩、资本需求做出合理的预测。企业战略分析需要充分把握企业各层级采取的战略，明确企业未来的经营方向与经营效果，为企业价值评估需要的收益与风险预测进一步提供信息。站在企业价值评估的角度，业务分析、战略分析与财务报表分析密不可分。业务分析与战略分析中获得的信息能够回答财务报表分析中发现的问题；而财务报表分析中获得的数据也为进一步进行业务分析、战略分析提供了方向。财务报表分析的目的不是简单地了解企业的历史情况，而是通过分析历史业绩对未来做出预测，以便全面地掌握相关信息进行企业价值评估。

第一节 企业业务分析

一、赢利模式分析

赢利模式是指企业在市场竞争中逐步形成的赖以赢利的特有商务结构及其对应的业务结构。企业的商务结构主要指企业外部选择的交易对象、交易内容、交易规模、交易方式、交易渠道、交易环境、交易对手等商务内容及其时空结构；企业的业务结构主要指企业内部满足商务结构需要而从事的包括科研、采购、生产、储运、营销等业务内容及其时空结构。换而言之，业务结构反映的是企业内部资源的配置情况，决定企业资源配置的效率，而商务结构反映的是企业内部资源整合的对象及其目的，决定企业资源配置的效益。

（一）赢利模式的要素

企业赢利模式分析和设计包含五个要素，即利润源、利润点、利润杠杆、利润屏障和利润家，几乎所有企业的赢利模式都是以其中一个或多个要素为核心的各种要素的有机组合。

利润源，是指企业提供的商品或服务的购买者和使用者群体，他们是企业利润的源泉。利润源分为主要利润源、辅助利润源和潜在利润源。良好的企业利润源，需要满足三个条件：一是要有足够的规模；二是企业对利润源的需求和偏好有比较深入的认识和了解；三是企业在挖掘利润源时，与竞争对手比较有一定的竞争优势。

利润点，是指企业可以获取利润的产品或服务，反映的是企业的产出。良好的利润点同样需要满足三个条件：一是能够清晰地满足客户的需求偏好；二是能够为构成利润源的客户创造价值；三是能够为企业创造价值。

利润杠杆，是指企业生产产品或提供服务，以及吸引客户购买和使用企业产品或服务所开展的一系列业务活动，反映的是企业为提高赢利而进行的各项投入。

利润屏障，是指企业为防止竞争对手掠夺本企业的利润而采取的防范措施，它与利润杠杆同样表现为企业的投入。形象地说，利润杠杆是撬动“奶酪”为我所有，而利润屏障是保护“奶酪”不为他人所动。

利润家，是企业内部对企业如何赢利具有极强的敏感力和预见性的人，他通常是企业家本人，但也可能是企业家的盟友或者职业经理人。

在考察赢利模式对企业价值的影响时，要充分把握企业的利润源、利润点、利润杠杆、利润屏障以及利润家这五个要素，为企业价值评估过程中相关的财务预测提供充分的依据。

（二）赢利模式的特征

由于企业面临的宏观和微观经济环境处于动态变化的过程中，因此，没有一个固定的赢利模式能够保证企业在各种条件下都取得良好的经营业绩。美国埃森哲咨询公司通过对70家企业的赢利模式进行研究，发现成功的赢利模式至少具有三个共同特征：

第一，成功的赢利模式能够提供独特的价值。这个独特的价值可以是新的思想，但更多的时候是产品和服务的独特组合。这种组合或者可以向客户提供额外的价值，或者使客户能够用更低的价格获得同样的利益，或者用同样的价格获得更多的利益。

第二，成功的赢利模式是难以模仿的。企业能够通过自己的创新管理建立自己的利润屏障，提高行业的进入门槛，从而保证利润来源不受侵犯。

第三，成功的赢利模式是脚踏实地的。脚踏实地就是实事求是，把赢利模式建立在对客户行为的准确理解和假定之上。如果企业对自己的利润源、利润点等要素缺乏清晰的认识，对于企业利润从何而来以及顾客为什么乐于接受或不接受企业的产品或服务等关键问题都不甚了解，则明显不具备成功的赢利模式。

总之，成功的赢利模式必须能够突出一个企业不同于其他企业的独特性。这种独特性表现在它怎样界定顾客、界定客户需求和偏好、界定竞争者、界定产品和服务、界定业务内容等方面。因此，企业价值评估需要在对企业赢利模式要素分析的基础上，判断其目前的赢利模式是否具备成功的赢利模式的特征，进而为相关财务预测假设提供支持。

二、市场需求分析

市场需求是指在特定的地理区域、特定的时间范围、特定的市场营销环境和市场营销方案下，特定消费者群体对某种商品或服务愿意而且能够购买的数量。市场需求分析主要包括两部分内容：一是明确市场需求的主要影响因素；二是把握市场需求分析的基本步骤。

（一）市场需求的主要影响因素

市场需求的构成要素有两个：一是消费者愿意购买，即有购买的欲望；二是消费者能够购买，即有支付的能力，两者缺一不可。具体来说，影响市场需求的因素主要有消费者偏好、消费者收入、产品价格、消费者预期等。

1. 消费者偏好。在市场上，即使收入相同的消费者，由于每个人的性格和爱好不同，人们对商品与服务的需求也不同。消费者的偏好支配着其在使用价值相同或相近的商品之间的消费选择。但是，人们的消费偏好不是固定不变的，而是在一系列因素的作用下慢慢变化的，例如，收入、年龄的变化，会直接影响消费者的购买偏好。

2. 消费者收入。消费者收入一般是指一个社会的人均收入。收入的增减是影响需求的重要因素。一般来讲，消费者收入增加，将引起需求增加，反之亦然。随着经济的迅速增长，消费者的收入水平将不断提高，在供给不变或供给增长率低于收入增长率的情况下，一方面会出现商品需求的增加，另一方面也会促使市场价格逐渐上涨。

3. 产品价格。这里的产品价格除了指企业自身产品的价格，还包括替代品及互补品的价格。企业自身的产品价格是影响需求的最重要因素，一般来说，企业自身产品价格和市场需求的变动呈反方向变化。所谓替代品，是指使用价值相近、可以相互替代来满足消费者需要的商品，如煤气和电力，石油和煤炭，公共交通和私人小汽车等。一般来讲，当替代品价格降低，消费者就会把需求转向可以替代的商品上，从而使替代品的需求增加，被替代品的需求减少，反之亦然。所谓互补品，是指使用价值上必须相互补充才能满足消费者某种需求的商品，如汽车和汽油，家用电器和电等。在互补商品之间，其中一种商品价格上升，需求量降低，另一种商品的需求也会随之降低。

4. 消费者预期。预期是消费者对于某一经济活动未来的预测和判断。如果消费者预期价格要上涨，就会提前购买；如果预期价格将下跌，则会推迟购买。

由于消费者偏好、消费者收入、产品价格及消费者预期都会直接影响顾客对企业产品或服务的需求量，因此，企业价值评估过程中，在对企业的营业收入、营业成本等科目进行预测之前，首先要考虑这些因素对企业产品或服务需求的影响。

（二）市场需求分析的基本步骤

明确了市场需求的主要影响因素之后，就需要对目标企业现有产品或服务进行市场需求分析。市场需求分析主要是估计产品的市场规模大小以及潜在需求量，如果目标市场与人口密切相关，这种预测分析的操作步骤如下：

第一步，确定总体目标市场与各地理区域的目标市场。首先，在市场总人口数中确定某一细分目标市场的总人数，这一总人数是潜在顾客人数的最大极限，可用来计算未来或潜在的需求量。其次，算出目标市场占总人口数的百分比，再将这一百分比乘上地理区域的总人口数，就可以确定该区域目标市场的潜在消费者数量。

第二步，计算同类产品的市场总需求量。首先，考虑产品是否存在某些限制条件足以导致目标市场的数量减少；其次，从消费者购买率或购买习惯中，计算每位消费者每年平均的购买数量；然后，根据各地理区域的目标市场消费者数量乘以每位消费者每年平均购买数量就可以算出该类产品的总需求量。

第三步，分析企业产品市场占有率，确定企业产品需求量。企业产品在同类产品市场上的占有率是指企业产品销售量占该类产品整个市场销售总量的比例，例如，可以根据最近5年来企业和竞争者市场占有率的变动情况并做适当调整进行估计。市场占有率是对公司实力和经营能力的较为精确的估计，市场占有率越高，表示公司的经营能力和竞争力越强，公司的销售和利润水平越好、越稳定，因此，在企业价值评估过程中，预测市场占有率是确定企业产品销售量的一个重要环节。企业产品的市场占有率乘以同类产品的市场总需求量，就可以得出企业产品的总需求量。

第四步，计算企业产品销售收入。根据市场同类产品的平均价格以及市场竞争情况，结合企业自身的产品特点确定其预期销售价格，然后乘以企业产品需求量，就能估测企业的产品销售收入。

第五步，综合考虑其他因素对销售收入的影响并作调整。经济状况、人口变动、消费者偏好及生活方式等因素发生变化可能会间接影响企业的销售收入，在企业价值评估过程中，应当分析这些外部因素对产品需求的影响，并在此基础上合理调整第四步所获得的数据，科学预测企业产品的销售收入。

三、竞争能力分析

企业的市场竞争力对其价值会产生直接影响，因此，竞争能力分析是企业价值评估的一个重要环节。竞争能力分析主要包括成本优势、技术优势及质量优势的分析与研究。

（一）成本优势

成本优势是指公司的产品依靠低成本获得高于同行业其他企业的竞争力。在很多行业中，成本优势是决定竞争优势的关键因素。企业一般通过规模经济、专有技术、优惠的原材料和低廉的劳动力取得成本优势，从而在激烈的竞争中处于优势地位，即使竞争对手亏损时，企业仍有利可图，经营风险相对较小；同时，低成本的优势，也使其他想利用价格竞争的企业有所顾忌，成为价格竞争的抑制力。

（二）技术优势

技术优势是指企业拥有比同行业其他竞争对手更强的技术实力及研发新产品的能力。这种优势主要体现在企业生产的技术水平和产品的技术含量上。在知识经济时代，企业新产品的研究与开发能力是决定企业竞争成败的关键因素。很多企业都将销售额的一定比例作为研究开发费用，这一比例的高低往往决定了企业的产品创新能力。产品的创新包括：研制出新的核心技术，开发出新一代产品；研究出新的工艺，降低现有的生产成本；根据细分市场开发出更深层次的细分产品等。具有技术优势的企业往往具有更大的发展潜力，企业未来的增长趋势往往更为明显，从而也具有更高的企业价值。

（三）质量优势

质量优势是指企业的产品以高于其他企业同类产品的质量赢得市场，从而取得竞争优势。受企业技术能力及管理水平等诸多因素的影响，不同企业生产的相同产品会存在质量差别。消费者在选择产品品牌时，虽然有很多因素会影响其购买倾向，但是产品的质量始终是一个重要决定因素。严格管理并不断提高企业的产品质量，是提升企业竞争力的行之有效的方法，具有产品质量优势的企业往往能够在行业中占据领先地位，从而具有更高的企业价值。

第二节 企业战略分析

一、公司层战略分析

公司层战略也称总体战略，是指一家企业在从事多种业务或在多个产品市场上，为了获得竞争优势而对业务或产品组合进行选择及管理的行为。它所要解决的主要问题是整个企业的经营范围和企业资源在不同经营单位间的分配。公司层战略决定了企业未来的发展方向，直接影响着业务层战略和职能层战略的选择。根据战略的进攻性可以将公司层战略分为稳定型战略、发展型（进攻型）战略、紧缩型战略。

（一）稳定型战略

稳定型战略也可以称之为防御型或维持型战略，是指企业受外部环境和内部条件的约束，在战略计划期内使资源配置和经营状况基本保持在目前状态水平上的战略。企业实施稳定型战略不是不发展或不增长，而是稳步地、缓慢地增长。

1. 稳定型战略的特点。从企业经营风险的角度来讲，稳定型战略的风险相对较小。由于稳定型战略本质上追求的是在过去经营状况的基础上的稳定，因此，它具有如下特征：

（1）企业对过去的经营业绩表示满意，决定追求既定的或与过去相似的经营目标。例如，企业过去的经营目标是在行业竞争中处于市场领先者的地位，稳定型战略意味着企业今后一段时期经营目标仍然是争当市场领先者。

（2）企业战略规划期内所追求的绩效按大体的比例递增。这里的增长是一种常规意义上的增长，而非大规模的和非常迅猛的发展。例如，稳定型增长可以是在市场占有率保持不变的情况下，企业销售额随着总体市场容量的增长而增长。实行稳定型战略的企业，总是在市场占有率、产销规模或总体利润水平上保持现状或略有增加，从而稳定和巩固其现有的市场地位。

（3）企业准备以过去完全相同的或基本相同的产品或劳务服务于社会，这意味着企业产品创新较少。

从以上特征可以看出，稳定型战略主要依赖于前期战略。它坚持前期战略对产品和市场领域的选择，并以前期战略所达到的目标作为本期希望达到的目标。因而，实行稳定型战略的前提条件是企业过去的战略是成功的。

2. 稳定性战略的利弊分析。对于很多企业来说，稳定型增长战略或许是最有效的战略，因为：首先，由于企业基本维持原有的产品和市场领域，避免开发新产品和新市场的巨大资金投入，因此，风险会相对较低；其次，能够避免因较大的战略改变而面临改变资源配置的困难；再次，能够避免由于企业发展过快而忽视潜在危机；最后，该战略实施阶段可以给企业一个较好的修整期，以便以后更好、更快地发展。

稳定型战略也存在一些不足之处：首先，企业维持原有产品和市场领域的战略举措，可能丧失外部环境提供的快速发展的机会；其次，稳定型战略要在外部环境基本稳定的前提下实施才会有好的效果，因此，不利于提高企业对外部环境的适应性；最后，高层管理者风险规避的态度，容易导致企业风险意识淡薄，降低企业抗风险的能力。

3. 稳定型战略的适用条件。任何一种公司层战略都有一定的适用条件，只有满足这些适用条件，才能扬长避短，充分发挥其战略优势。否则，将会降低该战略实施的有效性，增加战略实施的风险性。因此，企业价值评估时，首先，需要明确目标企业当前采取的战略类型应满足的各种条件，其次，判断目标企业实际面临的内外部环境，通过分析比较，考察该战略的有效性和风险性。

企业采取何种公司型战略是由外部环境与内部资源条件共同决定的。对于外部环境因素，主要有宏观经济状况、产业的技术创新度、消费者需求偏好、行业生命周期、竞争格局等。具体说来，如果宏观经济在总体上保持总量不变或总量低速增长；或者企业所处行业产业技术相对成熟，技术更新速度较慢；消费者的需求偏好变动较为稳定；企业处于成熟期，产品需求、市场规模趋于稳定；同时竞争格局也相对稳定，企业则比较倾向于采取稳定型战略。企业自身内部资源环境条件方面，当企业资源不充分，如资金不足、研发力量较差或人力资源有缺陷，即使外部环境较好，企业也无法采用扩张战略，在这种情况下，企业可以采取以局部市场为目标的稳定型战略，从而将有限的资源集中在自己具有优势的细分市场上，维护局部竞争地位。相反，如果企业各方面资源丰富，即使外部环境不利，如行业处于生命周期的衰退阶段，企业依然适合采取一定的稳定型战略。

（二）发展型战略

发展型战略也称为增长型战略、进攻型战略或者扩张型战略，是一种快速增长的战略。从企业发展的角度来看，任何成功的企业都应当经历长短不一的增长型战略实施期，因为本质上只有增长型战略才能不断扩大企业规模，使企业从竞争力弱小的小企业发展成为实力雄厚的大企业。

1. 发展型战略的特点：

（1）实施发展型战略的企业不一定比经济整体增长速度快，但往往比其产品所在市场的增长速度快。市场占有率的增长可以说是衡量企业增长的一个重要指标，发展型战略除了体现在绝对市场份额的增加上，在市场总容量增长的基础上还会有相对份额的增加。

（2）实施发展型战略的企业往往会取得大大超过社会平均的利润率水平。由于发展速度较快，这些企业更容易获得较好的规模经济效益，从而降低了生产成本，获得了超额利润率。

（3）采用发展型战略的企业倾向于采用非价格的竞争手段同对手抗衡。该类企业不仅仅注重开发市场，而且在新产品研发、管理模式上都力求具有竞争优势，因而，其竞争优势不在于低廉的成本，而是产品和劳务的创新以及管理的高效率。

（4）与简单地适应外部环境不同，采用发展型战略的企业倾向于主动出击，通过创造以前并不存在的产品或服务来改变外部环境，并使之适合企业自身的发展。

2. 发展型战略的类型：

（1）横向一体化。横向一体化是指企业将绝大部分资源和活动集中于一个业务（产品）或一个行业，以快速增长的方式增加销售额、利润额或市场占有率，从而提高竞争地位。这种战略可以从企业内部采取措施加以实施，也可以与从事同类业务的企业进行联合或对其进行并购来加以实施。横向一体化战略的最大好处是实现规模经济，集中存货，降低安全库存，并使得分摊到单位产品上的固定成本随生产规模的扩大而降低。

（2）纵向一体化。纵向一体化是指企业向原生产活动的上游和下游生产阶段扩展。现实中，多数大型企业均有一定程度的纵向一体化。该类扩张使企业通过内部的组织和交易将不同的生产阶段联结起来，以实现交易内部化。纵向一体化包括后向一体化和前向一体化。后向一体化指企业介入原材料供应商的生产活动；前向一体化指企业控制其原有客户公司的生产经营活动。如化工企业可向石油冶炼、采油方向扩展，以实现后向一体化；也可以向塑料制品、人造纤维等方向扩展，以实现前向一体化。

（3）多样化战略。多样化战略是指同时生产和提供两种以上经济用途不同的产品或服务的一种经营战略。多样化经营战略通过不同业务种类、不同业务周期分散风险的同时，能够更有效地使用企业的资源，产生明显的协同效应，以更低的成本创造出更多的价值。

3. 发展型战略利弊分析。实施发展型战略的企业，可以实现企业市场份额和绝对财富的增加，进一步提升企业价值；可以通过不断变革来创造更高的生产经营效率与效益，获得过去不能获得的崭新机会，避免企业组织老化，使企业充满生机和活力；如果大部分竞争对手都采取稳定型战略，那么采取发展型战略的企业就很有可能在未来发挥其独有的竞争优势。

发展型战略属于主动型、扩张型战略，在实施过程中难免存在某些弊端。例如，企业采用发展型战略初见成效后，很可能导致盲目扩张，破坏企业的资源平衡。在快速发展的过程中，如果企业新增机构、设备、人员未能形成一个有机的相互协调的系统，就会降低企业的综合素质，不利于长期发展。此外，企业实施发展型战略，如果过多注重投资结构、收益率、市场占有率、组织结构等问题，而忽视产品的服务或质量，重视宏观发展而忽视微观问题，那么就会严重影响企业的核心竞争力。

4. 发展型战略的适用条件。发展型战略的适用性需要分析两个方面，即战略规划期内宏观经济景气度、产业经济状况，以及企业自身的资源获取能力。首先，良好的经济形势往往是发展型战略成功的条件之一。企业要实施发展型战略，就必须从环境中获得更多的资源。如果未来宏观环境和行业微观环境都较好，企业就比较容易获得这些资源，从而降低实施该战略的成本。从需求的角度来看，如果宏观和中观环境的走势都较为乐观，消费品和投资品的需求者都会有一种乐观的理性预期，因而其需求幅度将会有相应增长，保证了企业发展型战略的市场需求。其次，由于采用发展型战略需要较多的资源投入，因此，企业从内部和外部获得资源的能力就显得十分重要。这里的资源是一个广义的概念，既包括通常意义上的资本资源，也包括人力资源、信息资源等。

（三）紧缩型战略

紧缩型战略是指企业从现有的战略经营领域和基础水平收缩战线，或放弃部分或全部业务。与稳定型战略和发展型战略相比，紧缩型战略是一种消极的发展战略。一般来讲，企业实施紧缩型战略只是短期措施，其根本目的是使企业渡过危机后转向其他战略选择。某些情况下，企业只有采取收缩和撤退的战略，才能抵御竞争对手的进攻，避开环境的威胁，迅速实现自身资源的最优配置。可以说，紧缩型战略是一种以退为进的战略。

1. 紧缩型战略的特点：

（1）企业的规模在缩小，利润率和市场占有率等一些效益指标也都有较为明显的下降。这主要是因为企业对现有的产品和市场领域实行收缩、调整和撤退战略，例如，放弃某些市场和某些产品线。

（2）紧缩型战略的实施过程往往伴随着大量裁员，一些奢侈品和大额资产的暂停购买等。因为此时企业资源的运用将采取较为严格的控制，只投入最低限度的经营资源，并尽量削减各项费用支出。

（3）与稳定型和发展型两种战略相比，紧缩型战略具有明显的过渡性、暂时性，其根本目的并不在于长期节约开支停止发展，而是为今后发展积蓄力量。

2. 紧缩型战略的类型：

（1）转向战略。转向战略是指减少公司在某一特定领域（战略经营单位、产品线、特定产品等）的投资，以削减费用支出和改善现金流量，把资金投入到更需要资金的领域中去。

（2）放弃战略。放弃战略是指当企业转向战略失效，为了减少损失，卖掉公司的部分业务部门，可能是一条生产线、一个战略经营单位或者一个事业部。放弃战略的实施具有一定的障碍：一是结构或内部依存关系上的障碍；二是对管理人员的影响形成的障碍；三是资产专用性形成的退出障碍。

（3）清算战略。清算战略是指通过拍卖资产或停止经营业务来结束公司的存在。这对管理者来说是优先级最低的选择，只有在其他收缩战略都失灵的情况下才采用。但从挽救损失来看，及早清算是较为有利的战略决策。

3. 紧缩型战略的利弊分析。紧缩型战略能够帮助企业在外部环境恶劣的情况下，节约开支和费用，顺利度过不利的处境；能够在企业经营不善的情况下最大限度地降低损失，盲目、顽固地坚持经营无可挽回的事业，不如明智地采用紧缩型战略。此外，实施紧缩型战略，能帮助企业在未来更好地实行资产的最优组合，从而实现企业长远利益的最大化。

紧缩性战略作为消极性策略，其固有的劣势不容忽视。首先，实行紧缩型战略的尺度较难把握，盲目使用紧缩型战略，可能会扼杀具有发展前途的业务和市场，使企业的总体利益受损。其次，实施紧缩型战略会对企业员工造成负面影响，因为实施紧缩型战略往往意味着不同程度的裁员和减薪，从而使员工利益受损、情绪低落。

4. 紧缩型战略的适用条件。企业实施紧缩型战略是由内外部环境因素共同作用的结果。外部环境包括经济衰退，产业进入衰退期，对企业产品或服务的需求减小等情形。企业预测到或已经感知到外部环境对企业造成的威胁，并且认为采用稳定型战略尚不足以使企业顺利度过。在这些情况下，企业可以采取紧缩型战略来渡过危机，以求未来发展。

企业内部环境有两种情形会使其倾向于采取紧缩型战略：一种情形是企业由于经营失误造成竞争地位虚弱、经营状况恶化，如产品滞销、财务状况恶化、投资无法收回等情况，此时只有采用紧缩型战略才能最大限度地减少损失，保存企业实力。另一种情形是企业未来存在一个回报更高的资源配置点，为了谋求更好的发展机会，使有限的资源分配到更有效的业务领域，企业会暂时实行紧缩型战略。

二、业务层战略分析

业务层战略也称竞争战略，是指在公司层战略的制约下，指导和管理具体战略经营单位的计划和行动。了解业务层战略对于企业价值评估有着重要意义，因为这些战略能够直接影响企业未来的销售和成本，而这些正是企业价值评估时需要预测的项目。根据获取竞争优势的途径，业务层战略可以分为成本领先战略、差异化战略和集中战略。

（一）成本领先战略

成本领先战略亦称低成本战略，其核心是在追求规模经济的基础上，加强内部成本控制，在研发、生产、销售、服务和广告等环节把成本降到最低，成为行业中的成本领先者，并获得高于行业平均水平的利润。

采用成本领先战略具有如下优势：一是价格领先形成的竞争地位；二是对其他潜在竞争者进入市场形成障碍；三是通过低成本优势提高企业的议价能力，并降低替代品的威胁。成本领先战略同样面临潜在风险：首先，显著的技术变革可以消除企业的这种成本优势，因此，企业必须在保持成本领先的基础上紧跟技术创新的步伐；其次，低成本战略容易被竞争者学习模仿；最后，企业将目光集中于成本，可能会忽视消费者偏好的变化，长期来看，势必会影响企业的销售业绩及销售收入。

企业价值评估时，分析企业成本领先战略是否成功，关键在于确定企业是否在满足顾客认为最重要的产品特征与服务的前提下，实现相对于竞争对手的可持续性成本优势，换而言之，实施低成本战略的企业只有找出成本优势的持续性来源，并能够形成防止竞争对手模仿的障碍，才可称之为成功的成本领先战略。

（二）差异化战略

差异化战略亦称差别化战略，是指企业向市场提供全行业范围内与众不同的产品和服务，用以满足顾客的特殊需求，从而形成独有的竞争优势。

企业可以从五个方面实现差异化战略：一是实物产品差别化，主要包括产品的特征、性能、耐用性、可靠性、易修理性、式样和设计等方面；二是服务差别化，主要包括送货、安装、顾客培训、咨询服务等因素；三是人员差别化，员工应该能够体现出胜任、礼貌、可信、可靠、反应敏捷、善于交流等特征；四是渠道差别化，从渠道策略、渠道设计、渠道建立、渠道管理、渠道维护、渠道创新等方面体现差异化；五是形象差别化，通过名称、颜色、标识、标语、环境、活动等实现公众对产品和企业与众不同的看法和感受。

企业实施差异化战略的好处在于：首先，通过差异化在提高顾客对企业（品牌）忠诚度的同时，降低价格敏感性，有效抵御竞争对手的挑战；其次，提高企业的边际收益，增强企业对供应商讨价还价的能力；最后，通过产品差异化使客户具有较高的转换成本，增强对企业的依赖性，削弱客户讨价还价的能力。

同样，企业采用差异化战略也会面临一定风险。例如，如果采用成本领先战略的竞争对手压低产品价格，使其与实行差异化战略的厂家的产品价格差距过大，用户为了大量节省费用，可能会放弃对差异化的选择，转而购买物美价廉的产品。或者当该类型产品发展到成熟期时，技术实力强大的厂家通过模仿，会减少产品之间的差异，降低企业差异化战略的效果。此外，如果过度实行差异化，致使不能被大众消费者接受，就会造成差异化成本高于收益。

企业价值评估时，分析企业差异化战略的实施效果，可以通过三个原则：

第一，效益原则。企业实施差异化战略带来的利润应大于形成产异化需要的成本。

第二，适当原则。企业差异性形成的产品溢价应适当。

第三，有效原则。差异化的重点应放在顾客特别关注或关心的性能、功能等方面，并使之显著改善和提高。

（三）集中战略

集中战略也叫目标聚焦战略，是指把经营战略的重点放在某个特定的目标市场上，集中使用资源，为特定的地区或客户群提供特殊的产品或服务，以较高的增长速度来提高某种产品的销售额和市场占有率。

采用集中型战略的企业可以在目标市场上通过产品差别化或成本领先的方法实施该战略。若选择成本领先，则可以在专用品或复杂产品上建立自己的成本优势；若选择产品差别化，则可以运用所有差别化的方法去达到预期目的，其与差别化战略的不同之处在于只限于特定的目标市场。

集中战略追求的目标不是在较大的市场上占有较小的市场份额，而是在一个或几个特定市场上占有较大的市场份额。因此，该战略的主要优点是适应企业资源有限的特点。由于经营目标集中，管理简单方便，使经营成本得以降低，有利于集中使用企业资源，实现生产专业化和规模经济效益。集中战略也有其自身的缺陷，主要表现为对环境的适应能力较差，风险较大。当目标市场发生突变，如价格猛跌，购买者兴趣转移等，企业就可能陷入困境。

企业价值评估时，应当全面分析企业当前战略在实施过程中对企业收益及风险的影响，进而判断该战略对企业未来现金流的影响。

三、职能层战略分析

职能层战略又称职能支持战略，是按照企业总体战略或业务战略对企业内部各项职能活动进行的谋划。与企业价值评估密切相关的职能层战略主要是研发战略、生产战略、营销战略、人力资源战略、财务战略等，这些战略的具体实施，对企业的未来成本和收益预测有着重要影响。

（一）研发战略

研发主要涉及技术、产品和生产方面的研究与开发。研发战略的选择常常受企业总体战略和经营战略的影响，根据环境条件的不同，企业采取的研发战略通常有三种：第一种是保持企业正常经营的基本型研发战略；第二种是以新技术作为进入新市场主要手段的渗透型研发战略；第三种是竞争对手产生技术威胁时的反应型研发战略。不同的研发战略会直接影响企业的研发费用支出，进而影响对企业现金流的预测。

（二）生产战略

生产战略是企业在生产成本、质量流程等方面建立和发展相对竞争优势的基本途径，它规定了企业生产制造和采购部门的工作方向，为实现企业总体战略服务。对此，企业价值评估时，要考虑企业是否有一套有效的生产流程，机器设备是否现代化，生产是否有效率，生产成本是否控制在一个较低的水平，对于机器设备的未来资本性支出有多大等问题，所有这些问题都会影响对企业未来收益或现金流的预测。

（三）营销战略

营销战略是涉及市场营销活动过程的整体，包括市场调研、预测、分析市场需求，确定目标市场、制定营销战略、实施和控制具体营销战略等活动的方案或谋划，它决定市场营销的主要活动和主要方向。了解企业的营销战略，才能合理预计产品分销环节所发生的各种成本费用。

（四）人力资源战略

人力资源战略是指根据企业总体战略的要求，为适应企业生存和发展的需要，对企业人力资源进行开发，提高职工队伍的整体素质，从中发现和培养优秀人才所进行的长远规划和谋略。企业生存和发展的基础是人力资源，能够持续吸引具有合适技能和经验的员工至关重要。因此，企业价值评估时，需要从人力资源的角度分析企业的优势和劣势。

（五）财务战略

财务战略是根据公司战略、竞争战略和其他职能战略的要求，对企业资金进行筹集、运用以取得最大经济效益的方略。资金筹集会直接影响企业资本结构，而资金运用则直接影响收益或现金流，两者均是企业价值评估中需要预测的重要内容。

四、SWOT 分析

SWOT 是一种战略分析方法，通过对被评估企业的优势（Strengths）、劣势（Weaknesses）、机会（Opportunities）和威胁（Threats）进行综合评估，清晰地确定被评估企业的资源优势和劣势以及所面临的机会和挑战，从而对企业未来增长情况做出合理预测。

（一）竞争优势

竞争优势（S）是指一个企业超越其竞争对手的能力，或者指企业特有的能提高市场竞争力的资源条件。企业价值评估过程中，对目标企业的竞争优势进行分析，可以从以下几个方面入手，并据此分析各种优势对目标企业未来收益的影响。

（1）技术技能优势：独特的生产技术，低成本的生产方法，领先的革新能力，雄厚的技术实力，完善的质量控制体系，丰富的营销经验，上乘的客户服务，卓越的大规模采购技能等。

（2）有形资产优势：先进的生产流水线，现代化车间和设备，丰富的自然资源储存，有吸引力的办公地点，充足的资金等。

（3）无形资产优势：优秀的品牌形象，良好的商业信用，积极进取的公司文化。

（4）人力资源优势：丰富经验的高层管理者，强大的研发团队，在关键领域具有专长的员工队伍等。

（5）组织体系优势：高效的内部控制体系，完善的信息管理系统，强大的融资能力。

（6）竞争能力优势：产品开发周期短，强大的经销商网络，与供应商良好的伙伴关系，忠诚的客户群，对市场环境变化的灵敏反应，市场份额的领导地位。

（二）竞争劣势

竞争劣势（W）是指企业缺乏或难以获得的资源或能力，或是会使企业处于劣势的各种因素与条件。竞争劣势除了对企业收益或现金流造成不利影响，还会加大企业的经营风险。企业价值评估时，应当充分认识目标企业的竞争劣势，并分析这些竞争劣势对企业价值的影响。可能导致企业竞争劣势的因素有：缺乏具有竞争力的技能或技术；缺乏有竞争力的有形资产、无形资产、人力资源、组织资产等；关键领域的竞争能力正在丧失。

（三）机会

公司面临的潜在机会（O）是影响公司战略的重大因素，企业价值评估时，应当确认目标企业目前存在的发展机会，并评估每一个发展机会的成长和利润前景。这些潜在的发展机会可能是：

（1）客户群的扩大趋势或产品细分市场；

（2）技能技术向新产品、新业务转移，为更大客户群服务；

（3）前向或后向整合；

（4）新市场进入壁垒降低；

（5）获得购并竞争对手的能力；

（6）市场需求增长强劲，可快速扩张；

（7）出现向其他地理区域扩张，扩大市场份额的机会等。

（四）威胁

危及公司的外部威胁（T）是指公司的外部环境中存在的某些对企业赢利能力和市场地位构成威胁的因素，企业价值评估时，应当及时确认影响目标企业未来收益和风险的不利因素。这些外部威胁可能是：

（1）出现将进入市场的强大的新竞争对手；

（2）替代品抢占公司销售额；

（3）主要产品市场增长率下降；

（4）汇率和外贸政策的不利变动；

（5）人口特征，社会消费方式的不利变动；

（6）客户或供应商的谈判能力提高；

（7）市场需求减少；

（8）可能受到经济萧条和业务周期的冲击等。

由于企业的整体性和竞争优势来源的广泛性，企业价值评估时，优劣势分析必须从整个价值链的每个环节上，将企业与竞争对手做详细对比，如产品是否新颖，制造工艺是否复杂，销售渠道是否畅通，价格是否具有竞争性等，并据此对企业风险及收益预测等做出合理判断。

第三节 财务报表分析

一、财务报表分析概述

财务报表分析，又称财务分析，是通过搜集、整理企业财务会计报告中的有关数据，结合其他有关补充信息，对企业的财务状况、经营成果和现金流量情况进行综合比较和评价，进而为进行企业价值评估奠定基础。

财务报表能够全面反映企业的财务状况、经营成果和现金流量情况，但其呈现的数据并不能直接或全面说明企业的财务状况，也不能直接反应企业经营状况的好坏和经营成果的高低，只有将企业的财务指标与有关数据进行比较，才能判断企业的财务状况水平。财务分析的过程是通过对财务数据进行计算比较，了解企业的各项收入、费用、资产、负债等会计要素的构成状况，以及各项指标随时间变化的规律及趋势，从而推断影响企业历史绩效的各类因素及其影响方式和影响程度等，为后续企业价值评估提供预测依据。

对财务数据进行分析，常用的分析方法主要有水平分析、垂直分析、截面分析、因素分析。水平分析，也可称为趋势分析，主要是将企业当期财务状况与前期或历史某一时期的财务状况进行对比，并对其变动进行分析，找出变化趋势和变化异常的数据，如收入增长率、利润增长率等可利用此方法进行分析。垂直分析是对企业同一年的财务状况进行分析，用财务报表中各项目的数据与总体或者某一重要指标相比较，以得出该项目在总体中的比例并分析其重要性，同时也可结合水平分析来分析各项目比重的变化趋势，以了解企业财务结构的变动情况。截面分析是比较不同企业间的比率，通常是在同行业中进行比较，以此判断企业在行业中的地位和水平。因素分析是分析指标与其影响因素之间的关系，从数量上确定各因素对指标的影响方向和影响程度。因素分析法可以全面分析各因素对某一经济指标的影响，也可以单独分析某个因素对经济指标的影响，其在财务分析中的应用非常广泛。财务分析时，可综合利用这些方法对相关比率进行分析。

二、财务比率分析

财务比率是用倍数或比例表示的分数式，它反映了各会计要素的相互关系和内在联系，代表了企业某一个方面的特征、属性或能力，对此进行分析则称为“比率分析”。根据财务比率所反映的内容，企业价值评估中财务比率分析主要涉及三类：赢利能力比率、营运能力比率、偿债能力比率。

（一）赢利能力比率

赢利能力是指企业赚取利润的能力，包括毛利率、营业利润率、税前利润率、资产收益率等。

1. 毛利率，是指毛利与营业收入的比值。其计算公式如下：

$$毛利率=\frac{营业收入-营业成本}{营业收入}\times 100\%$$

毛利率是一个具有明显行业特点的指标。一般来讲，营业周期短、固定费用低的行业，毛利率水平相对较低；营业周期长、固定费用高的行业，则要求有较高的毛利率，以弥补其巨大的固定成本。在企业价值评估时，不仅要参考指标的历史状况，同时应当注意到市场供求变化而导致的销售数量和销售价格等升降，以及原材料购买价格的升降等外部因素，以及企业开拓市场的意识和能力、成本管理水平、产品构成决策、企业战略要求等内部因素。

2. 营业利润率，是指营业利润与营业收入的比值。其计算公式如下：

$$营业利润率=\frac{营业利润}{营业收入}\times 100\%$$

对营业利润率的比较，通常运用水平分析或截面分析法对同一企业不同时期或不同企业同一时期的营业利润率差异原因进行分析。综合运用因素分析和水平分析法对营业利润率的构成要素及其变动情况进行分析，从而进一步分析营业利润率增减变动的具体原因。运用截面分析法将企业的营业利润率指标与同行业其他企业进行对比分析，可以发现企业的获利水平在行业中的相对地位，从而更好地评价企业的赢利能力。

3. 销售净利率，是指净利润与营业收入的比值。其计算公式如下：

$$销售净利率=\frac{净利润}{营业收入}\times 100\%$$

一般来讲，销售净利率越大，企业的赢利能力越强。该比率的变动，是由利润表各项目变动引起的。可综合运用水平分析和垂直分析，通过计算各项目的金额变动和结构变动来分析销售净利率变动的原因，并对金额和结构变动较大的科目做详细分析。金额变动分析主要是计算本年各科目与上年各科目的金额差异，并通过科目明细找出差异的驱动因素；结构变动分析，是计算各科目占营业收入的比例，并通过百分比变化分析影响销售净利率的主要因素。

4. 总资产收益率，是指当期净利润与当期平均资产总额的比值。其计算公式如下：

$$总资产收益率=\frac{净利润}{平均资产总额}\times 100\%$$

$$=\frac{净利润}{（当期期初资产总额+当期期末资产总额）/2}\times 100\%$$

总资产收益率集中体现了资产运用效率和资金利用效果之间的关系。在企业资产总额一定的情况下，利用总资产收益率指标可以分析企业赢利的稳定性和持久性，同时反应企业综合经营管理水平的高低。但是仅仅分析企业某一个会计年度的总资产收益率并不足以对企业的资产管理状况做出全面评价，因为利润总额中可能包含着非经常或非正常的因素，因此，通常利用水平分析，对其变动趋势进行判断，才能做出相对准确的判断。在此基础上再进行截面分析，有利于提高分析结论的科学性和客观性。

5. 权益收益率，又称股东权益报酬率或净资产收益率，是指净利润与平均股东权益的比值。其计算公式如下：

$$权益收益率=\frac{净利润}{平均股东权益}\times 100\%$$

该指标反映股东所赚取的净利润，可以衡量企业净资产的赢利能力。权益收益率是由总资产收益率和财务杠杆共同决定的，可综合运用水平分析、垂直分析和因素分析法对该指标进行分析，进而借此判断企业股东的获利水平及企业的行业地位。

（二）营运能力比率

营运能力比率是衡量企业资产管理效率的财务比率，体现企业在多大程度上集中有效地运用资产来获得收入。在企业价值评估中，营运能力的考察主要考察存货周转率和应收账款周转率。

1. 存货周转率，是指营业收入与存货的比率。其计算公式如下：

$$存货周转次数=\frac{营业收入}{平均存货}$$

$$存货周转天数=\frac{365}{营业收入/平均存货}$$

企业价值评估时，有时会使用“营业成本”而非“营业收入”作为周转额，这取决于分析目的。为了评估资产的变现能力而计算存货转换为现金的效率，应采用“营业收入”；分解总资产周转率时，为了系统地分析各项资产周转情况并识别主要影响因素，应统一使用“营业收入”计算周转率。但是，出于存货管理评估的目的，则应当使用“营业成本”计算存货周转率。

同时，应注意分析应付账款、存货与应收账款或与营业收入之间的关系。一般来说，销售增加会拉动应收账款、存货、应付账款增加，不会引起周转率的明显变化。在财务分析中，如存货周转率发生较大变动，需进行深入分析，找出导致其变动的主要原因。而在企业价值评估中，可通过深入分析上述项目的相互关系，合理预测各项目的比例或金额。

2. 应收账款周转率，是指营业收入与应收账款的比率。其计算公式如下：

$$应收账款周转次数=\frac{营业收入}{平均应收账款}$$

$$应收账款周转天数=\frac{365}{营业收入/平均应收账款}$$

该指标分析时需要注意应收账款的减值准备问题。财务报表上列示的应收账款是已经计提坏账准备后的净额，而营业收入并未相应减少。如果坏账准备的金额较大，则应进行调整，使用未计提坏账准备的应收账款进行计算。分析中尤其应当关注历史年度的比率变动情况，了解异常波动的原因，从而剔除非常规因素对未来预测的影响。

（三）偿债能力比率

由于债务按到期时间分为短期债务和长期债务，所以在进行偿债能力分析时，偿债能力比率可分为短期偿债能力比率和长期偿债能力比率。对偿债能力的分析也是综合运用前述四种分析方法，其中因素分析法的应用相对更为普遍。

1. 短期偿债能力比率。短期偿债能力是指企业利用流动资产偿还流动负债的现金保障程度，一个企业的短期偿债能力大小，要看流动资产和流动负债的金额和质量状况。短期偿债比率包括流动比率、速动比率等。

（1）流动比率，是流动资产与流动负债的比值，其计算公式如下：

$$流动比率=\frac{流动资产}{流动负债}\times 100\%$$

流动比率不存在同一、标准的比率数值。不同行业的流动比率通常存在明显差别。营业周期越短的行业，合理的流动比率越低。

如果流动比率发生较大变动，或与行业平均值出现重大偏离，就应对构成流动比率的流动资产和流动负债进行逐项分析，寻找形成差异的原因。流动比率假设全部流动资产都可以变为现金并用于偿债，全部流动负债都需要还清，故存在一定局限性。实际上，有些流动资产的账面金额与变现金额存在较大差异，如产成品等；经营性流动资产是企业持续经营所必需的，不能全部用于偿债；经营性应付项目可以滚动存续，无需动用现金全部结清。因此，流动比率是对短期偿债能力的粗略估计。

（2）速动比率，是速度资产与流动负债的比值。其计算公式如下：

$$速动比率=\frac{速动资产}{流动负债}速动$$

$$=\frac{流动资产-存货-一年内到期的非流动资产}{流动负债}\times 100\%$$

速动比率剔除了存货、一年内到期的非流动资产等非速动资产变现金额和时间具有较大不确定性的影响，通常能够更准确地反应企业的短期偿债能力。但是，速动比率的可靠性受应收账款变现能力的影响。例如，企业账面显示的应收账款不一定都能变成现金，实际坏账可能比计提的准备要多；另外，周期性因素的影响可能使报表上的应收账款金额不能反映平均水平。因此，对于该指标的分析应当结合企业实际情况，并与企业内部人员访谈才能做出更为客观、合理的判断。

上述短期偿债能力比率，都是根据财务报表数据计算而得。还有一些表外因素也会影响企业的短期偿债能力，在企业价值评估过程中，应尽可能地了解这方面信息，以做出正确判断。

第一，增强短期偿债能力的表外因素：

- 可动用的银行贷款指标：银行已同意、企业尚未动用的银行贷款限额，可以随时增加企业现金，提高支付能力。这一数据并不反映在财务报表中，但会在董事会决议中披露。
- 即将变现的非流动资产：企业可能有一些长期资产可以随时出售变现，而不出现在“一年内到期的非流动资产”项目中。例如，储备的土地、未开采的采矿权、目前出租的房产等，在企业发生周转困难时，将其出售并不影响企业的持续经营。

- 偿债能力的声誉：如果企业的信用很好，在短期偿债方面出现暂时困难，比较容易筹集到短缺现金。

第二，降低短期偿债能力的表外因素：

- 与担保有关的或有负债：如果该金额较大且很可能发生，应在评价偿债能力时予以关注。
- 经营租赁合同中的承诺付款：很可能是需要偿付的义务。
- 建造合同、长期资产购置合同中的分期付款：也是一种承诺付款，应视同需要偿还的债务。

2. 长期偿债能力比率。长期偿债能力是企业偿还长期债务的现金保障程度。分析一个企业的长期偿债能力，主要是为了确定该企业偿还债务本金和支付债务利息的能力。长期偿债能力比率，主要包括资产负债率、产权比率、利息保障倍数、现金流量利息保障倍数、现金流量债务比等。

（1）资产负债率，是指总负债占总资产的百分比。其计算公式如下：

$$资产负债率=\frac{总负债}{总资产}\times 100\%$$

资产负债率是衡量企业负债水平及风险程度的重要标志，它可以衡量企业清算时对债权人利益的保护程度。

（2）产权比率，是指总负债与股东权益之间的比率。其计算公式如下：

$$产权比率=\frac{总负债}{股东权益}$$

产权比率反映企业基本财务结构是否稳定。产权比率较高，表现为高风险、高报酬的财务结构；产权比率较低，则表现为低风险、低报酬的财务结构。对该指标的分析应重点关注企业财务结构的风险和报酬匹配情况，并考虑其对企业未来的影响。

（3）利息保障倍数，是指息税前利润对利息费用的倍数。其计算公式如下：

$$利息保障倍数=\frac{息税前利润}{利息费用}=\frac{净利润+利息费用+所得税费用}{利息费用}$$

这里的“利息费用”是指本期的全部应付利息，不仅包括计入利润表财务费用的利息费用，还应包括计入资产负债表固定资产等成本的资本化利息。实务中，如果本期资本化利息金额较小，可将财务费用金额作为分母中的利息费用；如果资本化利息的本期费用化金额较小，则分子中此部分可以忽略不计，不作调整。利息保障倍数可以反映债务的风险大小，指标数值越高，表明企业的债务偿还越有保障；反之，则表明企业没有足够资金用于偿还债务利息。同时，结合实际情况，分析时还要注意一些非付现费用问题。

上述长期偿债能力比率，都是根据财务报表数据计算得出，企业价值评估时，还需注意影响企业长期偿债能力的表外因素。

- 经营租赁。当企业的经营租赁额比较大、期限比较长或经常性时，就形成了一种长期性融资，因此，经营租赁也是一种表外融资。这种长期融资，到期时必须支付租金，会对企业偿债能力产生影响。因此，如果企业经营租赁业务涉及金额较大，应考虑租赁费用对偿债能力的影响。

- 债务担保。担保项目的时间长短不一，有些会涉及企业的长期负债。在分析企业长期偿债能力时，应根据有关资料判断担保责任带来的潜在长期负债问题。
- 未决诉讼。未决诉讼一旦判决败诉，企业就可能面临新增债务，因此，在评价企业长期偿债能力时，要考虑其潜在影响。

财务比率分析可以辅助企业价值评估，但实际操作时也需要注意计算方法、会计制度等问题的影响。

首先，在分析财务比率时，切忌直接使用企业已有的财务比率，因为计算者与使用者之间对于比率的理解和定义可能并不一致，比如，计算某些比率，有些可能采用期初值计算，有些会用平均值计算，企业价值评估时，应根据企业实际情况，结合分析需要自行计算。

其次，财务分析过程中，若遇到不同企业会计方法存在差异或者目标企业的会计方法发生变化的情况，需要对财务报表的数据进行调整，使得财务比率在趋势分析或比较分析中更具有可比性。

最后，在分析时还需考虑会计估计、非经常性项目等对比率的影响，同时注意企业和行业环境的变化情况，从而使财务分析为企业价值评估提供更客观、更合理的预测基础。

三、管理用财务报表分析

管理用财务报表是企业为了满足内部管理的需求，或其他人员为了满足其财务分析的需求，对通用财务报表进行分类调整编制而成。通过管理用财务报表可以深入了解企业经营管理方面的重要信息，更深入发掘企业价值，因此，在企业价值评估时，应结合管理用财务报表进行财务分析。

管理用财务报表将企业活动划分为经营活动[①]和金融活动两个方面。经营活动包括销售商品或提供劳务等营业活动以及与此相关的生产性资产投资活动，企业在产品和要素市场上进行这些经营活动。金融活动包括筹资活动以及多余资金的利用，企业在资本市场上进行这些金融活动。企业的经济活动和金融活动如图 4 - 1 所示。

管理用财务报表可以更清楚、更直观地区分企业哪些资产是经营性资产/负债[②]，哪些资产是金融性资产/负债[③]，哪些是经营活动形成的经营损益/经营活动现金流量，哪些是金融活动形成的金融损益/金融活动现金流量。通过管理用资产负债表，可以分析企业历史经营性资产/负债的变化趋势，并结合企业未来持续发展的能力、资产的性质，采用

---

① 这里的“经营活动”包括生产性资本投资活动，与通用的财务报表中的“现金流量表”的“经营活动”一词含义不同。在通用的财务报表的“现金流量表”中，将企业活动分为经营活动、投资活动和筹资活动三部分，“经营活动”不包括投资活动。

② 经营性资产和负债，是指在销售商品或提供劳务的过程中涉及的资产和负债。

③ 金融性资产和负债，是指在筹资过程中或利用经营活动的多余资金进行投资的过程中涉及的资产和负债。

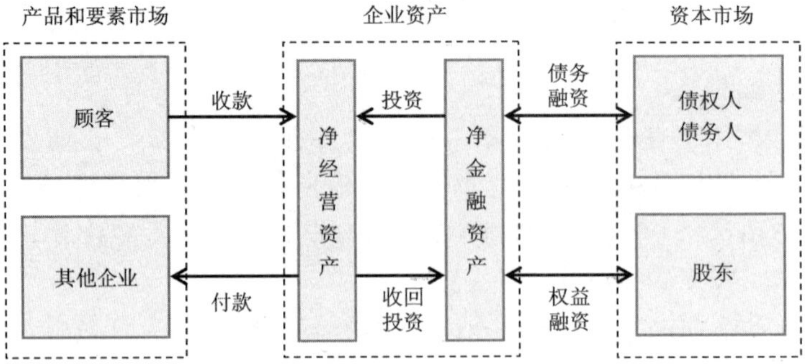

图 4－1　企业的经营活动和金融活动

不同的预测方法对企业的资产负债进行预测；通过管理用利润表可以明确了解企业经营损益的状况，结合市场环境以及企业的经营能力，合理预测企业未来的经营损益状况。企业的价值主要取决于企业经营活动产生的现金流量，管理用现金流量表弥补了传统现金流量表的不足，将出于经营目的的经营性固定资产等长期资产的投资也纳入经营现金流量，从而全面考察因销售商品或提供劳务等营业活动以及与此相关的生产性资产投资活动产生的现金流量。企业价值评估过程中，预测企业自由现金流量时，可参考管理用流量表的现金流量计算过程，从而使预测更为客观、合理。

此外，管理用财务报表是从财务分析和企业内部管理的角度编制，某些分类方法与企业价值评估中经营业务划分存在差异，分析时应进行相应调整，以适应企业价值评估的财务分析需要。

【思考题】

1. 为什么业务分析对企业价值评估很重要？
2. 如何进行市场需求分析？
3. 站在业务分析的角度，企业竞争能力主要体现在哪几个方面？
4. 企业战略分析主要包括几个层级？每个层级具体有哪些战略类型？
5. 职能层战略如何影响企业价值评估中估值模型使用的预测数据？
6. 如何对企业进行 SWOT 分析？
7. 财务比率分析主要包括什么内容？在估值过程中如何使用相关财务比率？

【计算题】

A 公司是一家服装专营店，下面是 A 公司 2014 年年报的部分信息，请根据这些信息回答问题。

A公司利润表

单位：万元

年度	2009	2010	2011	2012	2013	2014
营业收入	409154	414267	432469	447471	444305	448075
营业成本	265204	279493	293826	300918	295272	296412
销售、管理费用	130039	133572	142348	138797	139220	139458
财务费用	8027	8808	9384	9178	7915	7277
资产减值损失	—	—	4200	(340)	—	1251
加：投资收益	504	1065	—	2987	617	1717
营业利润	6388	(6541)	(17289)	1905	2515	5394
所得税	2300	(2335)	(5827)	691	880	1888
净利润	4088	(4206)	(11462)	1214	1635	3506

A公司资产负债表

单位：万元

项　　目	2014-12-31	2013-12-31
流动资产：		
货币资金	722	2929
应收账款	32142	32151
存货	91905	90454
预付账款	1472	1370
流动资产小计	126241	126904
非流动资产：		
固定资产	83163	84989
递延所得税资产	5494	4894
其他非流动资产	18766	20088
非流动资产小计	107423	109971
资产合计	**233664**	**236875**
流动负债：		
一年内到期的非流动负债	3392	3719
应付账款	39968	34769
应付职工薪酬	18712	16774

续表

项目	2014-12-31	2013-12-31
应交税费	1670	442
流动负债小计	63742	55704
非流动负债:		
长期借款	85772	99803
递延所得税负债	6039	6386
其他非流动负债	3668	4045
非流动负债小计	95479	110234
股东权益	74443	60937
负债与股东权益合计	**233664**	**226875**

1. 使用趋势分析法进行财务比率分析。

(1) 对下列赢利能力比率进行分析:

①收入增长率;

②毛利率;

③营业利润率;

④实际所得税率。

(2) 根据分析,可以得出什么结论?

2. 存货、应收账款、应付账款是营运资本的主要组成部分。计算2014年度存货、应收账款、应付账款的周转率。如果能提高存货周转率,将会对经营现金流产生什么影响?这会带来什么样的商业风险?

3. 计算A公司以下财务比率:

(1) 总资产收益率;

(2) 流动比率;

(3) 速动比率;

(4) 资产负债率;

(5) 利息保障倍数。

通过查阅行业比率,与A公司进行对比分析,可以得出什么结论?

第五章 企业价值评估基本方法

【学习目的与要求】

掌握评估企业价值的三种基本方法，即收益法、市场法、资产基础法的基本原理、基本要素与模型，并掌握三种方法的适用性。

【关键词】

收益法　股权现金流量折现模型　全投资自由现金流量折现模型　市场法　上市公司比较法　并购案例比较法　资产基础法

第一节 收　益　法

一、收益法的基本原理

收益法是资产评估三种基本方法中的一种，该种方法是基于效用价值论的一种定价方法。由于资产的效用主要表现为预期未来的获利能力，因此，从效用价值论的观点出发，资产定价应该就是以其未来获利的多少来确定其交易价格，这就是收益定价理论。收益法是目前我国评估实务中较为广泛应用的一种评估基本方法。

（一）收益定价的概念

所谓收益定价就是以被评估资产未来预期收益的现值来确定被评估资产的现实价值。资产是未来预期能为拥有者产生经济利益的资源，也就是能为资产拥有者带来未来收益。因此，收益定价实质就是以资产未来产生收益的多少确定资产现实的价值，这样收益定价就存在两个需要解决的问题：其一，资产未来所产生的预期收益的多少；其二，由于未来收益与现实的收益相比具有不确定性，即未来收益是具有风险的收益，具有风险的收益与没有风险的收益相比，其价值是不一样的。因此，在确定资产未来收益后，还需要确定衡量未来收益实现的风险因素的一个重要参数——折现率，折现率是用于衡量预期收益的现实价值的指标。

所谓未来产生收益可以理解为过去投资形成的现实资产未来所产生的收益，因此，收益定价实质上就是利用现实资产未来产生收益，通过投资者可以接受的投资回报率折现未来收益来确定资产的现实价值。

（二）收益定价估算的基本公式

谈起投资，人们首先想起的是证券市场上的股票投资，事实上，近代资产评估理论与实践的发展离不开资本市场的发展。

投资者在进行股票投资时，最关心的一个问题就是投资的回报率，假设一个投资者进行一项股票投资，年初投资额为 P_0，年末如果该股票价格变为 P_1，同时在本年内，该股票投资获得现金分红 Div_1，则年末盘点该投资时，投资者得到的投资回报率为：

$$r_1 = \frac{P_1 - P_0 + Div_1}{P_0}$$

式中，r_1 是投资者在第一年投资的投资回报率，即如果知道年初、年末股票价格以及年内获得的分红，可以通过上式计算年投资回报率 r_1。

通过数学推导，我们可以将上述公式中的 P_0 解析为：

$$P_0 = \frac{Div_1}{1 + r_1} + \frac{P_1}{1 + r_1}$$

P_0 解析式的含义为，如果投资者的期望年投资回报率为 r_1，年末股票的价格和年内的分红可以预期，则可以估算出投资者年初进行的股票投资的价值，即估算出年初投资 P_0 所形成资产的价值。我们把本年分红和年末价值除以（$1 + r_1$）的过程称为“折现”，r_1 就是所谓的折现率。

如果投资者在第一年末没有变现投资而是继续持有投资，第二年年末股票价格变为 P_2，第二年又获得现金分红 Div_2，则第二年的投资回报率 r_2 为：

$$r_2 = \frac{P_2 - P_1 + Div_2}{P_1}$$

同样可以将上述表达式中的 P_1 解析为：

$$P_1 = \frac{Div_2}{1 + r_2} + \frac{P_2}{1 + r_2}$$

如果我们将上述 P_1 的解析式带入到 P_0 解析式中，则可以得到下式：

$$P_0 = \frac{Div_1}{1 + r_1} + \frac{Div_2}{(1 + r_1)(1 + r_2)} + \frac{P_2}{(1 + r_1)(1 + r_2)}$$

如果投资者是一个“长线”投资者，长期持有投资，则按照上述模式，到第 n 年后，我们可以得到下式：

$$P_0 = \frac{Div_1}{1 + r_1} + \frac{Div_2}{(1 + r_1)(1 + r_2)} + \frac{Div_3}{(1 + r_1)(1 + r_2)(1 + r_3)} + \cdots$$

$$+\frac{Div_n}{(1+r_1)(1+r_2)\cdots(1+r_n)}$$
$$+\frac{P_n}{(1+r_1)(1+r_2)\cdots(1+r_n)}$$

如果我们假设投资者对每期投资股票的期望投资回报率 r_i（i = 1，2，…，n）全部相等为 R，即 $r_1 = r_2 = r_3 = \cdots = r_n = R$。

则我们可以得到：

$$P_0 = \left\{\frac{Div_1}{1+R}+\frac{Div_2}{(1+R)^2}+\frac{Div_3}{(1+R)^3}+\cdots+\frac{Div_n}{(1+R)^n}\right\}+\frac{P_n}{(1+R)^n}$$

通过上述 P_0 的解析式，我们可以看出投资者在期初投资股票市场的投资 P_0，或者投资 P_0 形成的资产的价值，可以采用该投资形成的资产在未来投资期内每年预期分红收益之和与持有期末该投资的期末价值两者之和来衡量，衡量的方式就是用一个投资者期望的投资回报率对未来每年预期的收益，包括投资本金，进行折现，以得到一个所谓的现值。

进一步来讲，上述 P_0 的表达式是对于一家上市公司股票投资为基础推导出的价值估算公式，代表的是对一个企业少数股东权益价值的估算方法。

如果投资者是对整个公司进行股权收购或整体收购，也就是体现控股股东的权益，则期初的投资将变为 V_0，即被收购企业期初的股权价值或整体价值，由于投资者是对企业进行整体收购，因此，每年投资回报就不局限于每年的投资分红，而应该为被投资企业每年可以获得的净经营现金流 NCF_i，第 n 年末股票投资价值 P_n 将变为企业整体价值 V_n，即：

$$V_0 = \frac{NCF_1}{1+R}+\frac{NCF_2}{(1+R)^2}+\frac{NCF_3}{(1+R)^3}+\cdots+\frac{NCF_n}{(1+R)^n}+\frac{V_n}{(1+R)^n}$$

式中，被投资企业的经营现金流 $NCF_i(i = 1,2,3\cdots n)$ 为企业经营净现金流，即：

企业经营净现金流 = 销售收入 - 销售成本 - 期间费用 - 所得税 + 折旧/摊销 - 营运资金增加 - 资本性支出

上述 V_0 表达式的含义是，企业期初投资的价值等于该投资持续期间每年可以获得的净经营现金流的现值之和再加上期末该投资价值的现值，这一模型被称之为估算企业全投资或股权价值的自由现金流模型。

上述 P_0 和 V_0 的表达式实际上就是采用收益法评估企业价值的基本理论公式，并且分别代表少数股东权益和控股权益期初投资价值的估算公式。

上述 P_0 和 V_0 公式中所反映的是将未来一定期限内的每年收益逐个进行折现，折成现值，最后将每年收益的现值加总，这种方式被称为折现方式。

在评估实际操作中，还有一种方式被称为“资本化”，其实质也是基于未来收益的折现。

事实上，如果我们假定被评估企业经营是永续的，上述公式中，未来每年的收益是按一个固定增长率 g 增长，这样上述 V_0 就可以表述为：

$$V_0 = \frac{NCF}{1+R}+\frac{NCF(1+g)}{(1+R)^2}+\frac{NCF(1+g)^2}{(1+R)^3}+\cdots+\frac{NCF(1+g)^{n-1}}{(1+R)^n}+\cdots$$

即：$V_0 = \sum_{i=1}^{\infty} \frac{NCF(1+g)^{i-1}}{(1+R)^i} = NCF\left(\sum_{i=1}^{\infty} \frac{(1+g)^{i-1}}{(1+R)^i}\right)$

当 $g < R$ 时，我们可以推导得出：

$$V_0 = \frac{NCF}{R - g}$$

上式就是被评估企业每年收益按固定比例增长的情况下估算的价值，其中，$R - g$ 被称为资本化率。

二、未来收益预测

未来收益预测是采用收益法评估的第一步，这一步实际上就是确定过去投资形成的现实资产未来所能产生的收益。所谓的预测是指对被评估资产未来可能发生的事项或采取的行动的假设而编制的财务信息。预测性财务信息可以表现为预测、规划或两者的结合，可能包括财务报表或财务报表的一项或多项要素。

资产评估收益法所称的预测，一般是指被评估单位管理层或其他相关人员，在最佳估计假设的基础上编制的预测性财务信息。最佳估计假设是指截至编制预测性财务信息日，预测者对预期未来发生的事项和采取的行动做出的假设。

收益法评估的另外一种预测，也称为“规划”，是指管理层或预测者基于推测性假设，或同时基于推测性假设和最佳估计假设编制的预测性财务信息。推测性假设是指管理层或预测者对未来事项和采取的行动做出的假设，该事项或行动预期在未来可能发生，也可能不发生。

收益法的上述两种类型的预测，或者称两种假设前提下的预测，可以理解为：

第一种预测是基于基准日资产和管理保持现状持续经营前提下的未来经营预测，类似物理学中的牛顿第一定律，即物体在没有外力的干预下，会持续保持自身运动状态下未来可能的运动方式，在这种前提下，被评估标的企业没有进一步的外部投资，企业经营会按照其现状持续下去，因此，是一种最佳前提下的未来经营预测。

第二种预测与第一种相比，可以形象地解释为是物体遵循牛顿第二定律的运动模式，即被评估企业可能存在一个外部投资因素或其他因素，在这些因素的影响下，企业的经营模式可能会改变，但是这种投资因素或外部因素对企业未来经营模式的改变可以预期，企业的未来经营预测要在一种新的推测前提下进行，不是在现状的前提下，这是与最佳预测假设不同之处，这种前提下的预测称之推测性假设前提下的预测。将其与牛顿第二定律相比，即物体有外力作用，物体的运动状态要发生改变，但是这种改变是可以预测的，受外力作用的物体要在一个可以推测的运动状态下持续下去。

收益法评估的未来预测无非都是建立在上述两种基本假设前提下的，这两种预测对应的风险有所不同，因此，评估人员应该在估算折现率时，根据风险的不同而在折现率数值估算取值时有所体现。

三、折现率与折现

折现率的概念源自投资回报率，投资者在进行投资时，最关心的一个问题就是其投资的回报率，因此，投资者需要对其进行的投资估算回报率。从企业价值收益法评估的基本原理公式中可以看出，式中的 R 就是折现率：

$$V_0 = \frac{NCF_1}{1+R} + \frac{NCF_2}{(1+R)^2} + \frac{NCF_3}{(1+R)^3} + \cdots + \frac{NCF_n}{(1+R)^n} + \frac{V_n}{(1+R)^n}$$

（一）折现率的定义及分类

上述收益法评估的基本原理公式中的 R，实际就是通常所说的折现率，从上述折现率的推导过程可以看出，折现率实际就是投资回报率：

$$R = r_1 = \frac{P_1 - P_0 + Div_1}{P_0}$$

从上式可以抽象出折现率的定义：

$$折现率\ R = 投资回报率\ r = \frac{年投资收益}{产生收益投资的价值}$$

从折现率的定义公式中可以看出，折现率由分子中“年投资收益”和分母中的“产生收益投资价值”两个因素确定。由于分子中的年投资收益所采用的“收益口径”可以分为（税前/税后）利润/现金流，不同的收益口径就会对应地产生不同“口径”的折现率，不同口径折现率在用于折现未来预期收益时，需要与预期收益的衡量口径保持一致；分母中产生收益的投资可以是股权投资或者企业的全部投资（股权 + 债权），因此，相应形成股权投资或全投资类型的折现率。不同类型的折现率将用于评估不同类型的企业价值评估。折现率中上述两个参数“口径”与“类型”的不同组合将导致不同口径、类型的折现率。

投资收益和产生收益投资类型一般常见的排列组合如下：

1. 当分子为股权投资/全投资所形成的利润，如会计核算的利润总额/息税前利润（EBIT），则折现率应该为股权投资/全投资类型利润口径折现率；当分子为股权投资/全投资所形成的现金流，如股权投资对应的现金流（利润总额 + 折旧/摊销）/全投资对应的 EBITDA 作为收益口径，则折现率应该为股权投资/全投资类型现金流口径折现率。

2. 当分子为股权投资/全投资税前收益，如采用股权投资/全投资形成的所得税前收益作为收益流口径，则折现率为股权投资/全投资类型、税前口径折现率；当分子为股权投资/全投资税后收益，如采用股权投资/全投资形成的所得税后收益作为收益口径，则折现率为股权投资/全投资类型税后口径折现率。

《资产评估准则——企业价值》要求：在进行收益法评估时，预期收益的口径与折现率的口径需要保持一致，因此，在进行企业价值评估时，要时刻注意所采用的折现率是否与预期收益口径保持一致；同时还必须注意折现率的类型与预期收益类型相互匹配。

（二）折现

所谓折现就是将未来的收益折算为现实的等额价值，折现一般分为期末折现和期中折现两类。

1. 期末折现。所谓期末折现就是假设所有的收益流均在每期的期终收到，期末折现系数的计算公式如下：

$$k = \frac{1}{(1+r)^{t}}$$

式中，r 为折现率，t 为收到收益流的年份。

2. 期中折现。所谓期中折现就是假设所有的收益流在一个期间内均匀获得，分布在整个期间内，则期中折现系数的计算公式如下：

$$k = \frac{1}{(1+r)^{(t-0.5)}}$$

式中，r 为折现率，t 为收到收益流的年份。

3. 期末折现与期中折现的应用。期末折现主要用于收益主要在期末的折现实务中；期中折现主要用于收益均匀分布在期间内的折现实务中。

我们日常所进行的企业价值收益法评估最主要的是两种类型的收益流：经营收益流和分红收益流。

所谓经营收益流就是企业经营所获得的收益流，典型的经营收益流包括股权经营现金流和全投资经营现金流：

股权经营现金流 = 销售收入 - 销售成本 - 期间费用 - 所得税 - 营运资金的增加 - 资本性支出 + 折旧/摊销 + 债权本金的增加

全投资经营现金流 = 销售收入 - 销售成本 - 期间费用 - 所得税 + 利息（1 - 所得税率） + 折旧/摊销 - 营运资金的增加 - 资本性支出

上述两种现金流的现金流入应该可以被认为是均匀分布在整个年度期间的，应该符合期中折现条件的，因此，采用经营现金流进行收益法评估应该采用“期中折现”模式。经营收益流通常体现企业控股股东的权益。

所谓分红收益流就是指企业期末经营决算后，以分红派息的方式给股东分配的收益，该收益流通常体现企业少数股东的权益，由于少数股东只有获得分红，才能收到收益，因此，该种收益流通常适用期末折现的方式。

（三）股权投资折现率与资本资产定价模型

1. 股权投资折现率。根据折现率的定义：

$$折现率\ R = \frac{投资年收益}{产生收益投资的价值}$$

股权折现率就是分母中产生收益投资为股权投资因此产生相应的股权投资口径的折现率，股权投资的折现率也可以分为（税前/税后）利润口径和（税前/税后）现金流口径的折现率，适用于折现股权投资产生的收益流。

目前评估界最常用的股权投资口径折现率的估算模型包括资本资产定价模型（CAPM）和累加法模型（Build - up），其中以资本资产定价模型最为常用。

2. 资本资产定价模型。资本资产定价模型（Capital Asset Pricing Model，CAPM）是美国学者威廉·夏普（William Sharpe）、林特尔（John Lintner）和莫辛（Jan Mossin）等在现代投资组合理论的基础上发展起来的，它是现代金融市场价格理论的支柱，广泛应用于投资决策和资产评估领域。该模型可以表述如下：

$$CAPM = R_f + \beta \cdot ERP + R_s$$

式中，CAPM 为股权回报率，R_f 为无风险回报率，β 为 Beta 风险系数，ERP 为股权市场超额回报率，R_s 为公司特有风险超额回报率。

目前该模型是估算股权投资折现率最为常用的模型，该模型一般被认为是估算股权投资、现金流税后口径的折现率。

资本资产定价模型包含四个主要参数：R_f、β、ERP 和 R_s，采用资本资产定价模型估算股权投资折现率，必须要估算上述四个参数。

（1）无风险投资回报率 R_f 的估算。无风险投资回报率是投资无风险资产所获得的投资回报率。所谓无风险必须具备两个条件：其一，没有投资违约风险，或违约风险可以忽略，即投资者可以毫无损失地获得投资本金和投资收益。这一条件通常在一个主权国家只有政府信用才能保证，如国债资产。其二，在特定时间内，完成投资和再投资可以确定，即在特定时间内可以按预期完成投资行为，并且在原投资到期后，可以利用原投资的本金和收益按照预期完成再投资行为。因此，所谓无风险投资就是既没有违约风险，也没有投资和再投资风险的投资。

为了满足上述条件，在评估实践中，一般都是选择政府发行的多种长期国债的到期收益率作为无风险投资的回报率 R_f 的估计值。

- 政府发行的国债具有政府的信誉，通常没有违约风险，或者违约风险可以忽略，基本符合无风险投资的第一点要求。
- 在估算无风险回报率时，选择多种长期国债可以尽量避免或者降低按照预期完成投资和再投资的风险。估算企业价值收益法评估的折现率，实质上是为投资被评估企业选择一个机会投资，这个机会投资的投资期限应该尽量与需要评估的投资期限相匹配，由于企业投资一般都可以看作是长期的，甚至是无限期的，因此，我们一般选择的机会投资也应该是长期的，即选择的国债应该是长期国债，即评估基准日距国债到期日剩余年限为长期的。此外，选择多种国债可以降低一种国债可能存在的在特定时期内投资不成功的风险。

（2）股权风险超额风险回报率 ERP 的估算。股权超额风险回报率（Equity Risk Premium，ERP）是投资者进行股权（股票）投资所期望的超过无风险回报率的部分，由于股权（股票）投资的风险高于国债投资，因此，投资者期望的投资回报率也要高于国债投资的回报率，高出部分就是所谓的 ERP。这里股权（股票）投资一般都是指股票交易市场上股票投资，因此，这里 ERP 也都是指投资股票市场所期望的超过无风险回报率的部分。

目前国际上研究估算 ERP 有以下三种方法（途径）：①采用股市历史数据估算 ERP 的方法，称之为“历史数据法”；②采用专家调查法估算 ERP 的方法，称之为“调查问卷法”；③采用所谓的“隐含 ERP 法”。其中最常用的方法是历史数据法。

采用历史数据法估算 ERP 的代表人物是美国艾伯森协会和美国纽约大学斯顿商学院的阿斯沃斯·达玛达兰（Aswath Damodaran）。

历史数据法的实质就是根据股票市场的历史数据计算 ERP，并以历史数据计算得到的ERP作为未来ERP的预测值，阿斯沃斯·达玛达兰估算美国ERP的方法是选择标准普尔500指数（S&P 500）的成份股作为样本数据，计算美国股市自1928年开始至目前上述成份股股票的年投资回报率，再扣除无风险收益率，以此思路来估算ERP。

（3）风险系数β的估算。β被认为是衡量公司相对风险的指标。投资一家公司的股票，如果该只股票的β值为1.1，则意味着该只股票的波动率是股市平均波动率的1.1倍，也就是该股票风险比整个股市平均风险高10%；相反，如果该股票的β为0.9，则表示该只股票的波动率是股市整体波动率的0.9倍，也就是该股票风险比股市风险平均值低10%。股票的收益与市场整体收益的关系实际上取决于β值的大小。这点可以从资本定价模型中看出：

$$R_e = R_f + \beta \cdot ERP + R_s$$

式中，R_e为股权回报率，R_f为无风险回报率，β为Beta风险系数，ERP为市场风险超额回报率，R_s为公司特有风险超额回报率。

式中，R_e就是特定股票的投资回报率，ERP是股票市场整体投资回报率，β系数就是表示R_e与ERP之间变化幅度的系数。因为投资者期望高风险应得到高回报，β值对投资者衡量投资某种股票的相对风险是非常有帮助的。

正如资本定价模型所论述的那样，β系数是衡量单只股票价格的波动率与股市整体波动率之间的倍数关系的，因此，只有上市公司的股票才会有β系数。对于非上市公司，由于其股票不能在市场上交易，因此，也就不可能有公司股票波动率与股市整体波动率之间存在线性关系的问题。另一方面，也不是任何一个上市公司的股票波动率都与股市整体波动率存在这种线性关系，对于一只特定的股票，其波动率与股票市场整体波动率之间是否存在线性关系需要采用统计学假设检验中的t检验进行检验，验证该股票的波动率与股市整体波动率之间存在线性关系。

由于需要采用收益法评估的企业都是非上市公司，这些非上市公司的股权（股票）理论上是不存在β系数的，因此，不存在一种方法可以直接估算出非上市的被评估企业的β系数，评估界目前采用的估算非上市公司β系数方法都是所谓的间接方法，也就是通过在上市公司中选择与被评估企业"类似"的公司作为"对比公司"，用这些对比公司的β系数来"间接"地对被评估企业的β做出估计。

估算β系数需要采用一定时期的历史数据，因此，估算得出的β系数应该是对比公司的历史β系数，但是收益法需要的折现率是未来预期的折现率，因此，也要求估算的β系数是未来预期的，这就是一个理论性问题——β系数的稳定性问题。所谓β系数稳定性就是采用历史数据估算出来的β系数能否作为未来的β系数的一个合理估计。

β系数作为CAPM的重要参数，一般需要采用证券市场过去或历史的回报率数据进行估计，将过去的β系数用于反映现在或将来的风险，则必须要求估算出来的β系数要有一定的稳定性才具有可靠性。因此，在实际估算历史β系数时，需要有一个相对稳定的历史数据。1971年，Blume在《财务学刊》上发表的"论风险的衡量"一文。该文研究了1926年1月到1968年6月间在纽约证券交易所挂牌上市的所有股票，以每7年为一个时间段，用月度收益数据，估计出各时间段的β系数，然后以统计学的相关分析法为基础，对β系数的稳定性作深入研究。得出的主要结论是：①在一个期间估计出来的风险系数（β 系数）是其未来估计值的有偏估计值；②组合规模越大，其未来的 β 系数就越能被更准确地预测。1980 年，Alexander 和 Chervany 使用 MAD（平均绝对离差，the Mean Absolute Deviation）值作为判断 β 稳定性的依据，检验 1962 ~ 1975 年间在纽约证券交易所交易的 500 只股票及组合的 β 稳定性。结果表明，估计时限并非越长越好，最佳的估计时间段是 4 ~ 6 年。

上述研究也为估算 β 系数一般采用 5 年历史数据并且采用月收益率数据奠定了理论基础和依据。

（4）公司规模溢价和特有风险超额回报率。资本资产定价模型（CAPM）的 β 系数表明了资产的回报率对市场变动的敏感程度，可以用来衡量资产的不可分散风险。不可分散风险，又称为系统性风险，是指市场中无法通过分散投资来消除的风险。例如，利率、经济衰退、战争，这些都属于不可通过分散投资来消除的风险。另外，市场中还有一种风险被称为非系统性风险，也被称作“特殊风险”（Unique risk 或 Idiosyncratic risk），这是属于个别股票的自有风险，这类风险可以通过变更股票投资组合来消除。现代投资组合理论指出特殊风险是可以通过分散投资来消除的。但是当采用 CAPM 模型估算单一股票投资风险溢价时，这种非系统风险则无法消除，需要作为公司特有风险另行估算其溢价。

目前国际上将公司单一股票全部特有风险超额收益率进一步细化为公司规模溢价 RP_s 和特别风险溢价 RP_u，即：

$$R_s = RP_s \pm RP_u$$

其中，公司规模溢价 RP_s 为公司规模大小所产生的溢价，主要针对小公司相对大公司而言，由于其规模较小，因此，对于投资者而言其投资风险相对较高。

公司特别风险溢价 RP_u 则主要针对公司具有的一些非系统的特有因素所产生风险的风险溢价或折价，一般认为这些特别风险包括但不局限于：

①经营获利能力低特别风险。所谓经营获利能力主要是被评估企业与对比公司相比，在经营获利能力方面的差异所产生的风险溢价，显然，对于经营获利能力强的公司投资风险会较低，反之，投资风险会较高，产生特别风险溢价。

②客户聚集度过高特别风险。所谓客户聚集度是指被评估企业与对比公司相比其客户过于集中在一个或几个少数客户。由于客户过于集中，就会出现一旦这些客户违约而出现问题，直接会给被评估企业的经营带来重大影响，这种风险也是公司特别风险 RP_u 中的重要因素。

③产品单一特别风险。所谓产品集中度也是被评估企业与对比公司相比，其产品结构过于单一，缺少有效的产品系列或组合，因此，企业也会产生特别风险。

④市场集中特别风险。所谓市场集中是指公司的产品只能在某个地区或某个区域销售，不能跨地区销售，这样的企业其投资风险与可以跨地区销售的企业相比，存在更高的风险。另外，如果被评估企业能在一个可以获得很好保护的地区或行业内经营，则其经营风险与不能在一个获得很高保护的行业或地区经营的风险要低，这些都是市场集中所能产生的特别风险因素。

⑤原材料供应聚集过高特别风险。对于一些企业，其生产经营比较严重依赖原材料的供应，如果这些企业的原料供应商单一，则其经营风险就会被认为较高，因为对于这样的

企业，其在控制成本等方面将会存在比其他企业更艰难的情况，也会存在由于原材料的短缺等造成生产经营无法正常维持的风险。

⑥管理者特别风险。有经验的管理者往往可以做出正确的决策，在应对复杂的市场竞争中处于有利地位，特别对于某些具有非常影响力的人物，公司的发展往往非常依赖这些具有影响力的人物，一旦这些人物出现问题，如生病、死亡等则对公司的经营会产生巨大影响，这些就会造成管理者特别风险。

目前国际上对公司规模溢价 RPs 的研究最为重要的是 Duff & Phelps 的研究 。

该研究具体、直接，采用多种方式作为企业规模大小的衡量标准，包括净资产账面价值、总资产账面价值、销售收入、EBITDA 等，估算股票实际投资回报率与采用 CAPM 模型估算结论之间差异与公司规模之间的关系。公司以股权账面价值（净资产）衡量的规模与公司投资回报率超过 CAPM 模型计算的投资回报率之差的关系如表 5 - 1 所示。

表 5 - 1　　公司投资回报率超过 CAPM 的超额收益与股权账面价值关系表

分组序号	股权账面价值（百万美元）	计算超过无风险收益率的投资回报率平均值	CAPM 模型计算的超过无风险收益率的回报率	投资回报率平均值超过 CAPM 计算值溢价	平滑处理后超过 CAPM 溢价
1	37, 502	4. 31%	3. 11%	1. 20%	-0. 16%
2	11, 465	4. 60%	3. 26%	1. 34%	0. 91%
3	7, 877	6. 42%	3. 45%	2. 97%	1. 25%
4	5, 622	4. 78%	3. 55%	1. 23%	1. 55%
5	4, 184	5. 50%	3. 89%	1. 61%	1. 82%
6	3, 055	4. 95%	3. 88%	1. 07%	2. 11%
7	2, 447	5. 57%	3. 99%	1. 58%	2. 31%
8	2, 016	5. 64%	4. 15%	1. 49%	2. 48%
9	1, 739	6. 69%	4. 05%	2. 64%	2. 61%
10	1, 551	6. 13%	4. 12%	2. 01%	2. 72%
11	1, 368	5. 50%	4. 13%	1. 37%	2. 83%
12	1, 157	7. 35%	4. 08%	3. 27%	2. 98%
13	1, 029	7. 27%	4. 20%	3. 07%	3. 09%
14	923	7. 99%	4. 25%	3. 74%	3. 19%
15	825	8. 09%	4. 24%	3. 85%	3. 29%
16	736	7. 43%	4. 50%	2. 93%	3. 39%
17	640	7. 02%	4. 55%	2. 47%	3. 52%

续表

分组序号	股权账面价值（百万美元）	计算超过无风险收益率的投资回报率平均值	CAPM 模型计算的超过无风险收益率的回报率	投资回报率平均值超过 CAPM 计算值溢价	平滑处理后超过 CAPM 溢价
18	553	7.61%	4.52%	3.09%	3.65%
19	482	6.87%	4.62%	2.25%	3.77%
20	430	9.60%	4.71%	4.89%	3.88%
21	382	9.29%	4.66%	4.63%	3.98%
22	312	9.09%	4.65%	4.44%	4.16%
23	235	8.52%	4.74%	3.78%	4.42%
24	162	11.10%	4.86%	6.24%	4.76%
25	60	12.00%	4.99%	7.01%	5.66%

资料来源：Duff & Phelps Risk Premium Report 2011。

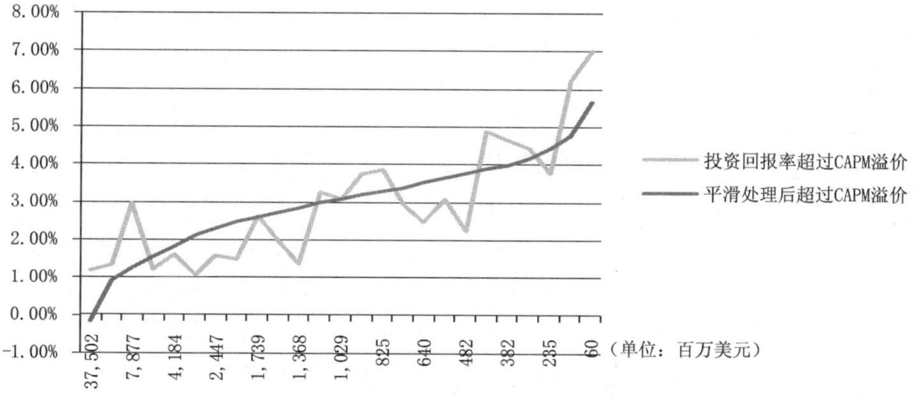

图 5-1 企业规模风险溢价

从图 5-1 中，可以看出，公司投资回报率超过 CAPM 计算值的溢价随着资产规模的降低由 1.12% 逐步增加到 7.01%。这就是企业规模风险溢价。

（四）企业全投资折现率与加权资金成本（Weighted Average Cost of Capital 或 WACC）

企业全投资是指企业股权投资资金和债权投资资金之和，企业全投资折现率就是企业股权资金与债权资金的投资回报率的加权平均值。由于企业的股权投资者与债权投资者所承担的风险不一样，因此，企业的股权投资回报率与债权投资回报率也不一样，股权投资回报率一般要高于债权投资回报率。WACC 是企业股权投资与债权投资回报率的加权平均值。WACC 通常被用来作为企业全投资的投资回报率或者折现率。

1. WACC 的分类及特性。作为企业全部资本的加权资金成本，WACC 一般可以分为两类。

（1）采用下式表述的 WACC：

$$WACC = \frac{E}{D+E} \cdot R_e + \frac{D}{D+E} \cdot R_d$$

这种类型的 WACC 被称为含税盾效应的加权资金成本。含税盾效应的 WACC 定义如下：

对于一个企业，其全部收益（包括债权投资和股权投资）为：销售收入－销售成本－期间费用）（1－所得税率 T）＋债权利息

全部投资价值为 D＋E，则含税盾效应的全投资回报率 WACC 为：

$$WACC = \frac{(\text{收入}-\text{成本}-\text{期间费用})(1-T)+\text{折旧/摊销}-\text{资本性支出}-\text{营运资金增加}+\text{债权利息}}{D+E}$$

$$= \frac{E}{D+E} \cdot \frac{(\text{收入}-\text{成本}-\text{期间费用})(1-T)+\text{折旧/摊销}-\text{资本性支出}-\text{营运资金增加}}{E}$$

$$+ \frac{D}{D+E} \cdot \frac{\text{债权利息}}{D}$$

$$= \frac{E}{D+E} \cdot R_e + \frac{D}{D+E} \cdot R_d$$

在上式中，$\frac{(\text{收入}-\text{成本}-\text{期间费用})(1-T)+\text{折旧/摊销}-\text{资本性支出}-\text{营运资金增加}}{E}$ 实际就是股权投资者的投资回报率 R_e；债权利息/D 部分实际就是债权投资者的回报率 R_d。

收益现金流＝（收入－成本－期间费用）（1－T）＋折旧/摊销－资本性支出－营运资金增加＋债权利息

＝（收入－成本－销售费用－管理费用－债权利息－其他财务费用）（1－T）＋折旧/摊销－资本性支出－营运资金增加＋债权利息

＝（收入－成本－销售费用－管理费用－其他财务费用）（1－T）＋折旧/摊销－资本性支出－营运资金增加－债权利息（1－T）＋债权利息

＝（收入－成本－销售费用－管理费用－其他财务费用）（1－T）＋折旧/摊销－资本性支出－营运资金增加＋债权利息·T

＝（收入－成本－销售费用－管理费用－其他财务费用）（1－T）＋折旧/摊销－资本性支出－营运资金增加＋债权本金×利率 I·T

式中的"债权本金×利率 I·T"就是税盾收益。通过上述推导，我们可以发现，含税盾效应的 WACC 随资本结构中债权的增加而增加，也就是含税盾效应的 WACC 是随资本结构的变化而变化的。

（2）采用下式表述的 WACC：

$$WACC = \frac{E}{D+E} \cdot R_e + \frac{D}{D+E} \cdot R_d(1-T)$$

这类 WACC 被称为剔除税盾效应的 WACC。剔除税盾效应的 WACC 定义如下：

一个企业的全部收益为：（销售收入－销售成本－期间费用）（1－所得税率 T）＋债

权利息×（1－T）

全部投资为D＋E，则剔除税盾效应的全投资回报率WACC为：

$$R=\frac{(收入-成本-期间费用)(1-T)+折旧/摊销-资本性支出-营运资金增加+债权利息(1-T)}{D+E}$$

$$=\frac{E}{D+E}\cdot\frac{(收入-成本-期间费用)(1-T)+折旧/摊销-资本性支出-营运资金增加}{E}$$

$$+\frac{D}{D+E}\cdot\frac{债权利息}{D}(1-T)$$

$$=\frac{E}{D+E}\cdot R_e+\frac{D}{D+E}\cdot R_d(1-T)$$

含税盾效应的WACC与剔除税盾效应的WACC相比，在债权利息上含税盾效应的没有（1－T），剔除税盾效应的WACC含有（1－T），实际上就是将利息所能抵扣的所得税也一并扣除，这就是所谓的剔除税盾的WACC。

在上式中，收益现金流＝（收入－成本－期间费用）（1－T）＋折旧/摊销－资本性支出－营运资金增加＋债权利息（1－T）

＝（收入－成本－销售费用－管理费用－债权利息－其他财务费用）（1－T）＋折旧/摊销－资本性支出－营运资金增加＋债权利息（1－T）

＝（收入－成本－销售费用－管理费用－其他财务费用）（1－T）＋折旧/摊销－资本性支出－营运资金增加－债权利息（1－T）＋债权利息（1－T）

＝（收入－成本－销售费用－管理费用－其他财务费用）（1－T）＋折旧/摊销－资本性支出－营运资金增加

通过上述推导，我们可以发现，剔除税盾效应的WACC不随资本结构的变化而变化。也就是说当企业的总投资D＋E保持不变，则剔除税盾效应的WACC就保持不变。

上述结论实际就是MM定理一和定理二的结论（Modigliani & Miller or MM Proposition I & II）。

MM定理一：企业的价值，在不考虑所得税的情况下，取决于企业的资产，与企业的资本结构无关。

MM定理二：企业的价值在考虑企业所得税的情况下，一个带有财务杠杆企业的价值V_L和没有财务杠杆企业的价值V_U以及税盾V_T价值之间存在以下关系：

$$V_L=V_U+V_T$$

当估算企业收益时，我们在考虑债权利息收益时，采用的是债权利息（1－T），也就是剔除了税盾收益，即在MM定理二中剔除税盾，因此，有如下结论：

$$V_L=V_U$$

剔除税盾效应WACC的上述特性可以使我们在估算WACC时，不需要考虑资本结构的影响，或者可以选择一个特定的资本结构下估算WACC，由于WACC理论上是不随资本结构的变化而变化的，因此，我们按照一个特定资本结构估算出来的WACC可以适用任何资本结构。

2. 债权期望回报率R_d的估算。债权投资回报率实际上是被评估企业的债权投资者期望的投资回报率，也就是说，是债权投资人投资被评估企业债权所期望得到的投资回报率。不同的企业，由于企业的经营状态不同、资本结构不同，企业的偿债能力会有所不同，因此，企业债权人承担的投资风险也不尽相同。对于不同偿债能力的企业，债权投资人所期望的投资回报率也不尽相同。因此，企业债权投资回报率最佳的估算方法应该是能考虑到企业偿债能力因素影响的估算方法，或者说债权期望投资回报率应该随企业偿债能力的强弱而有所变化。

（1）国际上估算债权期望回报率的思路介绍。国际一些成熟市场经济国家，其债券交易市场比较发达，有很多不同类别的债券在市场上公开交易。另外，公开交易的债券也都有专业的债券评级机构，根据债券发行主体偿债能力等因素，对市场上公开交易的债券进行评级。目前在美国主要有美国标准·普尔公司和穆迪投资服务公司提供评级服务。标准·普尔公司信用等级标准从高到低划分为：AAA 级、AA 级、A 级、BBB 级、BB 级、B 级、CCC 级、CC 级 C 级和 D 级；穆迪投资服务公司信用等级标准从高到低划分为：Aaa 级，Aa 级、A 级、Baa 级、Ba 级、B 级、Caa 级、Ca 级、C 级和 D 级。债券最高级为 AAA 级，最差级为 D 级，随着级别的降低，债券发行人偿债的能力降低，投资风险随之增加。

美国一些评估机构在估算一家特定的被评估企业的债权期望回报率时，通常会在债券市场上找到与被评估企业类似的债券发行主体企业发行的债券作为“对比债券”，计算对比债券的到期回报率作为被评估企业债权的期望投资回报率。所谓与被评估企业类似的债券发行主体，就是债券发行主体的评级与被评估企业类似，如果被评估企业没有主体评级，则可以根据被评估企业的偿债能力分析估计可以达到的评级级别。分析确定被评估企业的主体评级主要根据其偿债能力分析确定，对于具有持续经营能力的企业（如果不具有持续经营能力，则收益法就不适用了），企业偿债能力主要表现为已获利息倍数，也就是企业年息税前利润（EBIT）除以企业年应该支付的债权利息总额的倍数。根据在 Aswath Damodaran 网站上发布数据，可以得知美国债券获得的评级级别与企业已获利息倍数、债券收益率的关系，如表 5－2 所示。

表 5－2　　美国债券的评级级别与已获利息倍数、债券收益率的关系表

如果已获利息倍数		则债券评级为	债券收益率
>	≤		
8.5	100000	AAA	3.79%
6.5	8.499999	AA	3.94%
5.5	6.499999	A +	4.14%
4.25	5.499999	A	4.29%
3	4.249999	A	4.39%
2.5	2.999999	BBB	4.89%
2.25	2.49999	BB +	6.29%
2	2.2499999	BB	6.64%

续表

如果已获利息倍数		则债券评级为	债券收益率
>	≤		
1.75	1.999999	B +	7.04%
1.5	1.749999	B	8.29%
1.25	1.499999	B8.54%	
0.8	1.249999	CCC	11.29%
0.65	0.799999	CC	13.29%
0.2	0.649999	C	15.29%
-100000	0.199999	D	18.29%

资料来源：Aswath Damodaran 网站，2011 年 1 月。

表 5 - 2 中的数据显示，当被评估企业已获利息倍数超过 8.5 倍，则表明企业偿债能力非常强，其发行的债券可以评为 AAA 级，如果其已获利息倍数小于 0.2，则说明其偿债能力十分低，其发行的债券不能偿还的概率非常高，因此，债券评级为 D 级。

此外，债券评级级别与债券收益率的关系可以采用一个二次函数曲线进行拟合，具体通过线性回归分析，我们可以得到如下关系式：

$$Y = 2.87\% + 0.061\% \cdot X^2 \quad (R^2 = 96.75\%)$$

式中，Y 为债券收益率，X 为债券评级级别（AAA = 1, AA = 2, …, D = 15）。

采用回归分析获得的二次曲线与原收益曲线拟合程度非常高，因此，我们可以得出结论，债券收益率与债券评级级别之间存在一个 $Y = a + bX^2$ 的二次函数关系，拟合图如图 5 - 2 所示。

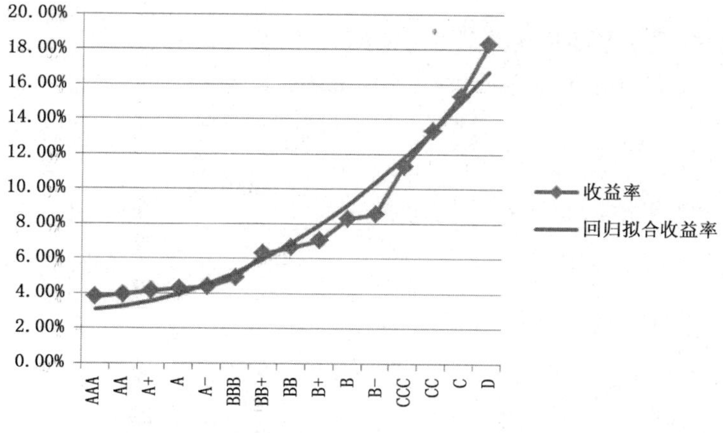

图 5 - 2 债券收益率与债券评级级别回归拟合图

（2）国内目前债权回报率的估算方法介绍。目前国内对债权回报率的估算一般都是采用银行贷款利率作为债权的期望回报率。这种方法的好处是方便，对于许多企业，由于其经营业绩良好、资本结构合理，采用银行贷款利息作为其债权期望回报率也是可以接受的。但以银行贷款利率作为被评估企业债权投资回报率存在误估风险，主要表现在以下几个方面：

- 贷款利率是银行系统借贷给企业的利率，这个利率受国家调控因素的影响，银行对贷款利率的自主权非常有限。另外，企业贷款还受是否有抵押资产和第三方担保等多方面因素的影响，并不能随着借款方的经营风险的改变而改变，因此，不能充分反映被评估企业实际债权的投资风险。
- 贷款利率作为国家宏观调控的一种手段，经常会因为国家宏观政策的调整而改变，而国家宏观政策的改变与被评估企业经营风险并不一定存在必然联系，国家宏观政策改变了，并不一定代表企业的债权投资风险就改变了，因此，贷款利率并不总能代表被评估企业的债权期望投资回报率。

国内目前采用贷款利率作为债券期望投资回报率在一定条件下可以反映企业的债权投资回报率，但绝不是一成不变的。

四、物价因素对现金流量及折现率的影响

根据折现率的理论定义：

$$\text{折现率 } R = \frac{\text{年预期收益现金流}}{\text{产生预期收益现金流投资的价值}}$$

考虑到未来预期每年都会存在物价因素，因此，预期现金流的计量存在两种模式：其一是以基准日不变价作为计量标准；其二是以预期各年当年的实际币值作为计量标准。采用不同的价值计量标准，会产生不同数量的未来经营预测的现金流，但是从理论上来说，无论采用那种计量方式，都不应该影响最终得到的评估价值，即采用两种计量方式得到的最终评估价值都应该是以基准日有效货币价值计量的截止基准日标的资产的价值。

（一）不变价折现率与实际价折现率的估算及相互转换关系

设以基准日不变价计量的未来每年净现金流为：$NCF_i(i=1,2,\cdots,n)$，则：

$$V_0 = \frac{NCF_1}{1+R} + \frac{NCF_2}{(1+R)^2} + \frac{NCF_3}{(1+R)^3} + \cdots + \frac{NCF_n}{(1+R)^n} + \frac{V_n}{(1+R)^n} \tag{5-1}$$

如果基准日后 n 年预期每年平均物价指数为 δ，以各年实际价值计量的净现金流为 PCF_i（$i=1, 2, \cdots, n$），则应该有：

$$NCF_i = \frac{PCF_i}{(1+\delta)^i} (i=1, 2, \cdots, n)$$

这样 V_0 的等式就可以变为：

$$V_0 = \frac{PCF_1}{(1+R)(1+\delta)} + \frac{PCF_2}{(1+R)^2(1+\delta)^2} + \frac{PCF_3}{(1+R)^3(1+\delta)^3} + \cdots + \frac{PCF_n}{(1+R)^n(1+\delta)^n} + \frac{V_n}{(1+R)^n(1+\delta)^n}$$

$$= \frac{PCF_1}{(1+R+\delta+R\cdot\delta)} + \frac{PCF_2}{(1+R+\delta+R\cdot\delta)^2} + \frac{PCF_3}{(1+R+\delta+R\cdot\delta)^3} + \cdots + \frac{PCF_n}{(1+R+\delta+R\cdot\delta)^n} + \frac{V_n}{(1+R+\delta+R\cdot\delta)^n} \quad (5-2)$$

式（5-2）中，$R\cdot\delta$ 是一个高阶小数，可以近似忽略，因此，式（5-2）可以写成：

$$V_0 \approx \frac{PCF_1}{(1+R+\delta)} + \frac{PCF_2}{(1+R+\delta)^2} + \frac{PCF_3}{(1+R+\delta)^3} + \cdots + \frac{PCF_n}{(1+R+\delta)^n} + \frac{V_n}{(1+R+\delta)^n} \quad (5-3)$$

如果在式（5-3）中设 $S=R+\delta$，则式（5-3）可以改写为：

$$V_0 \approx \frac{PCF_1}{(1+S)} + \frac{PCF_2}{(1+S)^2} + \frac{PCF_3}{(1+S)^3} + \cdots + \frac{PCF_n}{(1+S)^n} + \frac{V_n}{(1+S)^n}$$

S 实际就可以理解为对应于 $PCF_i(i=1,2,\cdots,n)$ 的折现率，这样我们就可以得到对应 $NCF_i(i=1,2,\cdots,n)$ 折现率 R 与对应于 $PCF_i(i=1,2,\cdots,n)$ 折现率 S 之间的一个理论上的转换关系：

$$R=S-\delta \quad (5-4)$$

式（5-4）成立的前提是 $NCF_i=\frac{PCF_i}{(1+\delta)^i}(i=1,2,\cdots,n)$ 成立。

但在企业实际的股权经营现金流中，NCF 和 PCF 一般采用如下公式计算：

NCF_i =（销售收入 - 销售付现成本 - 折旧／摊销 - 销售费用 - 管理费用 - 财务费用）(1 - T) + 折旧／摊销 - 资本性支出 - 营运资金的增加

在上式中，销售收入、销售付现成本、销售费用、管理费用、资本性支出和营运资金的增加等都会受到物价因素的影响，但是折旧/摊销和财务费用（主要是利息）则一般不受到物价因素的影响，因为折旧/摊销额和每年的贷款利息都不会因物价因素进行调整。

根据上述论述，包含 δ 物价指数后的现金流 PCF 如下：

PCF_i = [销售收入(1 + δ) - 销售付现成本(1 + δ) + 折旧／摊销 - 销售费用(1 + δ) - 管理费用(1 + δ) - 财务费用](1 - T) + 折旧／摊销 - 资本性支出(1 + δ) - 营运资金的增加(1 + δ)

则扣除物价指数后：

$$\frac{PCF_i}{(1+\delta)} = \left[\text{销售收入} - \text{销售付现成本} - \frac{\text{折旧／摊销}}{1+\delta} - \text{销售费用} - \text{管理费用} - \frac{\text{财务费用}}{(1+\delta)}\right](1-T) - \text{资本性支出} - \text{营运资金增加} + \frac{\text{折旧／摊销}}{1+\delta}$$

由于折旧/摊销、财务费用一般情况下是不受物价因素的影响，因此，从严格意义上说，

$$NCF_i \neq \frac{PCF_i}{(1+\delta)^i}\ (i=1,\ 2,\ \cdots,\ n)$$

在评估实际操作中，采用 PCF_i 应该比采用 NCF_i 更贴近实际。

另外，NCF_i 与 $\frac{PCF_i}{(1+\delta)}$ 数值差异为：

$$(折旧/摊销额)\cdot T\cdot\left(1-\frac{1}{1+\delta}\right)+利息\times(1-T)\times\left(1-\frac{1}{1+\delta}\right)$$

由于 $|\delta|<1$，因此，

$$\frac{1}{1+\delta}=1-\delta+\delta^2-\delta^3+\delta^4+\cdots+(-1)^n\delta^n+\cdots=\sum_{i=0}^{\infty}(-1)^i\delta^i$$

我们可以近似得到 $\frac{1}{1+\delta}\approx 1-\delta$。因此，

$$折旧/摊销\cdot T\cdot\left(1-\frac{1}{1+\delta}\right)+利息\cdot(1-T)\cdot\left(1-\frac{1}{1+\delta}\right)$$

$$\approx 折旧/摊销额\cdot T\cdot(1-1+\delta)+利息\cdot(1-T)\cdot(1-1+\delta)$$

$$=折旧/摊销额\cdot T\cdot\delta+利息\cdot(1-T)\cdot\delta$$

T、(1－T) 与 δ 都是小于 1 的小数，因此，$T\cdot\delta$ 与 $(1-T)\cdot\delta$ 是二阶以上的小数，上述差异额一般应该高于一阶，也就是折旧/摊销额和利息由于物价因素而产生的影响不是很大时，可以近似式认为 $NCF_i\approx\frac{PCF_i}{(1+\delta)^i}$ $(i=1, 2, \cdots, n)$，这样（5－4）式也就近似成立。

另一方面，评估界估算折现率采用的模型主要包括加权资金成本模型和资本定价模型。

加权资金成本模型（WACC）：

$$WACC=\frac{E}{D+E}\cdot R_e+\frac{D}{D+E}\cdot R_d\cdot(1-T)$$

式中，R_e 为股权投资回报率，R_d 为债权投资回报率，D 为债权市场价值，E 为股权市场价值

资本定价模型：（CAPM）：

$$CAPM=R_f+\beta\cdot ERP+R_s$$

式中，R_f 为无风险回报率，β 为 Beta 风险系数，ERP 为股权市场超额回报率，R_s 为公司特有风险超额回报率。

在 WACC 中，R_e 的估算通常采用 CAPM。

在 WACC 和 CAPM 估算模型的参数中，由于 $\frac{E}{D+E}$、$\frac{D}{D+E}$、ERP 以及 R_s 等都是“相对”的指标数据，因此，一般不会受预期物价因素的影响，只有 R_f 和 R_d 是“绝对”的指标数据，会受到物价因素的影响。

（二）无风险收益率 R_f 中物价因素的影响

为了从数学上推导无风险收益率 R_f 中物价因素的影响，我们设评估基准日购买面值为 M 的国债，票面利率为 r（复利），国债到期一次性还本付息；评估基准日距到期日剩

余年限为 n，基准日购买价为 P。

所谓国债购买日，实际就是国债投资日，如果投资日的投资额为 P，根据国债偿还本金的规则，在到期日将按票面价值 M 归还本金，按利率 r 计算利息，即国债到期一次还本负息合计为 $M(1+r)^n$，这时的本息和应该按到期日实际币值计量，不以基准日不变价计量。这样，在评估基准日购买该国债的到期收益率 R_f，在考虑物价因素的情况下为：

$$R_{f,\text{含物价因素}} = \sqrt[n]{\frac{M(1+r)^n}{P}} - 1 = (1+r)\sqrt[n]{\frac{M}{P}} - 1$$

如果设评估基准日距国债到期日期间每年的平均通膨率为 δ，面值为 M 的国债到期日还本负息转换为按基准日不变价计量，其实际获得的收益应该为 $\frac{M}{(1+\delta)^n}(1+r)^n$，其中，$\frac{M}{(1+\delta)^n}$ 就是将国债到期日币值换算为基准日不变价。

因此，不包含物价因素的国债到期收益率 R_f 的计算如下：

$$R_{f,\text{不含物价因素}} = \sqrt[n]{\frac{M(1+r)^n}{P(1+\delta)^n}} - 1 = \frac{1+r}{1+\delta}\cdot\sqrt[n]{\frac{M}{P}} - 1$$

由于我们可以近似得到 $\frac{1}{1+\delta} \approx 1-\delta$，因此：

$$\begin{aligned} R_{f,\text{不含物价因素}} &= \sqrt{\frac{M(1+r)^n}{P(1+\delta)^n}} - 1 = \frac{1+r}{1+\delta}\cdot\sqrt[n]{\frac{M}{P}} - 1 \approx (1+r)\cdot\sqrt[n]{\frac{M}{P}}(1-\delta) - 1 \\ &= (1+r)\cdot\sqrt[n]{\frac{M}{P}} - 1 - (1+r)\cdot\delta\cdot\sqrt{\frac{M}{P}} = R_{f,\text{含物价因素}} - \delta\cdot\sqrt[n]{\frac{M}{P}} - r \\ &\quad \cdot\delta\cdot\sqrt[n]{\frac{M}{P}} \end{aligned}$$

进一步来讲，在上式中 $\lim\limits_{n\to\infty}\sqrt[n]{\frac{M}{P}} = 1$，因此，当 n 足够大时，如 n >5 时，$\sqrt[n]{\frac{M}{P}} \approx 1$，rδ 为高阶小数，因此，有 $r\delta\sqrt[n]{\frac{M}{P}} \approx r\delta \approx 0$，最后可以得到：

$$R_{f,\text{不含物价因素}} = R_{f,\text{含物价因素}} - \delta$$

即不含物价因素的无风险收益率等于含物价因素的无风险收益减去物价指数。

（三）债权回报率 R_d 中物价因素的影响

债权投资回报率是被评估企业的债权投资者期望的投资回报率，是债权投资人投资被评估企业债权所期望得到的投资回报率。一般而言，评估机构在估算一家特定的被评估企业的债权期望回报率时，通常应该在债券市场上，找到与被评估企业类似的债券发行主体企业发行的债券作为“可比债券”，计算可比债券的到期收益率，作为被评估企业债权的期望投资回报率。目前国内评估机构多采用贷款利率作为债权回报率。

债权的期望投资回报率与国债收益率类似，因此，我们也可以参照 R_f 的推导过程得到：

$$R_{d,\text{不含物价因素}} = R_{d,\text{含物价因素}} - \delta$$

上式成立的条件是债权市场价值与票面价值不能差距太大，否则 $\sqrt[n]{\frac{M}{P}} \approx 1$ 可能不成立。

由上述推导过程，我们可以得到：

$$WACC_{\text{不含物价因素}} = \frac{E}{D+E}(R_{e,\text{含物价因素}} - \delta) + \frac{D}{D+E}(1-T)(R_{d,\text{含物价因素}} - \delta) \tag{5-5}$$

但如果将前面式（5-4）的结论应用到 WACC 上，得到的结论却是：

$$WACC_{\text{不含物价因素}} = \left(\frac{E}{D+E}R_{e,\text{含物价因素}} + \frac{D}{D+E}(1-T)R_{d,\text{含物价因素}}\right) - \delta$$

$$= \frac{E}{D+E}(R_{e,\text{含物价因素}} - \delta) + \frac{D}{D+E}[(1-T)R_{d,\text{含物价因素}} - \delta] \tag{5-6}$$

两式相比，式（5-5）中是（1-T）乘以（$R_d - \delta$），而式（5-6）中是（1-T）乘以 R_d 然后再减去 δ，两者存在差异，这个差异应该与利息税盾不随物价因素变化有关。

但是上述式（5-5）与式（5-6）的差异为 $\frac{D}{D+E}T\delta$，当 $|T| < 1$ 和 $|\delta| < 1$ 时，$\frac{D}{D+E} \leqslant 1$，$\frac{D}{D+E}T\delta$ 为高阶小数，可以忽略不计，因此式（5-5）与式（5-6）的差异也是可以忽略的。

五、股权现金流量折现模型

所谓股权现金流折现模型就是对股权投资形成的未来收益现金流进行折现的模型，该类模型主要针对股权投资评估所采用的折现模型，折现率一般采用资本定价模型估算的股权投资回报率。股权现金流折现模型主要包括两类：股权经营现金流和股权分红现金流。

（一）股权经营现金流折现模型

所谓股权经营现金流折现模型是指对于具有控股权的股权投资者未来可以获得的经营现金流进行折现的模型。

这里所谓的经营现金是指被评估企业通过自身经营所得的现金，在留足自身简单再生产所需要补充的资金之后，剩余的可以由投资者自由支配的现金。

股权经营自由现金流的计算公式为：

股权经营现金流 = 经营净利润 + 折旧/摊销 - 资本性支出 - 营运资金增加 - 负息负债本金减少

式中，经营净利润实际就是企业经营所获得的税后利润，其中，税后利润 =（销售收入 - 销售成本 - 期间费用）（1 - 所得税率）；折旧/摊销就是企业固定资产或无形资产每年的折旧与摊销额；资本性支出就是企业维持持续经营每年所需要投入的固定资产和无形资产的更新、改造支出；营运资金增加就是企业每年由于经营规模的改变而需要补充或结余的营运资金；负息负债本金减少就是企业每年根据经营获得的自由现金流偿还负息负债本金的数额，如果企业利用经营现金偿还负债本金，则为减负息负债本金的减少；如果是企业增加负息负债本金，则为加负息负债的本金的增加。

股权经营现金可以由两部分组成：以分红派息的方式派给投资者的现金；或者虽然没有直接给投资者，但是投资者可以自由支配从事其他业务的现金。股权经营现金流中，无论是哪种现金，都有一个共同的特性——全部是投资者可以自由支配的现金，是没有指定用途的现金，投资者只有获得自由的现金才能作为投资回报。

股权经营现金流折现模型一般适用控股股权的评估，采用“年中”折现方式。

（二）股权分红现金流折现模型

所谓股权分红现金流折现模型是指企业将利润分红给股东或投资者所形成的现金流折现模型，与经营现金流相比，分红现金流仅包括分红派息给股东的现金。根据《公司法》的相关规定，企业获得年经营利润后必须要现提取10%的法定公积金，直到累计计提的法定公积金数额超过注册资本的50%后可以不再计提。另外，企业还需要根据自身经营的需要计提任意公积金，以弥补企业维持持续经营所需要的投入，根据上述情况，企业分红现金流计算公式如下：

股权分红现金流 = 基准日以前年度未分配利润 + 本年经营净利润 - 法定公积金 - 任意公积金

其中，基准日以前年度未分配利润是指被评估企业基准日之前年度没有进行分配的税后经营利润，根据公司法的相关规定，可以合并到以后年度分配；本年经营净利润是指本期经营获得的税后利润；法定公积金是指按照《公司法》的规定，企业需要按照税后利润的10%计提法定公积金，直到累计计提的公积金数额超过注册资本的50%后可以不再计提；任意公积金是指企业为了维持简单再生产需要进行资本性支出和补充营运资金等需要而计提的任意公积金，任意公积金的计提需要根据企业当期折旧/摊销数额、计提的法定公积金与资本性支出和营运资金的补充额相抵后，如果出现不足，即当期折旧/摊销数额加计提的法定公积金不足于弥补当期资本性支出和营运资金的增加，则需要考虑计提任意公积金以弥补当期资本性支出和营运资金增加的需要。

分红现金流主要用于企业少数股权的评估，考虑到企业分红一般都是在期末，因此，分红现金流多采用“期末”折现方式。

六、全投资自由现金流折现模型

所谓全投资自由现金流折现模型，有时也称为无负债自由现金流折现模型，是企业全部投资形成资产创造的未来收益现金流，企业的全部投资包括股权投资和债权投资。全投资自由现金流实际就是企业股权投资和债权投资回报现金流之和，企业全投资现金流折现模型实际包括两种：

（一）含税盾的全投资自由现金流模型

在含税盾全投资自由现金流中，现金流是采用如下公式计算的：

含税盾自由现金流 =（经营净利润 + 折旧/摊销 - 资本性支出 - 营运资金增加）

+负息负债利息

上述计算公式中，前部括号内的实际就是股权投资者的收益现金流，最后一部分负息负债利息实际上是债权投资者的收益现金流。

上述现金流对应的折现率为含税盾的加权资金成本：

$$WACC = \frac{E}{D+E} \cdot R_e + \frac{D}{D+E} \cdot R_d$$

根据本节前部分的论述，上述含税盾的 WACC 是随企业资本结构的变化而变化，因此，含税盾的全投资自由现金流模型在实际应用中存在限制。

（二）剔除税盾的全投资自由现金流模型

所谓剔除税盾的全投资自由现金流模型是采用如下公式计算现金流：

剔除税盾自由现金流 =（经营净利润 + 折旧/摊销 - 资本性支出 - 营运资金增加）+负息负债利息 ×（1 - 所得税率）

与含税盾现金流相比，差异主要在最后一部分负息负债利息上，含税盾的全投资现金流是直接加负息负债利息，但是剔除税盾的全投资现金流则是负息负债利息 ×（1 - 所得税率），所谓剔除税盾就体现在在加负息负债利息时是加回扣除利息的负息负债利息。

上述现金流对应的折现率为剔除税盾的加权资金成本：

$$WACC = \frac{E}{D+E} \cdot R_e + \frac{D}{D+E} \cdot R_d(1-T)$$

根据本节前部分的论述，剔除税盾的全投资现金流折现模型存在一个优点，即只要保持被评估企业的全投资（股权 E + 债权 D）总额不变，则上述模型可以不用考虑企业资本结构变化的影响，这一结论实际也是 MM 定理一和定理二的结论。

七、收益法评估的溢价与折价

收益法中的折价和溢价主要包括缺少流动性折价和少数股权折价等。

（一）缺少流动性折价/流动性溢价

1. 流动性的概念。美国资产评估界将流动性定义为：资产、股权、所有者权益以及股票等以最小的成本，通过转让或者销售方式转换为现金的能力。

缺少流动折价定义为：**在资产或权益价值基础上，扣除一定数量或一定比例的价值，以体现该资产或权益缺少流动性。**

所谓股权流动性，这里特指股票在证券交易所竞价转让的行为，也就是说，具有流动性专指上市公司的流通股的竞价转让，对于非上市公司的股权，按法律、法规的规定也可以转让，但这种转让的流动性与上市公司流通股的流动性相比具有一定差距，因此，我们一般将这种股权称为缺少流动性股权。

2. 股权流动溢价/缺少流动性折价的定量估算方法。从历史上来看，缺少流动折价的定量研究主要有以下三个途径：

（1）限制性股票交易价格研究途径（“Restricted Stock Studies”）。该类研究途径的思路是，通过研究存在转让限制性的股票的交易价与同一公司转让没有限制的股票的交易价之间的差异来定量估算缺少流动性折价。在现实的上市公司中，存在一种转让受到限制的股票，这些股票通常有一定的限制期，在限制期内不能进入证券交易市场交易，或者需要经过特别批准才能进场交易。但这些股票可以进行场外交易。

（2）IPO 前交易价格研究途径（“Pre - IPO Studies”）。该类研究的思路是，通过公司 IPO 前股权交易价格与后续上市后股票交易价格对比来研究缺少流动折价率。根据证券市场的相关规定，公司在进行 IPO 时，需要向证监会报告公司前两年发生的所有股权交易情况，因此，IPO 前研究一般是根据公司 IPO 前两年内发生的股权交易的价格与上市后交易价格的差异来定量估算缺少流动折价率的。

从理论上说，美国评估界采用的这两种研究缺少流通折价的途径都存在缺陷。通过限制性股票交易价格研究的缺少流通折价率实际是一种有限限制期流通的股票与没有限制期流通的股票之间的价格差异，并没有考虑到不能在股票市场上流通的股票与完全可以流通的股票之间的价值差异。需要进行评估的企业，其股权都是完全不能在股票市场上流通的，因此，上述研究的折价是不能完全代表一个从完全不能流通到完全可以流通股票价值之间的折价率。IPO 前研究是通过公司进行 IPO 前两年的股权交易价格与 IPO 后股权上市交易的价格之间的差异来定量研究缺少流通折价的，但是实际收集交易案例时，如果 IPO 前的交易发生在 IPO 之前较长的时间，则有可能由于客观经济环境以及企业自身情况发生较大改变，从而导致两个交易发生时企业股权自身的价值不完全一致，使得两个交易价格失去可比性；另一个方面就是 IPO 前也有很多股权交易伴随有关联性或战略考虑方面的安排，股权交易已经含有 IPO 的预期效应，使得相关交易并不能反映完全不能流通企业股权的市场价值，而是内部的关联交易等，也会对折价率的估算产生影响。尽管存在上述情况，利用限制股交易价格和 IPO 前交易价格仍然可以得到股权缺少流通性折价的相关结论，而且这些结论也是具有一定的代表性的。

（3）采用金融衍生品估价方式定量研究缺少流通性折价。在上述传统方式定量研究缺少流通折价基础上，现代金融理论和实践的发展，为估算缺少流通性折价提供了新方法和途径。由于流通性折价是体现资产缺乏在短时间内、在没有价值损失的情况下，转换为现金的能力，然而，现代金融衍生品中出现了一个所谓的“对冲交易工具”（Hedging Instruments），这个工具恰好可以用来规避资产由于缺少流通性可能在资产变现时产生的损失。

相关链接

最近几年，一些对冲交易策略利用期权定价模型作为估算缺少流通折价的方法。1993 年，David B. H. Chaffe, III 建议采用对冲交易手段作为缺少流通折价的估算模式。David B. H. Chaffe 指出拥有限制性股票的股东可以为其持有的限制性股票创造“市场流通性”，由于限制性股票不可以立即流通，只有在一定限制期结束后才可以上市流通，在这个限制期内就存在由于股票市场波动而产生损失，如果可以通过购买一个按市场价格卖出其限制性股票的看跌期权（Put Option），就可以有效地“对冲”由于股票受限而可能产生的价值损失风险。

采用金融衍生品估价方式估算的折价率实际也是有限限制期股票与没有限制的股票流动性的差异。

3. 国内缺少流动折价率的估算研究。缺少流通性的资产存在折价这一规律在中国国内也是适用的，国内缺少流通性折价也是客观存在的。借鉴国际上研究缺少流通折价率的方式，国内缺少流通折价率的估算大体可以分为以下几个方式：

（1）法人股交易价格估算方式。所谓“法人股”是指早年在中国上市公司中存在的一种不可以进入证券市场交易的上市公司国家股和法人股的总称。根据当时有关法规的规定，上市公司中只有公众持有的流通股可以进入证券交易市场交易，国家股和法人股不能在证券交易市场上竞价交易，但是这种法人股可以通过场外协议转让，这种协议转让的价格与同一公司流通股的交易价格存在差异，法人股交易价格的估算方式就是通过这种价格差异是来研究缺少流通折价的。

（2）股权分置改革对价估算方式。从 2005 年开始，中国上市公司进行了大范围的股权分置改革。股权分置改革的基本方式是，持有上市公司非流通股（或称法人股）的股东通过支付给流通股股东对价，“换取”流通股股东同意非流通股股东所持有的股权由完全不可流通股转为限制流通股，即可以在一定时期之后解除流通限制，成为可流通股。

可以看出股权分置改革的核心就是非流通股东通过支付对价来换取自身的股权增加流通性。因此，可以通过分析估算非流通股东由不可流通到流通需要支付的对价成本，来估算由完全不可流通到限制流通的缺少流动性折价。

进一步分析国内股权分置改革的过程，还可以看到，上市公司非流通股为了获得自身股票的可流通，需要通过两个步骤来完成：①支付给流通股东一定数额的对价，以取得自身股权在未来一个限制期限后可以流通；②非流通股股东还需要支付一定成本才能获得从限制流通到完全流通之间的转换。

这个限制股权与美国的限制股在各方面都有类似的地方。

为了估算从现实完全可流通股权到现实完全不可流通股权两者在价值上的差异，可以分以下三个步骤进行：

第一，由完全不可流通股权到存在一定期限限制的“流通股权”之间的缺少流动性折价率 ξ_1。股权分置改革就是非流通股股东支付给流通股股东对价以换取自身股权的限制性流通，因此，可以认为以非流通股股东每股支付给流通股股东对价为基础计算的“每股送出率”指标就是从不可流通转为限制流通的一个价值差异：

$$每股送出率 = \frac{非流通股每股支付对价}{流通股股票交易收盘价}$$

上述指标实际是非流通股每股需要支付的成本占流通股股价的比率，实际就是缺少流动性折价率 ξ_1。

第二，由存在一定期限限制流通股权到完全流通之间的缺少流动性折价率 ξ_2。完全流通股权与存在一定期限限制流通股权相比，两者之间差异仅为一个可流通的时间限制，采用一个对冲策略，如果限制流通股股东在持有限制流通股股权的同时，还拥有一个与限制期限长度相同的股票看跌期权（Put Option）并且限制期期满后执行价格 X 与现实股票转让价格的现值一致，则可以认为非流通股股权完全可以对冲由于上述限制可能产生的股权价值损失风险。因此，该看跌期权价值代表限制流通股价值与完全流通股价值之间的价值差异。需要注意的是，这里的看跌期权实际应该是一个美式期权（American Option），但由于美式期权的估算比较复杂，在这里以欧式期权（European Option）来替代，或者说这里所采用的期权为一般的普通欧式看跌期权，不同于 Longstaff 研究中采用的回望式期权（Look-Back Option）。另外，这里在估算期权时考虑股票分红的因素。

通过上述分析，可以通过估算一个时间长度与限制股权限制期相同，并且期满后执行价格与现实股价相同的看跌期权的价值来估算由现实完全流通到存在一定期限限制流通股权之间的价值差异以估算缺少流动性折价率 ξ_2。

采用 Black-Scholes 期权定价模型，计算上述看跌期权。

看跌期权 P：

$$P = X \cdot e^{-rT} \cdot N(-d_2) - S \cdot e^{-\delta T} \cdot N(-d_1)$$

式中，X 为期权执行价；S 为现实股权价格；r 为连续复利计算的无风险回报率；T 为期权限制时间（采用按周计算）；δ 为连续复利计算的股息率；N（ ）为标准正态密度函数；d_1、d_2 为 Black-Scholes 模型的两个参数。

其中：$$d_1 = \frac{\ln\left(\frac{S}{X}\right) + \left(r - \delta + \frac{\sigma^2}{2}\right)T}{\sigma\sqrt{T}}, \quad d_2 = d_1 - \sigma\sqrt{T}$$

式中，X 为期权执行价；S 为现实股权价格；r 为连续复利计算的无风险回报率；δ 为连续复利计算的股息率；T 为期权限制时间；σ 为股票的波动率。

第三，由完全不可流通到完全流通的折价率 ξ_3。由不可流通股权到一定期限的限制流通股权之间的缺少流动性折价率为 ξ_1，由一定期限限制流通股权到完全流通之间的缺少流动性折价率为 ξ_2，因此，由不可流通的折价率到完全流通折价率 ξ_3 为：

$$\xi_3 = 1 - (1 - \xi_1)(1 - \xi_2)$$

（3）非上市公司购并市盈率与上市公司市盈率对比方式。采用非上市公司购并市盈率与上市公司市盈率对比方式估算缺少流动性折价率的基本思路是收集分析非上市公司并购案例的市盈率（P/E），然后与同期的上市公司的市盈率（P/E）进行对比分析，通过上述两类市盈率的差异来估算缺少流动性折价率。由于上市公司的市盈率应该理解为少数股权交易的市盈率，因此，在收集分析非上市公司并购市盈率时，最好要选择少数股权的并购案例，也就是交易股权比率在 49% 或以下，这样就可以剔除由于可能的控制权与少数股权可能产生的交易价格差异。

（二）控制权与缺少控制权的概念

控制权，是指根据《公司法》和企业章程中规定的赋予公司出资股东对企业经营管理的权利，也就是企业经营管理的控制权，对于公司具有控制权的股东与没有控制权的小股东相比，大股东具有很多小股东所不具有的权利，根据《公司法》和公司章程的规定，控制权可能包含不同的含义，但一般控制权包含有以下权力：

- 任命或改变企业的经营管理层；

- 任命或改变董事会成员；
- 确定管理层人员的工资待遇与奖金补贴；
- 建立企业的经营策略与战略方针及改变企业的经营方向；
- 收购、租赁或变买企业的资产，包括厂房土地和设备；
- 选择供货商、销售商和分销商，并和他们签署合同；
- 进行兼并与收购的谈判，并完成整个并购工作；
- 卖出或购进库存股份（公司留存的股份以备做期权或新增投资人）；
- 在一级或二级证券市场上登记发行公司的股票；
- 在一级或二级市场上登记发行公司债券；
- 宣布支付现金或派分红利；
- 确定一个股东或相关团体雇员的工资与奖金；
- 选择合资伙伴，并签署与之建立合资或合伙关系的协议；
- 确定生产的产品或提供的服务，并为之定价；
- 确定产品或服务的地点与市场，确定其进入或退出；
- 确定开发市场的顾客类型；
- 签署有关境内或境外知识产权的许可或分享协议；
- 对于上述个别或所有条款设置障碍。

控制一般分为绝对控制和相对控制。所谓**绝对控制**，在国内根据《公司法》的有关规定是持有公司51%以上的股权；**相对控制**是指虽然没有持有公司50%以上的股权，但是由于公司股权设置比较分散或者公司章程中的特殊规定而具有对公司的实际控制权。缺少控制是指没有企业的经营决策权，当然也就没有控制权。

具有控制权的股东一般认为可以获得许多没有控制权的股东所无法获得的利益，因此，可以获得额外利益。控股权相对于没有控制权存在一个价值差异，这个价值差异就是造成控制溢价或缺少控制折价的原因。

与流动性溢价/缺少流动性折价一样，控股权溢价也是相对于少数股权而言，反之，少数股权折价也是相对控制股权而言的，控股股权的价格与少数股权的价格相比存在一个溢价，反之，少数股权的价格与控股权相比存在一个折价，这种折价/溢价是两种股权控制性差异之间相对的折价/溢价，不是针对一个公平的基准，与该基准相比产生折价/溢价。

《资产评估准则——企业价值》明确“企业股东部分权益价值并不必然等于股东全部权益价值与股权比例的乘积”，即部分权益价值可能存在股权两种属性状态不同导致的溢价或折价，对于一个特定委托方委托评估的企业部分股权，或是处于控制权状态，或是处于被控制状态，当然也有联合控制状态。

1. 控制溢价与缺少控制折价估算方式。对于控制权溢价和缺少控制权折价问题上的研究方式主要是Mergerstat根据市场上少数股权的P/E比率倍数与控制权实际并购案例中的P/E比率倍数的差异来研究控股溢价问题。在Mergerstat研究的基础上，被美国评估界称之为企业价值评估泰斗的Shannon Pratt也加入了上述研究。Shannon Pratt从1998年开始统计发生的各种控制权并购案例，截至2006年共累计收集了4711个案例，并将案例编辑为数据库，开放网上在线查询。目前，美国评估界一般都是利用 Shannon Pratt 数据库中数据估算控制权溢价或缺少控制权折价的。表 5－3 和表 5－4 给出了部分 Shannon Pratt 数据库中的统计数据。

表 5－3　Mergerstat/Shannon Pratt 控制权溢价统计表　单位:%

年份	控制权溢价平均值（不包含负溢价数据）	控制权溢价中位值（不包含负溢价数据）	控制权溢价平均值（包含负溢价数据）	控制权溢价中位值（包含负溢价数据）
1998	35.9	29.3	23.6	22.7
1999	46.5	32.4	40.0	28.7
2000	48.7	37.1	35.3	18.9
2001	52.1	35.9	34.0	25.9
2002	49.1	34.0	33.1	24.6
2003	53.9	37.7	46.2	33.3
2004	36.4	26.2	28.6	22.5
2005	33.1	24.3	23.1	16.7
2006	29.0	20.5	23.5	17.2

资料来源：《Valuing a Business》 By Shannon P. Pratt.

表 5－4　Mergerstat/Shannon Pratt 缺少控制权折价统计表　单位：%

年份	控制权溢价平均值（不包含负溢价数据）	控制权溢价中位值（不包含负溢价数据）	控制权溢价平均值（包含负溢价数据）	控制权溢价中位值（包含负溢价数据）
1998	26.42	22.66	19.09	18.50
1999	31.74	24.47	28.57	22.30
2000	32.75	27.06	26.09	22.42
2001	34.25	26.42	25.37	20.57
2002	32.93	25.37	24.87	19.74
2003	35.02	27.38	32.60	24.98
2004	26.69	20.76	22.24	18.37
2005	24.87	19.55	18.77	14.31
2006	22.48	17.01	19.03	14.68

资料来源：《Valuing a Business》 By Shannon P. Pratt.

2. 控制权溢价与少数股权折价的其他形式的解决方案。近年来，随着企业价值评估理论的发展，人们对控制权与缺少控制权的认识也不断深入，国际上越来越多的评估界人士认为与其通过一种所谓的折价将控制权价值转换为缺少控制权价值，或者通过一个所谓溢价将缺少控制价值转换为控制价值，不如直接估算控制价值或缺少控制权的价值。

一般认为具有控制权股东要比缺少控制权的股东得到额外的利益，如果说在采用收益法评估企业价值时，就合理地将这些利益量化到股东未来收益的预测中，就可以合理地估算出控制权的价值。目前，国际评估界已经形成如下共识：在企业价值收益法评估中，将企业未来的经营现金流全部作为投资者的回报，即：

净现金流（股权现金流）= 销售收入 - 销售成本 - 期间费用 + 折旧/摊销 - 所得税 - 营运资金增加 - 资本性支出 - 负息债权本金减少

或：

净现金流（全投资现金流）= 销售收入 - 销售成本 - 期间费用 + 折旧/摊销 + 利息 - 所得税 - 营运资金增加 - 资本性支出

上述经营现金流中，实际是将所有“进入”企业的现金流扣除用于维持企业持续经营所需要的资金之后，全部作为企业股东的投资回报，能享受到上述回报的股东实际只有控股权股东，也就这种“待遇”只有控股股东有权享有。控股股东由于具有经营控制权，因此，可以自由支配上述收益，非控股股东自然是无法享受上述“待遇”的，非控股股东只能在企业决定分红派息后才能根据全部派息的金额按比例享受所得，这种派息分红所形成的分红现金流实际上就代表非控制权股东所能享受的回报，因此，分红现金流是代表非控制权的股东利益的。企业分红现金流：

分红净现金流（股权现金流）= 以前年度未分配利润 + 本年经营净利润 - 法定公积金 - 企业根据生产需要计提的任意公积金

既然经营现金流是代表控制权利益现金流；分红现金流是代表少数股权利益的现金流，因此，在进行企业价值收益法评估时，可以通过采用不同形式的现金流方式来体现股权控制性的价值或者缺少控制性的价值，没有必要再采用一个所谓的折扣或溢价来进行调整。

另外，可以根据一个企业的经营现金流估算其控制权的价值，同时再根据其分红现金流估算出其缺少控制权益的价值，根据两者的差异估算控制权溢价或者缺少控制折价。

八、收益法的适用性和局限性

收益法是企业价值评估三种基本方法中较为常用的一种方法。该种方法适用的基本前提是被评估企业满足持续经营假设前提，也就是该企业可以按照现状持续经营下去，或者按照既定的状态持续经营下去，在可预见的将来不会因经营业务本身的原因导致停产，这就是我们通常所说的持续经营假设，当假设被评估企业按照现状持续经营，实际就是企业未来经营预测是建立在最佳估计假设前提基础上的；当假设被评估企业按照既定状态持续经营，实际上就是企业未来的经营预测是建立在推测假设基础上的，无论建立在那种假设基础上，企业未来的经营是可以预测的，这实际就是我们通常所说的，企业的未来发展状态的运动规律是满足牛顿运动规律的，要么是保持现状不变，要么是按照未来一个特定的状态保持不变，并且这个状态目前可以预测，只有满足这种发展状态的企业才可以使用收益法评估。对于未来发展状态不可预测的，或者其未来发展是符合布朗运动，或者是随机运动的规律，对于这样的企业由于其未来发展不确定，因此，一般不适合采用收益法评估，这种运动模式的企业需要采用期权定价等方式评估。

因此，收益法评估一般仅适用于满足持续经营假设的企业评估，满足持续经营的企业其未来发展方式确定或者可以准确预测，这种企业的评估适合采用收益法。对于不能满足上述条件的企业或资产，收益法则一般不适用。

第二节 市场法

一、市场法的基本原理

资产评估的市场法，又称“市场比较方法”，是建立在替代原理基础上的资产评估方法。替代原理认为在公开、竞争充分的市场上，相同或相似的资产应该拥有相同或相似的交易价格。

根据上述原理，市场法就是在现实公开交易市场上寻找相同或相似资产作为可比对象，收集分析这些可比对象的交易价格或合理报价，因为可比对象与被评估的标的资产是相同或相似的，因此，我们可以确定这些交易价格或合理报价与标的资产的实际交易价格应该相同或相似，因此，可以通过比较分析这些价格来分析确定被评估资产的价值。

由于企业存在“大小”之分，也就是创造未来收益的能力存在差异，因此，为了增加可比性，市场法通常是通过对比“单位价值”的方式来进行对比分析。事实上市场法都是通过“价值比率（Multiples）”的方式估算被评估资产价值，具体来说，就是通过可比对象的市场交易数据，估算其市场价值与一个财务数据或一个非财务数据之比的价值比率，然后，将这种价值比率应用到被评估资产中，以获得被评估资产的评估价值。

价值比率是可比对象市场价值与一个财务数据或一个非财务数据之比，其中，典型的价值比率包括现金流价值比率：

$$\text{现金流价值比率} = \frac{\text{被评估企业的市场价值 FMV}}{\text{被评估企业年现金流 CF}}$$

通过上式我们可以看出，“价值比率”实际就是“单位价值”的概念，即产生单位收益的价值。

在市场法中，可比对象的价格不一定必须是成交价格，可以放宽为市场上的善意、合理的报价，但要求对比交易价格或报价应该是在活跃市场上成交的价格或报价，即上述交易市场应该是公开的，有众多的市场参与者的市场，不能是内部的仅为具有一定条件的市场参与者才能参与的市场。

市场法根据可比对象选择途径的不同可以进一步分为两类：一类称为“上市公司比较法”（Guideline Public Company Method），另一类称为“交易案例比较法”（Merger & Acquisition Transaction Method）。

二、市场法评估模型和基本步骤

市场法是通过对比对象的“单位价值”的价值比率，分析调整得到标的企业的“单位价值”的价值比率，然后，以此价值比率乘以标的企业的与价值比率匹配的相关参数得到标的企业的评估价值，具体模型如下：

$$\text{Value}_{\text{目标公司}} = \left[\frac{\text{Value}}{\text{Benefit}}\right]_{\text{目标公司}} \cdot \text{Benefit}_{\text{目标公司}}$$

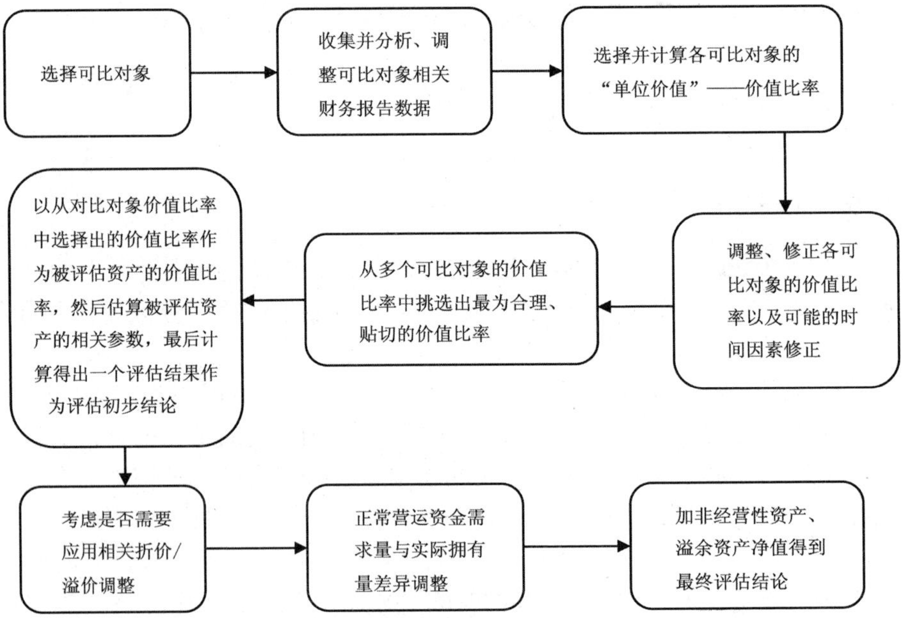

图5-3 市场法评估基本操作步骤

市场法评估的基本操作步骤（见图5-3）包括：

1. 选择可比对象；
2. 收集并分析、调整可比对象相关财务报告数据；
3. 选择并计算各可比对象的“单位价值”——价值比率（Multiples）；
4. 调整、修正各可比对象的价值比率，对于交易案例比较法可能还需要进行价值比率的时间因素修正；
5. 从多个可比对象的价值比率中挑选出最为合理、贴切的价值比率；
6. 以从对比对象价值比率中选择出的价值比率作为被评估资产的价值比率，然后估算被评估资产的相关参数，最后计算得出一个评估结果作为评估初步结论；
7. 考虑是否需要应用相关折价/溢价调整；
8. 正常营运资金需求量与实际拥有量差异调整；

9. 加非经营性资产、溢余资产和非经营性负债等经过评估得到的净值，最终得到评估结论。

三、市场法有效性因素分析

市场法评估，无论是采用上市公司比较法，还是交易案例比较法，其实质都是先要在公开市场上选择与被评估企业相同或相似的上市公司或企业成交案例作为“可比对象”。上市公司比较法是在特定的证券交易市场上选择上市公司作为“可比对象”；交易案例比较法则是选择非上市公司的股权或企业整体并购市场上的案例作为“可比对象”，两种方法都需要选择可比对象，这是共同的，所不同的是选择可比对象的来源和途径有所不同。

市场法评估的关键及难点主要包括以下几点：

（一）可比对象相关数据信息来源及可靠性

市场法评估主要依赖可比对象的价值数据与财务等相关数据分析确定被评估企业的价值，因此，可比对象相关数据的可获得性就决定了市场法的有效性，可比对象相关数据的来源及可靠性就决定了市场法评估结论的可靠性。因此，可比对象的数据首先要具有可获得性，如果没有可获得性，则市场法无法适用。其次，还必须要保证数据的获取渠道合法、有效，信息数据全面可靠并且满足一定的数量要求。

（二）可比对象的可比标准的确定

选择可比对象是采用市场法评估的基础。同时，可比对象选择的质量或者可比对象与被评估的目标企业之间的可比性是市场法评估结论可靠性的重要保证，因此，可比对象的选择无疑是市场法应用的关键。

可比对象的选择关键就是要确定可比对象的选择标准，这里的标准实际就是可比对象与被评估资产的“可比”性标准。市场法评估要求可比对象要与被评估企业相同或相似，相同或相似其含义应该至少包括以下内容：

1. 企业生产的产品或提供的服务相同或相似，或者企业的产品或服务都受相同经济因素的影响。

2. 企业的规模或能力相当。由于我们可以采用“单位价值”的概念进行对比分析，因此，我们可以不要求资产的规模或能力完全一致。但由于资产的规模或能力相距太大，也会造成一定程度上的不可比，因此，可比一般也要求资产的规模或能力尽量相当。

3. 未来成长性相同或相似，即可比对象与被评估资产的未来成长性越相同或相似，则可比性越高。

（三）可比对象的选择数量与评估结论相关性分析

市场法评估主要包括两类，即上市公司比较法和交易案例比较法。上市公司比较法主要采用选择上市公司作为可比对象，由于上市公司各方面数据，特别相关财务数据比较容易获得，便于进行相关财务分析和修正。因此，对于选择的可比对象数量不需要太多，但需要选择最可比的可比对象，选择可比的标准制订的越严格，则可能选择出的可比对象数量就越少，反之，标准制订相对宽松，则可以选择出更多的可比对象。可比对象的数量与可比性是对立统一的，数量多，则可比性相对较低，数量少，则可比性就会增加。但另一方面，考虑到股票市场会受到无效性因素的干扰影响，个别股票价格可能会有一些非正常的异动，因此，为了稀释个别股票价格的异动，还是需要一定数量的可比对象。因此，现实中需要评估人员根据被评估企业实际情况和可比对象股票波动情况妥善处理好数量与质量之间的矛盾。

与采用上市公司比较法不同，交易案例比较法中选择可比对象时，应该更侧重数量。由于对比交易案例都是非上市公司的交易案例，其信息通常不是公开的，鉴于目前国内的相关实际情况，评估人员可以了解到的关于可比对象的信息十分有限。通常我们可能无法了解可比对象的完整财务数据，不能有效地避免非上市公司的并购交易可能存在一些特殊交易因素情况，如内部关联交易或者有其他特殊交易安排，因此，需要选择足够多的交易案例来稀释这些干扰因素所可能产生的影响，否则，可能会使评估结果失真。

（四）价值比率的选择与适用性分析

价值比率是市场法对比分析的基础，对评估结论的可靠性有重大影响，价值比率存在适用性的问题，需要评估人员根据不同的评估对象做出恰当的选择。

在选择价值比率时一般需要考虑以下原则：

1. 对于亏损性企业可能选择资产基础价值比率比选择收益基础价值比率效果好。

2. 对于可比对象与目标企业资本结构存在重大差异的，一般应该选择全投资口径的价值比率。

3. 对于一些高科技行业或有形资产较少但无形资产较多的企业，收益基础价值比率可能比资产基础价值比率效果好。

4. 如果企业的各类成本比较稳定，销售利润水平也比较稳定，则可能选择销售收入价值比率比较好。

5. 如果可比对象与目标企业税收政策存在较大差异，则可能选择税后收益的价值比率要比选择税前收益的价值比率要好。

由于各类价值比率都有自身的长处，同时也会存在一些不足，因此，通常应该需要选用多类、多个价值比率分别进行计算，然后综合对比分析判断才可以更好地选择出最适用的价值比率，避免选择单一价值比率的情况。

另外，在选择价值比率时，还需要注意价值比率的分子、分母的“口径”问题，价值比率的分子、分母口径必须保持一致。

四、价值比率的概念与种类

（一）价值比率的概念

价值比率是指资产价值与其经营收益能力指标、资产价值或其他特定非财务指标之间的一个比率倍数。价值比率是市场法对比分析的基础，由于价值比率实际是资产价值与一个与资产价值密切相关的指标之间的比率倍数，即：

$$价值比率 = \frac{资产价值}{与资产价值密切相关的指标}$$

因此，价值比率因资产价值类型的不同而存在不同价值类型的价值比率，其中市场价值类型比率最为常用。

（二）价值比率的种类

上述价值比率的定义式中的分子——资产价值，可以是股权价值或全投资价值，因此，我们可以看出价值比率存在“口径”问题，即股权投资口径或全投资口径的价值比率。

另外，价值比率中的分母——与资产价值密切相关的指标，可以是收益类的指标、资产类指标或其他特别非财务类型的指标，针对不同类型的指标可以衍生出不同类型的价值比率，如收益类指标衍生出收益基础价值比率；资产类指标衍生出资产基础价值比率等。

1. 赢利类价值比率。赢利类价值比率是在资产价值与赢利类指标之间建立的价值比率。这类价值比率可以进一步分为全投资价值比率和股权投资价值比率：

（1）全投资价值比率：

销售收入价值比率 =（股权价值 + 债权价值）/销售收入

EBIT 价值比率 =（股权价值 + 债权价值）/EBIT

EBITDA 价值比率 =（股权价值 + 债权价值）/EBITDA

无负债现金流比率 =（股权价值 + 债权价值）/无负债现金流

（2）股权投资价值比率：

P/E 价值比率 = 股权价值/税前收益

股权现金流价值比率 = 股权价值/股权现金流

2. 资产类价值比率。

（1）全投资口径价值比率

总资产价值比率 =（股权价值 + 债权价值）/总资产价值

固定资产价值比率 =（股权价值 + 债权价值）/固定资产价值

（2）股权投资口径价值比率：

P/B 价值比率 = 股权价值/净资产价值

3. 其他特殊类价值比率。

（1）仓储量价值比率（仓库）：

仓储量价值比率 =（股权价值 + 债权价值）/仓库储量

（2）装卸量/吞吐量价值比率（码头、车站）：

装卸量/吞吐量价值比率 =（股权价值 + 债权价值）/装卸量或吞吐量

（3）专业人员数量价值比率（智力密集型企业，如会计事务所、软件公司等）：

专业人员数量价值比率 =（股权价值 + 债权价值）/专业人员数量

（4）矿山可开采储量价值比率（矿山）：

矿山可开采储量价值比率 =（股权价值 + 债权价值）/矿山可开采储量

在上述三类价值比率中，赢利累和资产类的价值比率更为常用，其他特殊类价值比率则更多地适用一些特殊的企业价值评估。

五、上市公司比较法

上市公司比较法是市场法评估的一种具体操作方法，该方法的核心就是选择上市公司作为标的公司的“可比对象”，通过将标的企业与可比上市公司对比分析，确定被评估企业的价值。

采用上市公司比较法评估的主要关注点包括：

（一）上市公司比较法可比对象的选择标准

1. 有一定时间的上市交易历史。考虑到进行上市公司比较法评估操作时，需要进行一定的统计处理，需要一定的股票交易历史数据，因此，一般需要对比对象要有一定时期的上市历史；另一方面，可比对象经营情况要相对稳定，有一定时间的交易历史将能有效保证可比对象的经营稳定性。建议可比对象的上市交易历史至少在 24 个月（2 年）左右为好。

2. 经营业务相同或相似并且从事该业务的时间不少于 24 个月。经营业务相同或相似主要是为了满足可比对象与被评估企业从事相同或相似业务。要求可比对象从事该经营业务的时间不少于 24 个月，主要是避免可比对象由于进行资产重组等原因而刚开始从事该业务的情况。增加上述要求就是为了增加可比对象的可比性。

3. 企业生产规模相当。企业生产规模相当实际就是要求资产规模和能力相当，这样可以增加可比性。由于可以采取规模修正方式修正规模差异，因此，此处的要求在必要时可以适当放宽。

4. 企业的经营业绩相似。所谓经营业绩相似就是可比对象与被评估资产经营业绩状态应该相似。要求可比对象与被评估企业在经营业绩方面相似，主要是考虑对于投资者而言，赢利企业的投资风险与亏损企业的投资风险是有较大差异的，因此，在选择可比对象时，最好减少这方面差异所产生的影响。

5. 预期增长率相当。预期增长率相当实际就是要求企业的未来成长性相当，增加可比性。由于可以采取预期增长率修正方式修正增长率的差异，因此，此处的要求在必要时可以适当放宽。

6. 其他方面的补充标准。其他方面的补充标准主要是指在可能的情况下，为了增加可比对象与被评估资产的可比性，进一步要求可比对象在经营地域、产品结构等方面可比。在上述方面再进一步设定可比条件可以保证可比对象的可比性更高。

（二）可比对象的财务数据分析调整

为了能顺利地进行对比分析，需要先为对比分析奠定一个基础，这个基础就是将可比对象和被评估企业的相关财务数据整合到一个相互可比的基础上。由于可比对象与被评估企业可能在采用的相关会计准则或会计政策等方面存在重大差异，针对这些差异所可能产生的财务数据上的差异需要进行调整、修正。

1. 财务数据可比性调整。根据目前国内相关企业执行的会计准则，财务数据调整的内容主要为可比对象与被评估企业财务报告中由于执行的会计政策的不同所可能产生的差异，这些会计政策包括：（1）折旧/摊销政策；（2）存货记账政策；（3）计提坏账准备政策；（4）收入实现标准等。

另外，调整还可能涉及可能的股份支付、期权激励等成本、费用以及其他特殊事项调整等。

2. 特殊事项的调整。所谓特殊事项包括非重复性收入、成本费用和非经营性（非核心、溢余）资产、负债辨识与调整等。

（三）可比对象价值比率的计算

有两种价值比率：其中一类是“时点型”价值比率，另一类是“区间型”价值比率。时点型价值比率是根据可比对象时点股票交易价值计算的价值比率，该类型价值比率可以较充分地反映股票时点的现实价值，但是这种类型的价值比率容易受到市场非正常因素的干扰，使其丧失有效性。区间型价值比率是基于一定时间区段内股票交易均价计算的价值比率，市场的非正常扰动可以利用时间区段的均价有效地稀释，时间区段内的交易均价可以更加接近股票的内在价值。但这种价值比率可能会部分地失去股票价值的时点性。由于市场的弱有效性，使得上述两类价值比率各有优势，也有缺陷，评估实务中需要处理好上述矛盾。

价值比率的计算一般认为可以选择评估基准日前 12 个月数据或年化数据，具体计算时也存在两种选择：

（1）时点型价值比率。即选择评估基准日交易价格为基础计算价值比率的分子，以评估基准日前 12 个月的相关财务数据或年化的财务数据为基础计算分母估算价值比率；

（2）区间型价值比率。即以评估基准日前若干日的交易均价为基础计算价值比率的分子，以评估基准日前 12 个月的相关财务数据或年化财务数据为基础计算分母估算价值比率。

区间型价值比率计算的股票价值选择基准日前若干个交易日均价为基础计算分子，这里的日期最长不应超过 90 天。考虑上市公司财务报告是按季度披露的，当超过 90 天时可能会因为上市公司新财务数据的披露对股票价格造成系统性影响。我们建议选择的日期是 30 ~ 60 日。

选择评估基准日时点型价值比率或区间型价值比率，在现实中需要根据以下因素综合分析确定：

（1）可比对象股票价格时效性因素；

（2）可比对象股票价格由于非正常因素扰动所可能产生的影响。

上述两个因素实际是相互对立的，资产评估通常都是希望评估的价值是基准日时点的价值，因此，希望采用与基准日相应的价值比率为好。但是另一个方面，我们不能排除可比对象股票在特定时点是存在非正常因素的干扰，使得价格偏离内在价值，采用 3 ~ 5 年均值则可以降低这种影响，时间长度越长，越可以有效地降低这种影响，但区间过长，则可能对评估结果时点性产生一定影响。

（四）价值比率的修正

利用对比公司相关数据，可以计算得到各对比公司的价值比率，但是由于对比公司与标的企业毕竟不完全一样，因此，一般来说，不能直接采用对比公司的价值比率，需要根据对比公司与标的企业的相关差异，对对比公司的价值比率进行修正。

市场法评估中比较常用的是赢利类价值比率。从赢利类价值比率的定义上看，赢利类价值比率可以用下式表述：

$$\text{赢利类价值比率}=\frac{\text{资产的价值}}{\text{赢利类指标}}$$

另一方面，在采用收益法评估企业价值时，存在一个收益资本化模型，该模型可以用下式表述：

$$\text{市场价值 FMV}=\frac{FCF_1}{r-g}$$

该模型实际是永续增长、单期间资本化估算企业价值的模型，将上述模型进行变换，可以得到：

$$\frac{\text{市场价值 FMV}}{FCF_1}=\frac{1}{r-g}$$

上式中，$\frac{\text{市场价值 FMV}}{FCF_1}$的含义为企业市场价值除以一个赢利性指标，这实际上就是市场法评估中需要估算的最为重要的参数——赢利性价值比率。

因此，可以得到：

$$\text{赢利类价值比率}=\frac{1}{r-g}$$

式中，r 为折现率；g 为预期增长率。

通过上述分析，可以得出结论，上市公司比较法中的赢利基础价值比率与企业的经营风险（以折现率 r 表达）、预期永续增长率 g 有关。

由于被评估企业与可比对象之间存在风险的差异，这个差异反映在被评估企业和可比对象上就是折现率 r 上的差异，因此，可以采用可比对象和被评估企业的相关数据估算相关折现率来进行必要的修正。

另外，被评估企业与可比对象可能处于企业发展的不同期间，对于进入相对稳定期的企业未来发展相对比较平缓，对于处于发展初期的企业可能会有一段发展相对较高的时期。被评估企业与可比对象处于不同发展时期所产生的预期增长差异可以用未来预期永续增长率 g 来表述，因此，可以采用可比对象和被评估企业的数据计算预期永续增长率 g，并以此为基础进行预期增长率修正。

1. 价值比率风险因素修正。根据单期间资本化模型，可以得到赢利性价值比率：

$$\frac{FMV}{FCF_1}=\frac{1}{r-g}$$

即： $$\text{价值比率 M}=\frac{1}{r-g}$$

式中，r为全投资折现率；g为预期增长率。

对于被评估企业有赢利性价值比率M_S：

$$\frac{1}{M_S}=\frac{FCF_S}{FMV_S}=r_S-g_S=r_G-r_G+r_S-g_G+g_G-g_S$$
$$=r_G-g_G+(r_S-r_G)+(g_G-g_S)$$
$$=\frac{1}{M_G}+(r_S-r_G)+(g_G-g_S)$$

$$M_S=\frac{1}{\frac{1}{M_G}+(r_S-r_G)+(g_G-g_S)}$$

式中，(r_S-r_G)即为可比对象与被评估企业由于风险因素不同所引起的折现率不同所应该进行的风险因素修正系数；(g_G-g_S)即为可比对象与被评估企业由于预期增长率差异所需要进行的预期增长率差异修正系数。

2. 价值比率预期增长率修正。在选择对比公司时，会选择可比对象的预期增长尽量与被评估企业一致，但实际中往往由于许多因素而不能使上述目的有效达到，因此，现实中经常需要进行预期长期增长率差异修正。

通常无法有效的估计企业的永续增长率，但可以采用一定时间年限的平均增长率来替代永续增长率，具体的操作可以采用基准日后5~10年的几何平均值增长率来近似永续增长率。

在估算可比对象和被评估企业未来持续增长率时，需要关注以下几个问题：

（1）预期增长率估算中简单再生产与扩大再生产因素的考虑。在对企业进行评估时，一般都是以被评估企业现实生产能力为基础，按其生产能力简单再生产为前提，因此，在考虑未来预期增长率时，应该考虑上述前提。

（2）预期增长率中物价因素的考虑。在考虑预期增长率时，应该考虑物价因素，也就是说在估算未来预期增长率时，应该是一个复合的增长率，也就是包含未来预期通胀率的增长率。

（五）从多个可比对象价值比率中确定被评估企业价值比率的分析方法

选定并计算各个可比对象的各类价值比率后，需要分析每个可比对象的各类价值比率，并采用恰当的方式在若干可比对象的价值比率中分析确定被评估企业应该拥有的价值比率。在评估实务中，经常采用的分析方法有以下几种：

1. 平均值法。即取各个可比对象的价值比率的平均值或加权平均值作为被评估企业的价值比率。

2. 中间值和众数法。即以可比对象的价值比率最大值和最小值的平均值作为被评估企业的价值比率；或以可比对象价值比率中出现次数最多价值比率作为被评估企业的价值比率。

3. 回归分析法。回归分析法是选取某一个或多个影响价值比率的指标，采用回归分析的方法建立一个回归公式。利用回归公式估算被评估公司的价值比率。

4. 其他合理的方法。其他合理的方法是指其他可以采用的合理方式由于各类价值比率都有自己的优势和缺陷，因此，通常需要计算多类、多个价值比率，然后再从每个可比对象的相同价值比率中选择出一个被评估企业的价值比率。之后，还需要在被评估企业的各类价值比率中分析确定出一个最合理的价值比率。这需要评估人员对可比对象以及被评估企业有一个全面的了解，而且还需要评估人员具有比较丰富的评估实际经验。评估人员需要根据价值比率的适用性综合分析，确定一个最终的价值比率。

六、并购案例比较法

并购案例比较法是市场法评估的另一种具体操作方法，该方法的核心就是选择并购案例作为标的公司的"可比对象"，通过将标的企业与并购案例进行对比分析，确定被评估企业的价值。

采用并购案例法评估的主要关注点包括：

（一）并购案例比较法的可比对象选择

并购案例比较法的可比对象是在公开交易市场上选择的类似企业的并购、交易案例。在选择为可比对象时需要综合考虑以下标准：

1. 经营业务相同或相似。要求可比对象的经营业务与被评估企业相同或相似是要求资产功效相同或相似，这是选择可比对象所必须的。

2. 成交日期与基准日相近。对于非上市公司的并购交易日期可能不是被评估企业的评估基准日，因此，会存在由于上述两个日期差异产生的交易价格差异。为了便于对比，在选择交易案例比较法的可比对象时，应该尽量选择成交日与评估基准日相近。

3. 交易案例的控制权状态与被评估资产的控制权状态相同。在选择对比交易并购法的可比对象时，应该考虑到对比交易案例的控股权或少数股权的状态，也就是说选择的可比对象交易案例的控股权或少数股权的状态，应该与被评估目标资产的控股权或少数股权的状态相同。

（二）并购案例比较法价值比率修正

并购案例比较法价值比率主要受以下因素的影响：

1. 交易条款。与上市公司比较法不同，对比交易案例法中的成交价格往往与交易条款有关，所谓交易条款是指交易附带的条件，这些条款对交易价格可能产生影响。

2. 交易方式。企业之间的合并收购方式通常包括协议方式和公开交易方式，两种方式在成交价格上会产生一些差异。一般认为，公开交易方式更可能产生公平交易价格，但也会存在公开交易的成交价格可能不是市场价格，而是对于特定投资者的投资价值。对于非公开的协议交易方式，则可能存在某些其他因素影响交易价格的公允性。

3. 交易时间。在采用上市公司比较法时，由于可比对象的交易价格是每日发生的，因此，可以通过选择交易日使得可比对象的交易价格与评估基准日完全相同或非常接近。但对比交易案例法中可比对象的交易日期一般与基准日都存在一定时间差异的，在选择可比对象时虽然尽量选择与评估基准日较近成交的案例，但也不能保证可比对象交易日与基准日能够充分接近，这样就会有一个时间间隔。

从理论上说，上述三个因素对对比交易案例法可比对象的交易价格都存在影响，因此，对价值比率也会产生影响，应该进行必要的修正。对于有资料表明存在交易附加条款的或者有交易不公允的案例，可以将其删除。另外一种修正方式就是选择尽可能多的可比对象，充分稀释个别可比对象中由于交易条款和交易方式所产生的影响。

对于上述交易时间因素，可以采用恰当的方式进行修正，其中较为常用的修正方式就是参考产权交易市场上的相关指数确定修正系数。但由于目前国内产权交易市场上的相关指数尚不容易获得，因此，限制了时间因素修正的实施。

七、市场法的适用性与局限性

市场法是基于市场有效性理论基础的一种评估方法，因此，市场法的应用首先要具备一个有效的市场。市场法评估主要是依赖可比对象的价值数据与财务等分析确定被评估企业的价值，因此，可比对象相关数据的可获得性就决定了市场法的适用性，可比对象相关数据的来源及可靠性就决定了市场法评估结论的可靠性。因此，可比对象的数据首先要具有可获得性，如果没有可获得性，则市场法无法适用。

第三节 资产基础法

一、资产基础法的基本原理

资产基础法在有些国外的文献资料中也被称为“成本途径法”或“资产负债表调整法”。根据会计原理和会计准则，企业的资产负债表记录了企业的资产和负债，将企业资产扣除负债后的净资产，就是企业所有者的权益。因此，当评估师将企业的全部资产的价值逐一评估出来，然后再扣除企业全部负债的价值就可以得到一个净资产的价值，这个净资产的价值实际就是企业所有者所能享受的权益价值。但是由于企业资产负债表中的账面价值多是企业拥有的资产和负债的历史成本，而非现实的市场价值，也就是说企业的历史成本或许不能恰当地反映其现实的市场价值，因此，需要将企业资产和负债的历史成本调整为现实价值，这就是资产基础法评估的基本原理。

资产基础法实质上是一种以估算获得标的资产的现实成本途径来进行估价的。从经济学的角度来看，资产评估的成本途径是建立在古典经济学派的价值理论之上的。亚当·斯密在《国富论》（1776 年）中认为价值是一种客观现象，一件物品的自然价格反映了该物品所耗费的成本。古典经济学派将价值归因于生产成本。资产评估成本途径就是建立在这一价值理论基础上的。

二、资产基础法的基本程序

运用成本途径进行资产评估的基本思路是：将企业各项可以确认的资产、负债的现实价值逐项评估出来，资产、负债的评估是以被评估资产的现实构建或购买成本为依据，再扣除被评估资产从全新状态到现有状态所产生的有形损耗和无形损耗等因素所造成的贬值，最后得出被评估资产的价值：

成本途径的评估值 = 重置成本 - 实体性贬值 - 功能性贬值 - 经济性贬值

一般来说，运用成本法时涉及四个基本要素：资产的重置成本、资产的实体性贬值、资产的功能性贬值和资产的经济性贬值。

- **资产的重置成本**又可以分为复原重置成本和更新重置成本两种。前者是指采用与原资产完全相同的材料、设计标准、建造结构和技术条件等，以现时的价格再构建相同的全新资产所需的成本。后者是指采用新型材料、新技术标准，以现时价格构建的具有相同功能的全新资产所需要的成本。
- **资产的实体性贬值**也称为"有形损耗"，是指资产由于在使用过程中，人为或自然力致使资产物理性能损耗或下降，从而导致的价值损失。
- **资产的功能性贬值**是指由于技术进步引起的资产功能相对落后而造成的资产价值损失。它包括在资产购建过程中新技术、新材料和新工艺的应用，而使资产的原有建造成本超过现行的建造成本，或由于现在资产功能增强使原有的运营成本超过现行的运营成本。
- **资产的经济性贬值**是指由于外部条件的变化，所引起的资产闲置或收益下降等而造成的资产价值损失。

三、单项资产评估的前提假设及选择

资产基础法实质是将企业拥有的各项资产的现实价值或成本逐一评估出来，然后扣除负债得到净资产的价值的方式评估企业股权价值，在评估各单项资产时，由于企业的资产已经作为企业生产经营环节中的一项组成部分，因此，已经作为企业生产经营一项组成部分的价值与一项游离的资产价值还是不完全一样的。主要的差异表现在，作为企业生产经营要素的单项资产它已经完成了从资产生产厂家到使用地点的运输，同时也完成了正常的安装调试工作，因此，作为企业生产经营要素的单项资产的重置成本与一项游离的资产相比其成本的组成要素是不一样的，作为企业生产要素的资产的重置成本组成包括：

重置成本 = 资产的购置成本 + 资产运输成本 + 资产的安装调试成本

因此，为了采用一种专业的方式表述在各种不同状态下企业各单项资产重置成本估算需要考虑的要素，在进行单项资产评估时，通常需要确定单项资产评估的状态假设前提，或者称之为资产评估的价值前提。

目前比较常见的假设前提包括：最佳使用前提（Highest & Best Use）、现状（持续）使用前提（Existing Use）、原地续用前提（Value in Place）、异地使用前提（Value in Removal）、有序变现前提（Orderly Liquidation）和强制变现前提（Forced Liquidation）等。

（一）最佳使用前提

最佳使用是指市场参与者实现一项资产的价值最大化时该资产的用途。具体是指如果一项资产存在多种用途，其中必定存在一种用途能使该资产的价值最大化。最佳使用就特

指该资产能使其价值最大化的用途。

在使用最佳使用前提时，需要考虑资产在确定其最佳用途的限定因素，这些限定因素包括法律上允许、技术上可能、经济上可行。

- “法律上允许”是指资产的该种用途不违反法律、法规的规定，不侵害社会公众利益。
- “技术上可能”是指资产的这种使用在目前社会技术状态下是可能的，不存在暂时无法克服的技术障碍。
- “经济上可行”是指对于资产的这种用途，经济上的投入是合理的、可以承受的。

（二）现状（持续）使用前提

现状使用是指资产按照其目前的使用目的、使用状态持续下去，在可预见的未来不会改变。

在评估实务中，现状使用通常是指标的资产按照评估基准日，该资产在企业中的使用目的、状态持续下去，这种前提是评估实务中最为常见的前提之一。

（三）原地续用前提

原地续用是指资产还会在原地继续使用，但是使用的目的、状态等可能发生变化。这种前提经常发生在一个企业要收购另一个企业的部分资产，收购后可能还会继续使用该资产，但是使用目的、状态和方式等会有所变化；

（四）异地使用前提

所谓异地使用是指标的资产可能还会被使用，不会被报废，但是需要将其从原安装的地点转移到一个新的地点使用。

（五）有序变现前提

有序变现是指相关企业不再使用标的资产，需要将该资产转让给其他方，并且这种转让是在资产所有者控制下，在公开市场上有序进行的。

（六）强制变现前提

与有序变现相比，强制变现的不同点在于这一资产的变现过程中资产所有者无法实际控制，通常是由法院或者债权人等实际控制，这个变现过程通常有时间限制，因此，有时也称之为快速变现。

在用资产基础法评估各单项资产时，通常需要根据评估目的以及相关法律、法规的规定，如在进行财务报告目的的评估时，需要考虑相关会计准则的规定，恰当地选择资产评估的假设前提，以合理抽象地反映出所评估的资产价值与相关经济行为一致。

四、资产清查和估算的具体方法

企业的资产通常包括流动资产、固定资产和无形资产等，在具体评估的操作过程中，所采用的具体方式和方法也会有所不同。成本途径法在实际应用中可以分为原始成本法和重置成本法。

（一）原始成本法

原始成本法就是采用资产的历史成本，即某项资产在构建时所付出的全部费用支出，包括购买或建造价格、运输安装调试等所有费用。历史成本是会计核算的重要依据，原始资料完备、清晰，具有客观性和查证性。因此，在目前企业的经营管理和财务分析中普遍采用历史成本的资料。但是以资产的历史成本作为价值评估的计价依据这种简易的方法一般只是针对特定资产或者在少数特殊情况下才是可行的，例如，对企业的流动资产的评估或者对企业正常情况下近期刚购置的资产的评估等。

（二）重置成本法

重置成本法是指按照被评估资产的现时完全重置成本减去应扣损耗或贬值来确定被评估资产价值的一种方法，该种方法的计算公式为：

成本途径评估值 = 重置成本 - 实体性贬值 - 功能性贬值 - 经济性贬值

或 = 重置成本 × 成新率

评估师运用重置成本法时，在绝大部分情况下，应选择采用更新重置成本。只是在无法获得更新成本或特殊的项目时才采用复原成本。资产的重置成本可以通过各种方法取得。在评估实务中较为广泛运用的有：重置核算法、价格指数法以及功能价值类比法等。

估算资产的实体性贬值或成新率时，可以有：观察法、使用年限法、修复费用法等。由于资产的功能性贬值主要是因为技术进步引起的资产功能相对落后而造成的资产价值损失。因此，要根据被评估资产目前的效用、能力、消耗等方面与新资产的差异所造成的成本增加或效益降低，来确定被评估资产的贬值额。经济性贬值主要是外部经济环境的变化所引起的资产价值损失。估算其贬值额应该以重置成本为基数，以生产能力或收益损失来计算贬值率。

根据资产基础法的原理，该方法的基本操作程序应该包括以下六个步骤：

第一，要获得以成本为基础的资产负债表。评估人员的评估首先从企业的历史成本资产负债表开始。此资产负债表若是在评估基准日编制的最为理想。如果不能获得评估基准日期的资产负债表时，也可以采取委托方的会计师编制评估基准日的历史成本资产负债表，或自己根据资料编制评估基准日的资产负债表，或依赖距评估基准日之前最近的财务核算期限已结束的资产负债表进行评估调整等等。

第二，确定以成本为基础的资产负债表上需要重新估价的资产与负债。评估人员将慎重地分析和了解所评估企业每一项实质性的在账资产和负债。评估人员的目的是根据所选择的适用于所评估企业价值标准，决定需要评估的资产与负债。例如，我们可以设定市场价值为企业评估时适当的价值类型，这样评估人员将在此程序中按照评估市场价值的要求，分析企业每一项实质性的在账资产项目和负债项目是否需要进行评估。

第三，确定以成本为基础资产负债表之外的需要确认的资产。评估分析人员将确定在评估结果的资产负债表中需要确认的目前没有入账的（有时称为资产负债表之外的）资产。例如，无形资产经常没有记入编制的资产负债表中，而这些资产往往经常是小型高新技术企业、许多传媒文化产业以及第三产业服务机构中经济价值最大的组成部分。评估人员应寻找这些没有在账上体现的有形资产和无形资产。

第四，确定资产负债表之外需要确认的或有负债。评估人员将需要确定在评估结果的资产负债表中需要确认的、但目前没有入账的实质性的或有负债。如果或有负债中存在潜在的未解决的环境污染问题，则可能需要聘请专家作出判断。在一般公允会计准则的规定中，或有负债是不记入以历史成本为基础编制的资产负债表中的。但在审计和财务报表的审核中，重要的或有负债需要在其附注中予以披露。或有负债的确定和评估在资产基础法中，相对来说是不经常应用的程序。对于那些存在未予判决的经济起诉、所得税或资产税方面的争议或环境治理要求等情形的企业，或有负债对企业的经营风险是有着重要影响的（通常可以量化）。因此，或有负债对此企业的评估价值也将有着重要的影响。

第五，对以上确定资产和负债项目进行评估。在账面的资产与负债分析之后和账外的资产与负债确定之后，评估人员将开始企业每一项资产评估的定量分析程序，如有必要，还将进行企业每一项负债的定量分析程序。在典型的企业价值评估项目中，评估人员进行的是各类资产的评估分析。资产基础法使用中，资产的标准分类在前文已经阐述。这些资产类型包括财务资产、有形动产、不动产、无形不动产和无形动产。对于某些类型的资产评估，可能需要使用专门的评估人员。

第六，编制评估后的资产负债表。在得出企业的所有有形资产和无形资产的价值，以及企业所有的账面和或有负债之后，评估分析人员将可以编制一份经过评估的、日期为评估基准日的资产负债表。在这份以评估结果为基础的（不同于以历史成本为基础的）资产负债表中，评估分析人员直接以算术程序，从企业（有形和无形的）资产价值减去企业（账面和或有的）负债的价值，得出以企业权益价值衡量的100％的所有者权益。

五、资产基础法的适用性和局限性

资产基础法的理论基础是成本价值论，但是对于投资者而言，更关注的是投资的未来收益，未来收益与成本实际并没有必然联系，这是资产基础法评估最大的理论缺陷，因此，在很多实务中采用资产基础法评估的结论与资产实际成交的情况之间存在很大的差异。还可能会出现的一种情况是，某种财产购置或构建的成本很高，但是该财产预计未来不能产生收益，按照会计学上的定义，甚至不能称其为资产，因此，在采用资产基础法评估时，实际应该先确认纳入评估范围内的资产全部应该是对于企业经营业务具有重要作用的资产，也就是预计能为企业产生收益的资产。

此外，在评估实务中也存在这样一种情况，企业拥有的一项要素预计可以为企业产生预期收益，对企业价值具有重大影响。但是由于存在法律、法规方面的限制，这些价值要素不能单独转让，或者对其取得的成本无法准确计量，例如，在目前中国较为普遍的从事特定行业的准入资质、行政许可等，对于具有重大的这样“资产”的企业，采用资产基础法评估就受到限制，或者说资产基础法不适用评估这样的企业。

另外，在企业并购过程中，也常出现追求资产协同效应或资产规模效应的并购，或者是进行资产投资价值的评估。对于投资价值的评估资产基础法往往也略显乏力，不能像收益法等基于预期收益定价的方式那样游刃有余。

第四节 不同企业价值评估方法的对比与选择

企业价值评估的三种基本方法各具有优势，同时也存在着局限，没有一种方法可以适用任何企业的评估，但对于具有一些特点的企业，可能某些方法更具有恰当性，其他一些方法具有局限性。

一、适用市场法评估的企业特点

在考虑市场法适用性时，与其说哪类标的企业适合市场法评估，不如说是否能找到可比对象更为贴切。换句话说，与其说哪类企业适合采用市场法评估，不如说我们能否找到与这类企业可比的可比对象。从理论上说只要可以找到可比的可比对象，任何类型的企业都是可以采用市场法评估的。

市场法本身具有较为广泛的适用性，关键是可比对象的选择与可比性。在现实中限制市场法运用的主要因素是可比对象的可获得性以及可比对象的可比性、相关财务数据的可获得性和可靠性。

二、适用收益法评估企业的特点

适用收益法评估的企业必须要满足以下基本前提：

（一）企业满足持续经营假设

满足持续经营假设是收益法适用的基础，不能持续经营的企业无法合理预期其未来收益，例如，对于长期亏损的企业，目前也没有迹象表明可以扭亏为盈，企业就不能满足持续经营，由于企业经营一年，就会亏损一年，理性的投资者也不会持续按现状持续将企业经营下去，因此，对于不能满足持续经营的企业不适合采用收益法评估。

需要说明的是，不能满足持续经营，与不再持续经营是有区别的，不能满足持续经营是企业自身原因造成的无法持续经营，不再持续经营的可能是由于外部环境造成的企业不再经营下去，如经营期满、协议清算等原因造成企业在未来可预见的期限内终止等，对于这类企业收益法可能也适用。

（二）企业未来经营过程中的风险可以合理量化

采用收益法评估实际还有一个非常重要的前提，这个前提就是企业未来经营的风险可以合理量化。这个前提在评估实务中经常容易被忽略，实际上这一前提是非常重要的。由于收益法的实质就是将未来有风险的收益合理地将其等同于目前没有风险的价值，这个过程就是我们通常所说的“折现”过程。折现实质就是将未来风险合理量化的过程，所谓对企业未来经营风险合理量化实际就是对体现企业未来经营风险进行量化的折现率可以合理估计。如果企业未来经营风险无法合理量化，采用折现率已经无法合理计量这些风险，此时，收益法也就无法适用。

（三）收益法中全投资现金流和股权现金流适用分析

收益法的具体操作模型包括全投资现金流模型和股权现金流模型两种估算模型，全投资现金流和股权投资现金流也有各自比较适用的情况。

1. 全投资现金流模型。全投资现金流是对企业全部投资（股权 + 债权）形成的现金流进行折现，得到企业全部投资的价值，因此，采用全投资现金流模型实际评估的是标的企业截止评估基准日的全部投资（股权 + 债权）。这就要求标的企业未来的收益必须是截止评估基准日的股权和债权投资所形成的未来收益，不能包括标的企业未来新增加的投资（无论是股权投资还是债权投资）所形成的收益，因此，要求标的企业的经营要在现有的股权和债权之和不变的基础上进行，由于股权和债权之和等于企业的总资产，因此，也就是要求企业的总资产应该在未来的预测期内保持不变或者可以合理地假设不变。

上述要求对于一般的制造业、服务业企业等都是可以满足的。企业一旦建设完成并投入生产后，我们可以假设其股权不再改变，同时债权也不需要再增加，也就是股权 + 债权不再增加，也就是企业总资产可以保持不变，因此，对于这类企业全投资现金流折现模型比较适用。

2. 股权投资现金流模型。与全投资现金流相比，股权投资现金流仅要求企业未来经营预测期内股权投资要保持不变，债权可以变化，因此，这类模型比较适用金融类企业的评估。我们知道商业银行中债权是时时变化的，客户存入的资金实际就形成银行的负债，反之客户取出资金，银行的负债就减少了，因此，对于商业银行而言，假定其债权保持不变，或者假定其总资产保持不变是不合理的。保险企业也是如此，客户投保，在保证期未结束前，形成保险公司的负债，随着保险公司业务的发展，其负债会不断增加，因此，其总资产也会不断增加，我们假定其负债或总资产在未来预测期内保持不变是不合理的。因此对于这类金融企业采用全投资现金流是不适用的，而应该采用股权现金流模型，因为我们可以合理假定其股权在未来预测期内保持不变。

三、适用资产基础法评估企业的特点

（一）适用资产基础法的企业

1. 长期经营亏损的企业。对于长期亏损的企业，其资产还是存在价值的，以资产价值扣除负债后净资产价值最终确定该企业的并购价格是较为合理的一种定价方式。这时的企业一般少有无形资产，特别是不可确指的无形资产，因此，此时资产基础法比较适用。

2. 资金密集性企业。资金密集性企业一般多为传统行业的企业，这类企业有形资产多而无形资产少，对于有形资产比较适合采用资产基础法评估，因此，这类企业比较适合资产基础法。

（二）不适用资产基础法的企业

1. 具有重大不可确指无形资产的企业。对于企业不可确指的无形资产一般无法采用资产基础法评估，如果不可确指的无形资产占比较大，则一般不适合采用资产基础法。

2. 具有某种资质可以涉入特定行业经营的企业。对于特定行业的准入资质，根据目前国内法律、法规的规定，无法将其单独定价，需要将其作为企业股权的有机组成部分一并定价，因此，对于这种行业的企业一般不适合采用资产基础法，除非这种资质的价值要素量不大，可以忽略。

3. 追求资产协同效应或规模效应而做的投资价值评估。对于委托方要求考虑企业并购过程中的协同效应或规模效应而需要进行所谓投资价值评估的，一般不适合采用资产基础法，因为单项资产一般无法体现整体协同效应或规模相应。

【思考题】

1. 股权现金流量法的基本原理是什么？运用股权现金流量法进行评估的基本思路是什么？

2. 讨论确定折现率的方法。你还有什么其他思路吗？

3. 小组讨论：股权自由现金流量折现模型和全投资自由现金流折现模型的使用范围。

4. 简述在运用市场法进行企业价值评估时所常用的几个基本方法。

5. 在运用市场法进行企业价值评估后，和同学讨论一下还需要进行哪些修正。

6. 试讨论三种基本方法的优缺点及适用性。

【计算题】

1. 某公司2014年每股收益3.60元，每股股利为2.02元。当时公司的折旧是3.25亿元，资本性支出是4.50亿元（公司有1.8亿元股股票流通在外，每股市场价格为48元），资本性支出与折旧的比率在长期内不会发生变化；流动资本追加值为0.54亿元；该公司的债务为17.5亿元。而且公司计划在今后的投资项目融资中保持负债比率不变；公司处于稳定增长阶段，年增长率为6.5%；其股票的β值为1.05，当时国债利率为4.255（风险溢价率取7.5%）。

（1）使用股利折现模型对该公司股票进行估价（每股）。

（2）使用FCFE模型对该公司股票进行估价（每股）。

（3）对两种模型所得结果的差异做出合理解释；在与公司股票的市场价格进行对比时，应选用哪一种方法计算的结果作为标准？

2. 2014年初欲对E公司进行价值评估，选择参照企业A、B、C，它们的一些基本数据如下：

（1）A公司2014年初股票价格为14元，股票数为1.5亿股，债券价格为12元，债券数量为20万张，2014年预计的EBIDT为2102.4万元。

（2）B公司利润和股利分配一直以3%的速度增长，2014年末预计的股利分配为250万元，公司的加权平均资本成本为8%，债券总值为3078万元，2014年预计的EBIDT为807795元。

（3）C公司的资料从2008～2013年都有数据。2008年，C公司的净利润总额为2030万元；2009年，C公司的净利润总额为2050万元；2010年，C公司的净利润总额为3318万元；2011年，C公司的净利润总额为2090万元；2012年，C公司的净利润总额为1580万元，造成利润大幅下降的原因是历年坏账的一次性摊销；2013年，C公司的净利润总额为2050万元。假定从2014年开始，C公司的净利润总额将继续保持较小波动。另外，估计得公司债券价值为3亿元，2014年预计的EBIDT为6959900元。

假设A、B、C、E公司都不存在普通股股票和债券之外的其他资金来源，E公司2014年预计的EBIDT为1亿元，通过以上数据用市场法来估算E公司的价值。

3. 某车间的一项设备现需要进行评估，资料如下：

（1）通过分析，若现在购买后安装该设备需材料费15万元，人工费6万元，零部件费用3万元，施工管理费3万元，临时设施费5万元。机器设备买价为450万元。

（2）该设备6年前构建，预计仍可使用10年。由于该设备自动化程度较低，与目前广泛使用的同类设备相比，每年需多用人工15名，每人每年工资为7000元。该企业适用的所得税率为25%，折现率为10%。由于目前市场疲软，产品销售状况不佳，该设备的生产能力利用率为80%。

要求：估算该设备的重置成本、实体性贬值、功能性贬值和经济贬值。用成本法评估该设备的价值。

第六章 企业价值评估其他方法

【学习目的与要求】

了解和掌握期权的基本概念和相关知识、期权的基本分类和主要功能，掌握期权定价的决定要素和基本理论、主要期权定价模型及其假设前提、布莱克—斯科尔斯定价模型的修正模型，了解期权定价理论在企业价值评估中的各种应用，掌握各种财务估值模型及其在企业价值评估中的应用。

【关键词】

期权　实物期权　内在价值　买方期权　卖方期权　二项树定价模型　布莱克—斯科尔斯定价模型　破产企业　高新技术企业　资源性资产企业　企业购并　对赌协议　财务估值模型　调整现值法　剩余收益法

第一节 期权相关知识

资产评估作为一个综合性的应用学科，不断地从投资理论、金融理论、财经理论或其他理论学科中汲取营养来丰富自己传统的评估方法和技术手段。在企业价值评估领域也是一样，除上一章介绍的企业价值评估的基本方法——收益法、市场法和资产基础法之外，还有许多其他经验的或理论的评估方法。它们丰富和发展了原有的基本方法和技术手段，拓宽了企业价值评估的应用范围，是评估技术理论体系中不可或缺的一部分，期权定价理论即是其中之一。

本章主要介绍期权定价理论及其在企业价值评估中的应用，此外还将介绍一些财务估值模型及其在评估实践中的应用。

一、期权的基本概念

（一）期权及内在价值定义

期权（Option）是指期权持有人在规定的时间内有权利但不负有义务（可以但不是必须）按约定的价格买或卖某项财产或物品的权利。这种买卖的权利实际上就是一种选择的机会，有了机会后到底买不买或卖不卖，则要根据市场的具体情况。获得这个机会肯定要付出代价，这个代价就是机会的价值，也就是期权的价格。

其中，如果是其持有人有按约定的价格买的权利，则称为买方期权（Call option），也称“看涨期权”，持有这种期权，将来价格上涨时较为有利。如果是持有人有按约定价格卖的权利，则称为“卖方期权”（put option），也称“看跌期权”，持有这种期权，将来价格下跌时较为有利。以下简称“买权”（call）和“卖权”（put）。

与期货相比，期权更为复杂，也更富于组合变化。从证券头寸买卖的角度来看，买权和卖权各自都可以买进和卖出，因此，就有了四种基本的期权头寸：

多头买权（long call）——持有（hold）或买进（buy，subscribe）买权

多头卖权（long put）——持有（hold）或买进（buy，subscribe）卖权

空头买权（short call）——卖出（sell，write）买权

空头卖权（short put）——卖出（sell，write）卖权

对于多头买权来说，如果到期相应产品的市场价格低于或等于期权的约定价格，则持有人按市场价格购买更为有利；相反，则持有人按约定价格购买（行使买权）更为有利。如果按市场价格购买，说明多头买权实际上并没有起作用，因而，此时多头买权的内在价值为零；如果按约定价格购买，说明利用多头买权可以节省价款，节省的价款正好等于市场价格与约定价格之差，即市场价格高于约定价格的部分，此时的多头买权的内在价值就为这部分价差。如图6－1（a）所示。

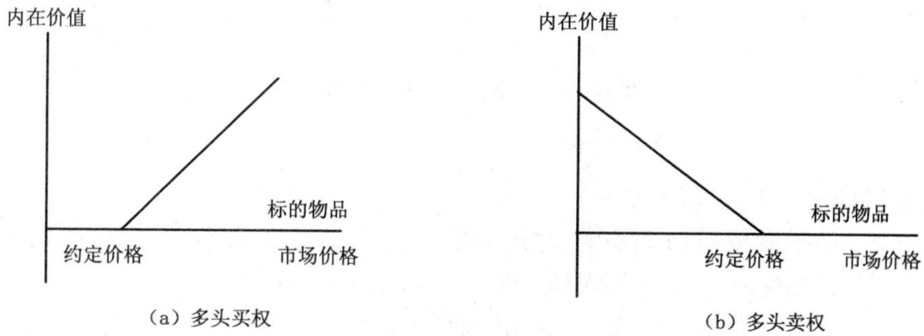

图6－1　多头买权和多头卖权

对于多头卖权来说，如果到期相应产品的市场价格高于或等于期权的约定价格，则持有人按市场价格出售更为有利；相反，则持有人按约定价格出售（行使卖权）更为有利。如果按市场价格出售，说明多头卖权实际上并没有起作用，因而，此时多头卖权的内在价值为零；如果按约定价格出售，说明利用多头卖权可以增加销售收入，增加的销售收入正

好等于约定价格与市场价格之差，即约定价格高于市场价格多少，此时的多头卖权内在价值就为多少。如图6－1（b）所示。

任何避险工具的作用都不外乎转移部分风险或分散风险，而不能消除风险，期权也不例外。如果说多头期权持有者是享有一种权利而不负有相应的义务，那么，空头期权持有者则是负有一种义务而不享有相应权利。换句话说，价格波动的风险从多头期权持有者转移到空头期权持有者。因此，相对于多头期权持有者而言，空头期权持有者既要承担价格不利变化的风险（此时，多头期权持有者将行使期权，按约定价格买或卖），又不能享用价格有利变化的好处（此时，多头期权持有者将按市场价格买卖），从内在价值的角度来看，同一买权或卖权的多头与空头的内在价值之和为零。

对于空头买权来说，当市场价格低于或等于期权的约定价格时，多头买权的内在价值为零，因此空头买权的内在价值也为零。相反，当市场价格高于期权的约定价格时，多头买权按约定价格购买可以节约价款，此时多头买权的内在价值就是节约的价款，从而空头买权的内在价值就为多头买权节省价款的负值。如图6－2（a）所示。

对于空头卖权来说，当市场价格高于或等于期权的约定价格时，多头卖权实际上不起作用，多头卖权内在价值为零，因此空头卖权内在价值也为零。相反，当市场价格低于期权的约定价格时，利用多头卖权按约定价格出售可以增加收入，此时多头卖权的内在价值就是增加的收入，从而空头卖权的内在价值就为多头卖权增加收入的负值。如图6－2（b）所示。

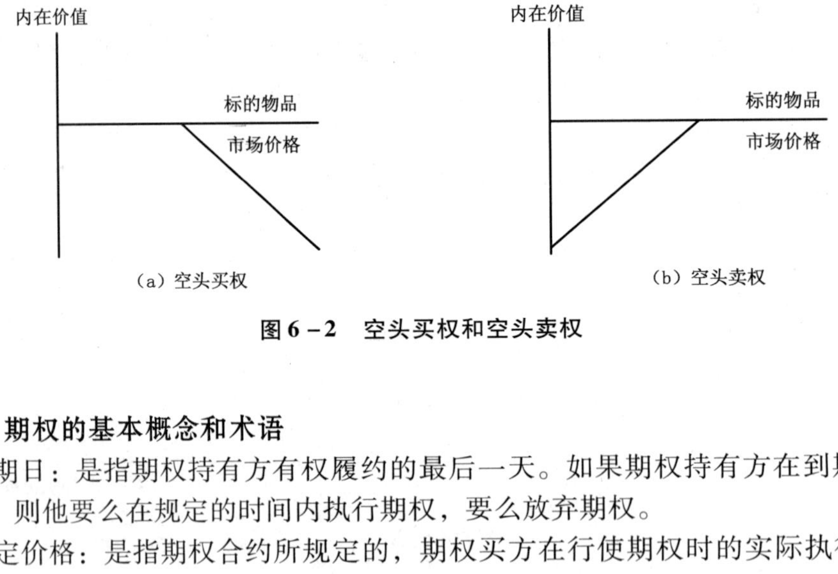

图6－2　空头买权和空头卖权

（二）期权的基本概念和术语

1. 到期日：是指期权持有方有权履约的最后一天。如果期权持有方在到期日还不做对冲交易，则他要么在规定的时间内执行期权，要么放弃期权。

2. 约定价格：是指期权合约所规定的，期权买方在行使期权时的实际执行价格，即期权卖方据以向期权购买者买进或卖出一定数量的某种商品或金融资产的价格，也称“执行价”、“敲定价”或“履约价格”。这一价格是在买卖期权合约时确定的，在期权有效期内，无论相应产品的市场价格上涨或下跌到什么水平，只要期权购买者要求执行该期权，期权出售者都必须以此约定价格履行其义务。

如果用S代表期权所对应标的资产的市场价格，X代表期权合约规定的约定价格，V代表期权的内在价值，对于多头买权而言，当 $S>X$ 时，期权内在价值为 $S-X>0$；当S

≤X 时，期权的内在价值为零。用公式表示为：

$$V = \max(0, S - X) \qquad (6-1)$$

相应地，空头买权的内在价值为：

$$V = \min(0, X - S) \qquad (6-2)$$

对于多头卖权而言，当 $S \geq X$ 时，期权内在价值为0；当 $S < X$ 时，期权的内在价值为 $X - S > 0$。用公式表示为：

$$V = \max(0, X - S) \qquad (6-3)$$

相应地，空头卖权的内在价值为：

$$V = \min(0, S - X) \qquad (6-4)$$

3. 期权价格：期权是一种纯粹的权利（不附有相应的义务），这种权利的市场价值便是期权的价格。对于持有方而言，是他得到权利所付出的代价，也称“期权费”。它是期权多头持有方在期权交易中的可能最大损失额。期权价格不同于一般的商品或证券的价格，其变化和确定都比较复杂。在此还需注意两点：

第一，期权价格和约定价格是两个完全不同的概念，前者是现在取得按约定价格买卖相应产品权利所付出代价的价格，而后者是约定的到期相应物品交割的成交价。

第二，期权价格与其内在价值有关，但又不同于其内在价值。期权价格除了包括多头的内在价值，还包括时间价值。通常据到期日越远，时间价值越大。所以，期权价格一般高于其多头的内在价值。

4. 期权利润：既然期权须花费代价才能得到，那么期权到期日的内在价值就不全部是期权投资带来的好处，而只是其内在价值减去期权费才是投资的利润。所以对多头买方期权来说，利润线都低于内在价值线，如图 6－3 所示。

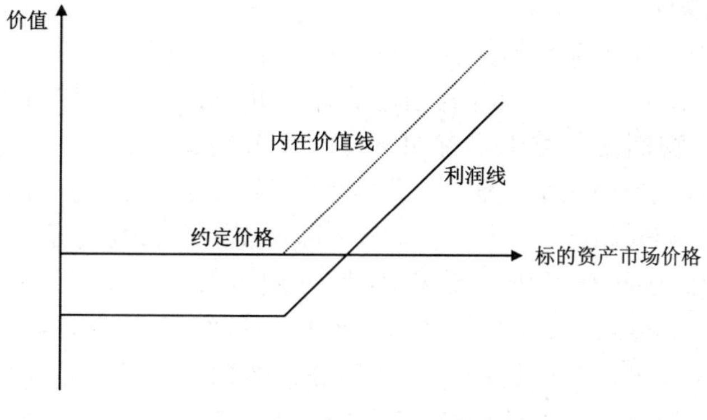

图 6－3　多头卖权期权利润

而空头买权的期权利润则相应地高于其内在价值线。实际上就是多头的都低于内在价值，空头的都高于内在价值。

二、期权的分类

从不同的角度和需求出发，可以对期权进行不同的分类。从理论上来看，目前现有的期权可分为有期权合约的期权和没有期权合约的期权两大类别。

（一）有合约期权

根据期权合约而产生的期权，符合期权的基本原理和理论，但从不同角度出发，还是有不同的分类。

1. 如果是按期权持有人根据约定的价格买进或卖出期权来分，可分为买方期权和卖方期权，也称为“看涨期权”或“看跌期权”；如果从期权约定价与标的物市场价之间的关系来看，又可以分为三种期权，即实值期权、虚值期权和平值期权。对于买权而言，实值期权：标的物市场价大于约定价，即 $S>X$。虚值期权：标的物市场价小于约定价，即 $X>S$。平值期权：指标的物市场价等于约定价，即 $S=X$。卖权则反之。

2. 如果按照期权的有效执行时间不同，期权合约又可分为欧式期权和美式期权。欧式期权的持有者只能在期权到期日执行其权利，既不能提前执行，也不能推后执行。美式期权的持有者可以在期权到期日之前任何时间执行其权利，也可以在期权到期日执行其权利。如果超过到期日，美式期权同样失效。

3. 如果按标的资产的不同，又可以分为金融期权和商品期权。标的资产是指期权合约作为买权或卖权所对应的资产。目前金融市场上交易的期权多为金融期权，其标的资产包括股票、股票指数、利率和汇率等。商品期权的标的资产多为大宗商品，如粮食、石油、金属和钢铁等等。

4. 除上述市场上交易的标准合约期权之外，现在还出现很多场外交易的新型期权，以满足一个交易主体的特殊要求，如亚式看涨期权、回望看涨期权和障碍期权等等。它们都有一些特殊的不同合约条款，此处不做一一介绍。

（二）没有合约期权

没有期权合约的期权主要是指实物期权。由于实物期权主要对应于实物投资，不存在对应的流动性较强的期权市场，同时其理论研究也并不成熟，所以分类更加复杂。根据目前理论研究进展，实物期权分类主要有如下几种代表性观点：

1. 夏普（Sharp，1991）的分类。夏普将实物期权分为两类：递增期权（Incremental Option）与灵活期权（Flexibility Option）。第一种类型的期权与迈尔斯（Myers，1977）的观点一致。递增期权为企业提供“获得有利可图的逐渐增加投资的机会”（Sharp，1991）。面对不确定的环境，企业首先进行小额试探性投资，当不确定性消除且呈现增长潜力时，企业利用先动优势全面投资。第二种类型的期权，是指企业多阶段投资以后，根据不同情景选择不同行为的灵活性期权。夏普认为，递增期权需要额外投资，而灵活性期权可以充分利用已有投资。递增期权一般仅需要小额的初始投资，在获得信息之后决定是否进一步投资；而灵活性期权常需要比较大的初始投资以覆盖可能的或有情景。

2. 特里杰奥吉斯（Trigeogis，1996）的分类。特里杰奥吉斯把实物期权分为七类：

- 延迟投资期权（option to defer investment）；
- 改变运营规模期权（option to alter operating scale）；
- 转换期权（option to switch to use）；
- 放弃期权（option to abandon）；

- 增长期权（corporate growth options）；
- 分阶段投资期权（option to staged investment；
- 复合期权（multiple interacting options）。

其中，改变运营规模期权包含三种期权：扩张期权（option to expand）、收缩期权（option to contract）和停启期权（option to shut down and restart）。

3. 中国资产评估协会《实物期权评估指导意见》（以下简称《指导意见》）中关于实物期权的分类。指导意见中第三章评估对象中第十一条、第十二条和第十三条指出实物期权评估中涉及的主要包括增长期权和退出期权等。附录中对此有详细论述：

“可以从不同角度对实物期权做出不同分类，注册资产评估师在执行评估业务时，可能涉及的实物期权主要包括增长期权和退出期权等。

增长期权是在现有基础上增加投资和资产，从而扩大业务规模或扩展经营范围的期权。常见的增长期权包括实业项目进行追加投资的期权，分阶段投资或战略进入下一个阶段的期权，利用原有有形和无形资产扩大经营规模或增加新产品、新业务的期权，文化艺术品以及影视作品开发实物衍生产品或演绎作品的期权等。

退出期权指在前景不好的情况下，可以按照合理价格即没有明显损失的部分或者全部变卖资产，或者低成本地改变资产用途，从而收缩业务规模或范围以至退出经营的期权。常见的退出期权包括房地产类资产按接近或者超过购置成本的价格转让、制造业中的通用设备根据业务前景而改变用途、股权投资约定退出条款等形成的期权。”

三、期权的功能

（一）期权的避险原理

根据对期权研究的需要，我们可以把风险分为市场风险、信用风险和意外风险三类。市场风险可以说就是价格波动的风险；而信用风险主要是债务人不能如期履约所造成；意外风险是指其他不可预见的偶发事件造成的风险。期权直接规避是市场风险，但并不否认期权可以间接规避其他种类的风险。

（1）风险对冲原理。

资产的内在价值是指某一资产自身具备的市场价值，它随着相关资产的价格升降而变动。在市场价格波动的情况下想保持资产的内在价值，可以采取期货对冲的办法。只要有一个具有相反内在价值的期货，尽管资产的价格会有升有降，资产和期货的内在价值和可以保持不变。

利用期货避险（对冲），在有效回避了市场价格波动风险的同时，也失去了价格有利变动的好处。因为期货对冲风险是将价格两个方向变动的风险都对冲了，所以将价格上涨可能赢利的机会也被对冲掉了。那么有没有两全其美的工具，既能冲掉价格下降的风险，又能保留价格上升的好处？答案是：当然有。这个工具就是期权。

现货交易要求按市场价格买卖，期货交易要求按期货价格买卖，利用期权，人们可以自由选择按市场价格还是按期货价格买卖。这也就解释了为什么期权既能冲掉价格下降的风险，又能保留价格上升的好处。如果资产到期市场价格低于期权买卖时约定的价格，则可以按约定的价格（相当于期货价格）出售；反之，则可以按市场价格出售。

（2）期权避险案例。

某小麦加工企业明年夏天要买进100吨小麦。假定小麦现价2000元/吨，则预计小麦购买支出为20万元。但如果现在也不采取任何避险措施，而明年夏天小麦货款将随小麦市场价格而波动。也许到时候小麦市场价格涨为2200元/吨，相对于当前价格来说，企业将损失（2200－2000）×100＝2万元。

利用期权避险，可以买一个明年6月到期、数量为100吨、约定价格为2000元/吨的买方期权。当到期实际市场价格低于约定价格时，该买权内在价值为零；反之，内在价值大于零，实际市场价格高于约定价格多少，内在价值即为多少。从而，购买小麦的支出总额（总内在价值）将小于或等于20万元（＝2000×100）（暂不考虑购买期权的费用）。计算情况详见下表6－1：

表6－1　买权避险原理

小麦市场价格（元/吨）	1700	1800	1900	2000	2100	2200	2300
小麦支出总额（万元）	－17	－18	－19	－20	－21	－22	－23
小麦买权价值（万元）	0	0	0	0	1	2	3
工厂实际支出（万元）	－17	－18	－19	－20	－20	－20	－20

（二）期权的延迟决策功能

期权是看到事件结果出来以后才做出决策的一种权利。在决策日期，如果事件进程顺利，你会做出一个决策；而当事件进程不顺利时，你会做出另一个决策。这意味着期权的支付是非线性的，它将随你的决策而变化。期权是一种或有的决策权，他给予投资者选择的机会和权利。

（三）实物期权的思维可用来事先积极地设计和管理战略性投资

实物期权是金融期权理论在实物投资领域的延伸。在金融期权合约中，对于期权合约的各项参数都规定得十分详细，而嵌入在各种战略性投资中的实物期权必须经过认真的识别和鉴定。这是一种思维方式的转变，把金融市场的规则转移到具体的实物投资决策上来。与传统的投资决策方法相比，实物期权的方法不是对单一现金流的主观预测，而是把分析集中在项目的不确定性上来，即把现金流所有可能的变化范围用概率语言来描述。分析方法的结果是项目的不确定，投资机会将伴随着更大的投资价值。

这样，在第一步识别和估算了战略性投资里的实物期权之后，我们可以考虑：使用什么样的经营策略可以减少投资项目的不确定性？如果有一个好的结果出来，我们如何能增加收益？接下来第二步是重新设计投资方案，以便更好地利用项目中所具有的实物期权。最后，就是可以通过创立期权，事先积极地管理好投资。

目前，国际上运用实物期权的分析方法已经取得共识：它是价值评估分析的工具、是战略评估和解析评估相结合的工具、是现金流折现方法的有力补充工具，已经成为投资决策的主流方法之一。

第二节
期权定价模型

一、期权价格的决定因素

期权价格主要受到几种因素的影响：如标的资产的现有价格、期权的执行价格、期权的期限、资产价格的波动率、无风险利率以及红利等。现以股票期权为例，下列六种因素将会影响股票期权的价格：股票的现价、期权的执行价格、期权的到期期限、股票价格的波动率、无风险利率以及在期权有效期内预计发放的红利。

（一）股票价格与执行价格

如果看涨期权在未来某一时间执行，则其收益为股票价格与执行价格之差。随着股票价格的上升，看涨期权的价格也将上涨。随着执行价格的上升，看涨期权的价值将下降。对于看跌期权来说，其收益为执行价格与股票价格之差。因此，看跌期权的价值变化行为与看涨期权的价值变化行为恰好相反：当股票价格上升时，看跌期权的价值下降；当执行价格上升时，看跌期权的价值将上升。

（二）期权的到期期限

期权的到期期限也会对股票价格产生影响。当期权有效时间增加时，美式看涨期权和看跌期权的价值都会增加。为了说明这一点，考虑两个其他条件都相同，只是到期期限不同的美式期权。有效期限长的期权的标的资产取值机会不仅包含有效期限短的那个期权标的资产的所有取值机会，还有更多的取值机会，所以它获利的机会也就更多。所以有效时间长的期权价值总是大于有效时间短的期权价值。

对于欧式期权，随有效时间的增加，看跌期权和看涨期权的价值不一定增加。这是因为欧式期权的执行时间只能是到期日，所以有效时间长的期权的执行机会不一定包含有效时间短的期权的所有执行机会，而标的资产价格的涨跌是与期限长短无关的。

（三）波动率

股票价格的波动率是用来度量未来一段时间内股票价格变动的不确定性。随着波动率的增加，股票价格的上升和下降的程度也会增加。这对于股票持有者来说，两种变动趋势将会相互抵消，但对于期权持有者则不同：看涨期权的持有者将从股票价格上升中获益，上升幅度越大获利越多，而当股票价格下跌时，持有者可以不执行，其损失也只是期权费的有限损失。同样，看跌期权的持有者将从股票价格下跌中获益，下跌幅度越大获利越多，而当股票价格上升时，持有者可以不执行，其损失也只是期权费的有限损失。因此，随着波动率的增加，看涨看跌期权的价值都会增加。

（四）无风险利率

无风险利率对期权价格的影响不是那么直接。当利率增加时，股票价格的增长率也趋向于增加，然而，期权持有者未来现金流的现值将会减少。这两种影响都会减少看跌期权的价值。因此，随着无风险利率的增加，看跌期权的价值将会减少。而对看涨期权来说，利率增加会使期权价格增加；但现金流现值的减少又会使期权价格减少，实践证明前者的影响是主导的，即随无风险利率的增加，看涨期权的价值是会增加的。

（五）预计发放的红利

在除息日后，红利的发放将会使股票的价格下降，这对看涨期权的持有者来说是一个利空的消息，而对看跌期权的持有者来说是利好的消息。因此，看涨期权的价值与预期红利的大小成反向变动；而看跌期权的价值与预期红利的大小成正向变动。

一定要注意，上述分析各因素对于期权价值影响的结果都是建立在其他因素保持不变的基础上，所以当几个因素同时变化时，有可能得出与上述结论相反的结果。

二、期权定价理论的基本思路

（一）期权定价理论的核心观点

期权的魅力在于让投资者付出少许代价，在控制或有损失的基础上扩大获利空间。期权的核心观点主要表现在以下四个方面：

1. 期权的权利和义务不对称。投资者获得期权后拥有的选择权，在有利的条件下可以行使权利，在不利的条件下可以选择放弃权利。因此，期权相关的权利和义务是不对称的。

2. 期权的成本和收益不对称。投资者付出一定成本可以获得期权，条件不利时不执行期权，损失是购买期权的成本；条件有利时行使权利，获得差价收益。也就是说，期权所有者付出的成本是固定的，而获得的收益有很多可能，可能是零，可能很大，因此，投资获得期权的成本与其持有期权的收益是不对称的。

3. 管理“不确定”以提高期权价值。投资者通过期权锁定了不确定的下界风险，这意味着不确定程度越高，标的资产的波动越大，投资者获得上界收益的可能性就越大，期权价值越高。

4. 运用复制组合对冲不确定。期权可通过标的资产与无风险资产动态复制而得，期权定价是通过标的资产动态反应的。决策者可以通过复制组合对冲不确定性，这使得决策者的效用函数不对期权定价产生影响。

（二）期权定价的理论基础

金融理论的逻辑起点是一般均衡，即投资者在追求个人福利最大化的过程中通过市场相互作用从而实现的平衡状态。严格意义上的一般均衡很少在现实世界出现，但一般均衡原理是投资者行为决策的基准，也是金融理论的基本出发点。因此，期权定价的理论基础可以总结为以下三点：

1. 无套利均衡原理。无套利均衡假设是莫迪利亚尼和米勒首先提出。戴布维格和罗斯（Dybvig, P. H. & Ross, S. A.）将套利界定为："保证在某些偶然情况下无需净投资即可获取正报酬而没有负报酬的可能性。"从定义上看，套利强调两点：第一，获得无风险收益；第二，采用"自融资策略"，即无需自有资本，完全通过贷款融资。无套利均衡是从单个经济行为者追求利益最大化的假定推导得出的。在无套利均衡状态下，金融资产的价格等于其价值。也就是说，一个有效的均衡市场中不存在无风险的套利机会。

2. 风险中性定理。风险中性是相对于风险偏好和风险厌恶的概念，风险中性的投资者对自己承担的风险并不要求风险补偿。我们把风险中性的世界称为"风险中性世界"。在这样的世界里，投资者对风险不要补偿，所有证券的预期收益率都是无风险利率。需要强调的是，风险中性假设下得到的衍生品估值同样可以应用于非风险中性的世界。真实世界里的投资者尽管在风险偏好方面存在差异，但当套利机会出现时，投资者无论风险偏好如何都会采取套利行为，消除套利机会后的均衡价格与投资者的风险偏好无关，罗斯（Ross, 1976）严格证明了这一逻辑。

3. 市场完全性与有效性的假设。市场是完全的，意味着每一种不确定性因素都存在对应市场，所有的不确定因素都可以在市场上交易，这样的市场就是完全市场。完全市场存在唯一的均衡点，金融市场如果是完全的，金融资产可以根据风险中性定价原理获得唯一的价值。有效市场是指资本市场确定的资本价格充分反映了全部信息。如果金融资产的价格不能充分反映所有信息，那么金融资产的基本价值与市场价格之间就出现差别，这意味着市场上出现套利机会。套利行为使得金融资产的价格与其基本价值相一致，达到"无套利均衡状态"，即"有效市场状态"。

（三）定价理论与模型

在上述期权定价思路和理论基础上，产生了布莱克—斯科尔斯期权定价模型。模型中，期权由标的资产与无风险资产动态复制而得，它的价值波动能够完全"映射"在标的资产的价格波动上。该模型暗含这样的推论：期权价值不依赖于标的资产的期望收益，也不依赖于投资者的风险偏好，仅仅取决于给定的外生变量。受此启发，考克斯和罗斯（Cox & Ross, 1976）提出风险中性原理并建立了著名的二项树期权定价模型。这样，期权以及其他衍生证券分析可以在风险中性的世界内来分析，大大简化了分析的难度。此后，哈里森和克雷普斯（Harrison & Kreps, 1979）建立了完整的风险中性定价理论框架，严格证明了市场不存在套利机会的充分必要条件就是存在等价鞅测度（即风险中性测度），提出随机性价格波动的鞅描述理论（Martingale Representation Theory），最终架起均衡资产定价模型与无套利定价模型之间的联系桥梁。

布莱克—斯科尔斯期权定价模型需要诸多严格假定，这些假定包括：短期利率是一个已知常数；股票价格的随机变化服从连续时间的几何布朗运动，满足对数正态分布，波动率 σ 为常数，亦即价格动态波动具有一个连续的样本路径；股票不支付红利；金融市场不存在交易成本；没有卖空限制；市场中不存在套利机会。此后，众多经济学家在布莱克、斯科尔斯开辟的全新研究领域放宽了最初的严格假定，提出许多新模型和新方法。

布莱克—斯科尔斯订价模型尽管存在不少可以继续完善的地方，但它依靠简单的假设，精要地指出影响金融期权价值的主要变量。下面分别介绍二项树定价模型和布莱克—斯科尔斯定价模型。

三、二项树定价模型

我们知道，在存在风险的情况下，未来的现金流量是不确定的，即有多种可能性。二项树模型（binomial tree model）是在每一期将出现两种可能性的假设下构筑的现金流量或某种价格波动的模型。如图 6－4 所示。

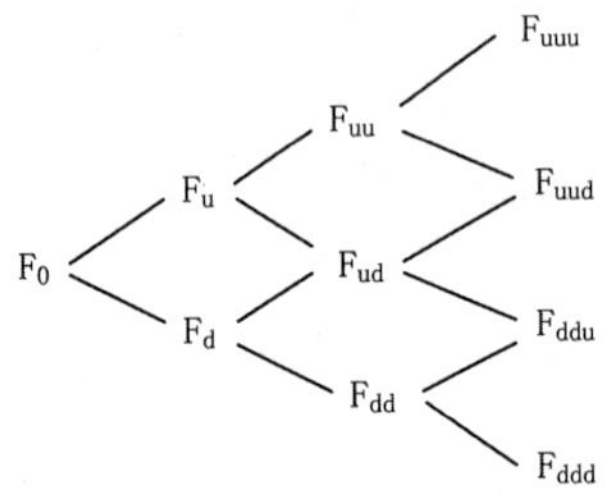

图 6－4 二项树定价模型

图 6－4 中，F 表示现金流或价格，下标 u 表示上升，下标 d 表示下降。每一期都有上升或下降两种可能。

1. 我们先以股票期权为例：从最简单的一期二项树的情况入手了解二项树的过程：一个股票买方期权，约定价格为 52 元，到期时间为 3 个月。标的股票的当前价格为 50 元，到 3 个月期满时，它将有两种可能：上升到 60 元，或下降到 40 元，如图 6－5 所示。

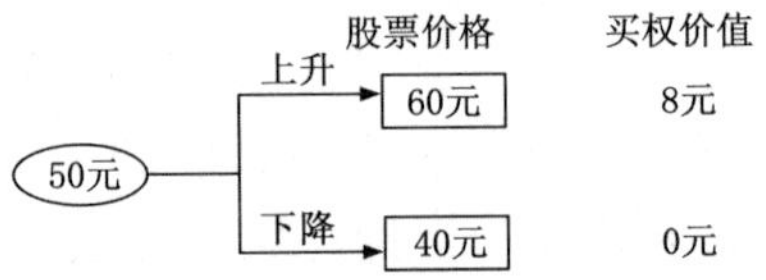

图 6－5 股票价格与买权价值

图 6－5 中，由于股票价格的不确定性导致了买权价值的不确定。到 3 个月之后，如果股票真的上升到 60 元，则买权价格为 8 元；如果股票价格下降到 40 元，则买权价格为零。

2. 通过组建无风险组合来消除购买买权的风险。由于股票价格的波动导致买权价值的不确定性，为了消除这种风险，我们可以通过投资组合达到目的。比如说，如果按合适的比例买进股票的同时卖出买权，那么，在股票上的盈亏可能正好被买权上的亏盈所抵消，投资组合的价值将是确定的。如果假设买进 Δ 股股票的同时卖出一个买权。投资组合的期初价值为：$50\Delta - C$，这里 C 为买权的价值，50 为股票的每股价格。

然而，在期权到期时，股票价格可能上升到 60，此时买权的价值为 8；也可能下降到 40，此时买权不会被执行，所以其价值为零。但无论如何升降，投资组合的价值应该是相同的，即有方程：

$$60\Delta-8=40\Delta$$

$$\Delta=8/20=0.4$$

也就是说，投资组合的结构为买进0.4股股票的同时卖出一个买权。可以保持投资组合价值不变。

3. 买权定价。根据套利原理，在市场机制有效的情况下，要获得相同的回报必须要冒同样大的风险；如果不冒风险，只能按无风险利率获得回报。上述投资组合既然是无风险的，在不存在套利机会的情况下，其回报率一定等于无风险利率。即：

投资组合的到期价值 $=60\times0.4-8=40\times0.4=16$（元）

假定无风险利率为10%，则

期初价值为 $=16\cdot e^{-0.1}\cdot0.25=16\times0.975=15.6$（元）

由上已知投资组合期初价值为：$50\Delta-C$，所以，$50\Delta-C=15.6$（元）。

即

$$C=50\Delta-15.6=50\times0.4-15.6=4.4\text{（元）}$$

在此，我们通过投资组合的倒推得出了这个买权的确切价值，而不仅仅是一个估计的范围。上面计算中还需解释的是 $16\cdot e^{-0.1}\cdot0.25$ 是把16元的期末价值折现为期初的价值，$e^{-0.1}\cdot0.25$ 即为折现系数。我们通常知道在对未来的现金流折现时，折现率为r，折现系数为 $(1+r)^{-t}$。但是当一年中复利计息次数为无穷大时，折现系数为：

$$(1+r)^{-t}=e^{-rt} \tag{6-5}$$

上面计算例题中，$r=10\%=0.1$，$t=3$ 个月 $=0.25$ 年。由于在证券和金融市场上，投资者的买进和卖出可以在瞬间完成，因此，有关时间价值通常都采用连续复利来计算。我们在所有的期权定价计算中均采用这一国际惯例。

4. 二项树模型的一般形式。我们把上述案例的计算过程推而广之，可以得出期权价格计算的一般公式。以S代表股票的当前价格，f代表期权（卖权或买权）的价值，Δ代表购进股票的股数，u代表股票价格上升后是原来价格的倍数，d代表股票价格下降后是原来价格的倍数，T代表一期的时间。则二项树如图6－6所示。

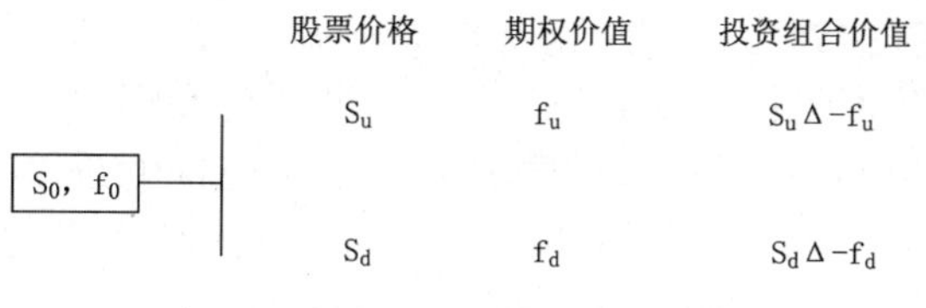

图6－6　二项树模型的一般形式

根据上面案例中的计算，应该是：

$$S_u\Delta-f_u=S_d\Delta-f_d \tag{6-6}$$

合并同类项并移项后得出：

$$\Delta=(f_u-f_d)/(S_u-S_d) \tag{6-7}$$

上式表明，需购买的股票股数等于一期中期权价值的变动幅度与股票价格变动幅度之比。

投资组合到期价值的期初值或现值为 $S\Delta-f$，根据套利原理，即：

$S\Delta - f = (S_u\Delta - f_u)\ e^{-rT} = (S_d\Delta - f_d)\ e^{-rT}$

把上面的Δ代入，整理后可得：

$$f = e^{-rT}\ [pf_u + (1-p)\ f_d] \tag{6-8}$$

其中，

$$p = (e^{rT} - d)\ /\ (u - d) \tag{6-9}$$

注意：这里要求：$0 < p < 1$，即 $d < e^{-rT} < u$。

上述的公式（6-8），公式（6-9）就是所谓的一期二项树模型公式，借助这一模型公式，可以计算只有一期的期权价格，可分为下面几个步骤：

第一，计算p，使投资组合的期望回报率等于无风险利率；

第二，计算期权到期的期望现金流量 $p \cdot f_u + (1-p)\ f_d$；

第三，按无风险利率折现上述现金流量，得出期权的价格。

我们可以把上面案例的数据代入计算如下：

$u = 1.2,\ d = 0.8,\ r = 0.1,\ t = 0.25,\ f_u = 8,\ f_d = 0$

$P = (e^{rT} - d)\ /\ (u - d) = (e^{0.1 \times 0.25} - 0.8)\ /\ (1.2 - 0.8) = 0.56$

$p \cdot f_u + (1-p)\ f_d = 0.56 \times 8 + (1 - 0.56) \times 0 = 4.48$

$f = e^{-rT}\ [p \cdot fu + (1-p)\ f_d] = e^{-0.1 \times 0.25} \cdot 4.48 = 4.4$（元）

熟悉风险投资决策理论的读者可能对上述二项树模型不会感到陌生，在未来现金流量不确定的情况下，计算未来收益的现值就是通过现金流量的各种可能值与其发生概率相乘后加总，得出未来收益的期望值，然后按照一定的资金成本率折现出现值。现在的计算似乎很相似，p也正像风险投资决策里所用的概率。不过在这里，p常被称为“假概率”。

5. 两期模型和多期模型。上面的一期二项树模型清楚地表明了二项树模型的原理和应用其进行期权价值计算的过程。同样，我们可以采用同样的方法推导出两期二项树模型以及任意多期（n期）二项树模型。限于篇幅，其推导公式过程与案例计算本书从略，有兴趣的读者可参见有关文献资料。

四、布莱克—斯科尔斯期权定价模型

美国芝加哥大学的教授费雪·布莱克（Fischer Black）和斯坦福大学教授梅隆·斯科尔斯（Myron Scholes）在1972年共同提出了一个期权定价模型，后来被称为“布莱克—斯科尔斯模型”，使得期权定价这一领域的研究有了突破性的进展，并对以后的相关理论研究和投资实务操作都产生了巨大的影响，同时也为现代经济理论和财务理论产生了更为广阔和不可估量的深远影响。1997年，斯科尔斯与哈佛大学的罗伯特·莫顿（Robert Merton）因对期权定价研究的杰出贡献而双获当年诺贝尔经济奖。而该模型创始人之一的布莱克不幸英年早逝，令人遗憾地未能与其挚友共享这一殊荣。

相对于二项树模型来说，布莱克—斯科尔斯模型较为复杂。本书不是专门讲述期权定价理论的专著，所以对于程度较为深一些的数学推导一律从略，而重点介绍该模型的应用形式及其理解。

（一）布莱克—斯科尔斯模型

设买权价值为C；标的资产市场价值为S；约定价格为X。对于一个约定价为X，标的资产当前价值为 S 的买方期权，其收益（现金流）为：

收益 = S − X　　　　当 S > X

= 0　　　　当 S ≤ X

这个收益实际上就是期权的好处，期权的利润不等于期权价，期权价是获得期权所付出的成本。所以收益为零时，期权仍有价。我们现在要求的也就是这个期权价。

如果距离到期日还有时间 T，则该买权的价值为：

$$C = e^{-rT}E\left[\max(S_T - X, 0)\right] \quad (6-10)$$

式中，X 为固定值；C 的价值取决于 S_T 的各种取值及其相应的概率。假定 S_T 服从对数正态分布，则通过对布莱克—斯科尔斯微分方程的积分求解，可以得到布莱克—斯科尔斯模型的应用形式如下：

$$C = S \cdot N(d_1) - Xe^{-rT}N(d_2) \quad (6-11)$$

式中，S 是根据在无套利机会的情况下，$e^{-rT}S_T = S$ 得出的。N（d_1）和 N（d_2）分别表示在正态分布下，变量小于 d_1 和 d_2 时的累计概率，d_1 和 d_2 取值如下：

$$d_1 = \frac{\ln(S/X) + (r + \sigma^2/2)T}{\sigma\sqrt{T}}$$

$$d_2 = \frac{\ln(S/X) + (r - \sigma^2/2)T}{\sigma\sqrt{T}}$$

同样，卖权的价格也可以通过卖权买权平价关系以及 $1 - N(d) = N(-d)$ 得出：

$$p = X \cdot e^{-rT}N(-d_2) - S \cdot N(-d_1) \quad (6-12)$$

式中，d_1 和 d_2 取值不变。

布莱克—斯科尔斯公式看上去很复杂，但实际上可以看作是二项树模型的一个特殊情况，只不过它大大地减少了计算所需的信息量。如我们把买权的公式移项，可改写为：

$$X \cdot e^{-rT}N(d_2) = S \cdot N(d_1) - C \quad (6-13)$$

如果把 N（d_1）看作是 Δ，则等式右边正好是我们在用二项树模型估计买权价格时所设计的投资组合，而等式的左边又正好是一个常数（不随 S_T 而变化）。显然，这是与二项树模型在形式上的一致。其实，从数学或逻辑关系上来说，布莱克—斯科尔斯模型可以称为连续的二项树模型。

（二）运用布莱克—斯科尔斯模型估算股票期权

运用布莱克—斯科尔斯公式进行期权估价时需要如下数据条件：①股票当前市场价值 S；②约定价格 X；③到期期限 T，以年为单位；④年无风险利率 r；⑤股票年回报率（价格变动比率）的标准差 σ。

有了上述数据条件，我们可以按以下步骤进行计算：①计算 d_1 和 d_2；②得出 N（d_1）和 N（d_2）；③计算买方期权价值。

现举例说明计算过程。设某一股票当前价格为 30 元，年回报率的标准差为 30%（这一数据可由历史数据求出），无风险利率为 10%。试计算约定价格为 30 元，到期期限为 6 个月的买权及卖权的价格。

解：已知 S = 30，X = 30，r = 10%，σ = 30%，T = 0.5。

第一步，先求 d_1、d_2。

$$d_1=\frac{\ln(S/X)+(r+\sigma^2/2)T}{\sigma\sqrt{T}}$$

$$=\frac{\ln(30/30)+(10\%+30\%^2/2)\times 0.5}{30\%\sqrt{0.5}}$$

$$d_2=\frac{\ln(S/X)+(r-\sigma^2/2)T}{\sigma\sqrt{T}}=d_1-\sigma\sqrt{T}$$

$$=0.342-30\%\sqrt{0.5}=0.130$$

第二步，根据上面数据，在正态分布累计概率密度表上查出：

$N(-d_1)=N(-0.342)=0.367$

$N(-d_2)=N(-0.130)=0.448$

$N(d_1)=1-N(-d_1)=0.633$

$N(d_2)=1-N(-d_2)=0.552$

第三步：计算买权和卖权的价格。

$e^{-rT}=e^{-10\%\cdot 0.5}=0.951$

买权价格为：

$$C=S\cdot N(d_1)-X\cdot e^{-rT}N(d_2)=30\times 0.633-30\times 0.951\times 0.552$$
$$=3.24（元）$$

卖权价格为：

$$p=X\cdot e^{-rT}N(-d_2)-S\cdot N(-d_1)=30\times 0.951\times 0.448-30\times 0.367$$
$$=1.77（元）$$

五、布莱克—斯科尔斯定价模型的修正

（一）存在红利情况下布莱克—斯科尔斯模型的修正

由于上述布莱克—斯科尔斯模型没有考虑股票支付红利的情况，而红利支付将会导致股票价格下降，从而引起买权价格下降和卖权价格上升。此时，需对模型进行一些调整，以达到对期权价值进行修正的目的。

红利的支付主要是降低了股票的价格，所以，调整也主要是修改模型中标的资产价格的表达式。这里可以分为两种情况：短期期权的情况和长期期权的情况。

1. 短期期权。短期期权就是在一年之内到期的期权。此时我们可以估算出有效期内预期红利的现值，然后从标的资产现值中减去，得到调整后的标的资产价格，再代入布莱克—斯科尔斯公式即可。

设标的股票红利的现值为 PV（D），那么调整后的股票价格为：

$$S'=S-PV(D)$$

代入上面模型：

$$C=S'N(d_1)-X\cdot e^{-rT}N(d_2) \qquad (6-14)$$

$$d_1=\frac{\ln(S'/X)+(r+\sigma^2/2)T}{\sigma\sqrt{T}}$$

$$d_2 = d_1 - \sigma\sqrt{T}$$

上面的 $PV(D) = \Sigma[Div_t/(1+r)^t]$ 就是红利的现值。考虑到一年中有几次支付红利的情况，所以采用求和式。

2. 长期期权。期权期限在一年以上的为长期期权。此时用现值处理红利的办法会有些困难。我们假定预期标的资产的红利收益率（y = 红利/资产现值）在期权有效期内不变。则可将布莱克—斯科尔斯公式调整为：

$$C = S \cdot e^{-YT}N(d_1) - X \cdot e^{-rT}N(d_2) \quad (6-15)$$

其中：

$$d_1 = \frac{\ln(S/X) + (r - y + \sigma^2/2)T}{\sigma\sqrt{T}}$$

$$d_2 = d_1 - \sigma\sqrt{T}$$

这里实际上就是用 Se^{-yT} 代替了 S。这种长期期权的修正模型在对自然资源的评估应用中采用较多。因为自然资源一般开采期限较长，可达 10 年甚至 20 年。

（二）布莱克—斯科尔斯模型的局限

布莱克—斯科尔斯模型确实为我们提供了一个计算期权价值的十分有利的工具。但是如同其他任何理论模型一样，布莱克—斯科尔斯模型也是在一系列假设的前提下对现实问题的一种简化和抽象，难免不能完全地模拟现实。实际上，这种理论模型的局限也是任何模型的共性。

以上讨论的布莱克—斯科尔斯模型至少隐含五个假设条件：①标的资产价格（股票价格）服从对数正态分布；②股票投资回报的波动性在期权有效期内保持固定不变；③在期权有效期内股票或者无红利，或者有已知红利；④存在一个固定的无风险利率；⑤投资者可以按无风险利率任意借入或贷出。

而在现实中，以上情况得到完全满足是很少见的。如下所述：

1. 现实中股票价格并不严格服从对数正态分布，甚至经常是不连续的变化，即使不存在红利，股票价格也可能由于某种原因而出现跳跃性的变化。

2. 股票投资回报率的波动性在现实中受多种因素的影响，特别是有些环境因素的影响，在期权有效期内很难保持不变。

3. 在期权有效期内，股票除了无红利和有已知红利外，常见的情况还有已知有红利但不知道数额，甚至事先不确知是否会有红利。

4. 在现实中，完全固定的无风险利率是不存在的，因为无风险利率实际上也受多种环境因素的影响。

5. 投资者借入和贷出之间是有利差的，这就是投资者的借贷成本或费用，除此之外，借贷的数额也不可能是不受任何限制的。

尽管如此，布莱克—斯科尔斯模型仍然是目前估算期权价值最好的模型之一。因为科学理论解释现实的过程就是不断逼近真理的过程。“在没有发现比它更好的模型之前，它就是最好的模型。”这在我们的认识过程中是屡见不鲜的。在我们把期权定价理论应用于企业价值评估及资产评估中时，我们也必须保持这样清醒的认识。与资产评估的其他方法一样，理论与现实的差距要靠评估师丰富的经验和高超的技巧来弥补。

第三节 期权定价理论在企业价值评估中的应用

一、对亏损企业的价值评估

国内大部分接触过资产评估和公司估价的读者都没有想到期权定价理论会与它们产生联系。甚至一提起期权就会联想到目前一些高新技术公司对高级人才所配发的公司管理期权。实际上，我们在以下所有的应用中，均以实物期权作为对象。所谓“实物期权”，就是以期权概念定义的现实选择权，这是与上节介绍理论基础时经常用到的金融期权相对的概念。因为现实中往往有这样或那样的选择机会，比如说，有一个亏损的国有企业，它有一流的机器设备、雄厚的生产能力，只是由于管理的混乱、观念的陈旧而导致市场份额损失殆尽。这样的企业，从传统的方法来评价，其股权价值是负的，还有收购的价值吗？此外又比如，许多高新技术创业公司，它们拥有最新的专利、专有技术和其他的高新技术，然而，这些技术都要面对市场的严峻考验，前景难以预料，大量的前期投入已使这些公司捉襟见肘，那么，此时风险资金是进还是退呢？这就是现实中的选择机会。在这种选择机会面前，期权理论是能够帮助我们的理想工具。

（一）将股权资本视为期权的总体思路

我们知道，传统的股权资本价值评估方法主要是折现现金流量法，这种方法是基于未来的现金流，选择适当的折现率，然后计算这些未来现金流的现值，得出被估公司的股权价值或公司价值。国内目前在对企业整体价值或股权价值的评估中，还大部分是采用所谓的单项资产重置成本评估加总法。上述方法的局限越来越难满足价值评估中日益多样化的需求。本节将从期权定价的角度来看待公司的股权，为资产价值评估和企业价值评估开辟一个全新的视角。

1. 把股权看作是一个机会的价值。机会的价值在大多数情况下不能显现，即很难被人们认识。例如，有一个企业正如日中天，效益利润节节攀高，此时人们认识该企业的价值不外乎有形资产价值和无形资产价值。采用传统的单项资产评估加总法或是整体收益现值法都可以评估出该企业的价值来。此时，如要运用割差法求出无形资产的价值，则：

无形资产价值 = 企业整体价值 - 有形资产价值

在无形资产价值中，包括可以确指的无形资产和不可以确指的无形资产。除去可以确指的商标、专利、版权及专有技术软件等之后，剩下的全部不可确指的无形资产一般就称之为“商誉”了。企业正是凭借这些有形资产和无形资产的组合创造出一个个辉煌的价值来。在这种情况下，我们很难找到机会价值的位置。勉强的说法是：商誉包括了一切无法分离出来的无形资产。但商誉里似乎也不包括什么机会的价值，因为对于亏损企业有一句名言：亏损企业无商誉！

那么，没有商誉的企业到底有没有机会？这样的机会又有没有价值呢？回答是肯定的。否则那么多企业巨子、投资高手就不会在人们诧异的目光中把一些亏损的，甚至是资不抵债的企业兼并或收购于帐下。因为他们看到了这里面的机会及其价值。

针对许多国有大中型企业的情况，我们可以看到：企业有成形的生产基地，成套的生产设备，一批训练有素的技术工人，一种或多种适销对路的好产品，而且市场潜力巨大。这样的企业却多年连续亏损，现已资不抵债。如果采用重置成本单项加总的方法来评估企业的价值，由于其有形资产数额巨大，可能评估结果会与同等规模的赢利企业相差无几。而如果采用收益现值法进行评估，又会由于其成本高昂而产生负的现金流，价值甚至可能小于负债。那么，我们应该如何认识这类企业的股权价值呢？

2. 机会价值就是买方期权的价值。公司的股权是股权持有者对公司满足其他权利要求者（债权、优先股等）的利益后剩余现金流所拥有的要求权，这也是公司进行清算时的原则。在所有发行在外的债券和其他财务要求权支付完毕之后，公司剩余的全部价值都归股权投资者所有。有限责任的原则可以起到在公众公司的价值低于发行在外的债务的价值时保护股权投资者的作用，因为此时股权投资者最大的损失就是其在公司的总投资。清算时，股权投资者的收益可以写为：

$$\text{清算时股权资本的收益} = V - D \qquad \text{当 } V > D$$
$$= 0 \qquad \text{当 } V \leqslant D$$

其中：

V = 公司的价值；D = 发行在外的债券和其他要求权的面值。

从上可知，公司股权的收益与一个买权的收益颇为相似。因为一个执行价格为 X、标的资产当前价值为 S 的买方期权，其收益为：

$$\text{执行期权的收益} = S - X \qquad \text{当 } S > X$$
$$= 0 \qquad \text{当 } S < X$$

因此公司的股权可被视为是以公司为标的资产的一个买方期权。执行该期权就意味着对公司进行清算，支付债务的面值（与约定执行价格相对应）。如果公司的债务只是一种具有固定期限的零息票债券，股权投资者可以在债券到期前任意时刻清算公司，则股权作为一种买方期权，其有效期与债券的期限相同（见图 6－7）。

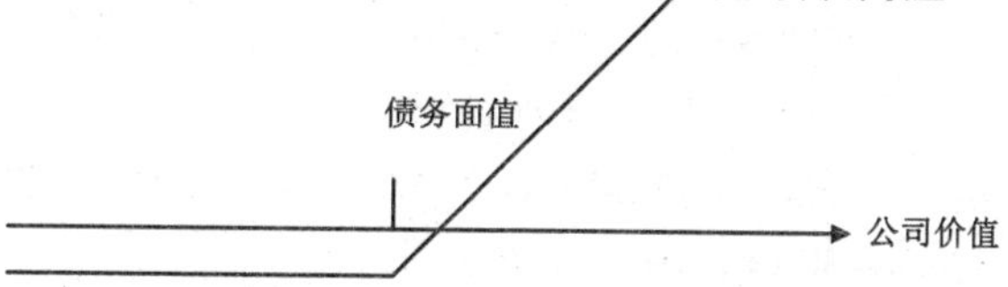

图 6－7　股权资本损益图

（二）把亏损公司的股权视为买方期权

由上面的分析可知，公司股权可以视为一个买方期权。现在我们把这一应用具体化，直接应用到亏损公司的股权评估。

下面举例说明其实际应用过程。

【例6－1】某国有大型工业企业，总资产现值为20.66亿元；债务面值为9.25亿元；债务期限为8年，求此国有企业的股权价值。

解：根据所提供的信息，我们把股权看作为买方期权的各项参数为：

标的资产价值＝企业总资产价值＝S＝20.66（亿元）

约定价格＝企业债务面值＝X＝9.25（亿元）

期权有效期＝债务的剩余期限＝8（年）

无风险利率＝与期权期限相同的国库券利率＝3.56%

标的资产价格变动标准差＝企业回报率标准差＝40%

根据上述参数，分别计算各项数据如下：

$d_1=1.5277$　　$N(d_1)=0.9367$

$d_2=0.3963$　　$N(d_2)=0.6541$

$e^{-rT}=0.7522$

股权价值＝买方期权价值

$=S\cdot N(d_1)-X\cdot e^{-rT}N(d_2)$

$=20.66\times0.9367-9.25\times0.7522\times0.6541$

$=14.8017$（亿元）

【例6－2】国外某公司资产现值为5000万元，远低于债务面值（8000万元）。公司资产价值变动的标准差为40%。公司债务是10年期的零息票债券。10年期的国库券利率为10%。求公司股权资本的价值及债券的价值。

解：当我们把股权视为买方期权时各参数如下：

标的资产的现值＝S＝公司价值＝5000（万元）

执行价格＝X＝债务面值＝8000（万元）

期权期限＝T＝零息票债券的剩余年限＝10年

标的资产价值的方差＝σ^2＝公司价值的方差＝$0.4^2=0.16$

无风险利率＝r＝与期权期限相同的国库券利率＝10%

运用布莱克—斯科尔斯期权定价公式得到：

$d_1=1.0515$　　$N(d_1)=0.8534$

$d_2=-0.2135$　　$N(d_2)=0.4155$

买方期权的价值＝$(50\times0.8534)-(80e^{-0.1\times10}\times0.4155)=3044$（万元）

债券的价值＝5000－3044＝1956（万元）。

计算结果的启示如下：通过以上实例，把企业股权看作买方期权进行计算，我们可以得到一些有益的启示。

第一，从两种极端情况来验证这一方法的可靠性。如果企业总资产价值远远大于债务面值，即等于标的资产价值远大于约定价，此时买权处于很深的实值状态。那么，S/X 将远大于1，ln（S/X）将远大于0，从而 d_1 和 d_2 都将远大于0。这样，一个正态分布变量从取值 $-\infty$ 到 d_1 和 d_2 的累计概率都将趋近于1，即 N（d_1）、N（d_2）都将趋近于1，进而，买权的价格趋近于 $S-Xe^{-rT}$。也就是说，此时企业股权的价值趋近于总资产价值减去债务面值折现值，这与传统评估方法的评估结果基本一致。

反之，如果企业总资产价值远远小于债务面值，即等于标的资产价值远小于约定价，此时买权处于很深的虚值状态。那么，S/X 将远小于1，ln（S/X）将远小于0，从而 d_1 和 d_2 都将远小于0。这样，一个正态分布变量从取值 $-\infty$ 到 d_1 和 d_2 的累计概率都将趋近于0，即 N（d_1）、N（d_2）都将趋近于0，进而，买权的价格趋近于0。此时企业股权价值将趋近于0。这也是符合常规的。

第二，股权永远有价值。从案例的计算结果都可看出：期权定价的方法与传统的评估方法所得出来的概念是完全不同的。在传统的评估方法中，用单项评估加总法评估企业价值时，资不抵债企业股权价值为负值。如果用收益现值法对亏损企业整体的预期现金流量进行贴现计算，得出来的企业整体现值也多半小于负债的总值，也就是说股权价值小于零。然而，当用期权理论方法评估企业股权价值时，亏损企业、甚至资不抵债企业的股权仍有价值（如例6－2）。因为当公司现值低于负债值时，可以认为是虚值期权，虚值期权因为标的资产的价格在期权剩余有效期限内有可能升到约定价之上，所以具有一定的价值。

如果说例6－2是国外的案例，我们同样可以把上述例6－1进行修改之后，计算如下：

标的资产价值＝企业总资产价值＝S＝20.66（亿元）

约定价格＝企业债务面值＝X＝22.62（亿元）

期权有效期＝债务的剩余期限＝同上例

无风险利率＝与期权期限相同的国库券利率＝同上例

标的资产价格变动标准差＝企业回报率标准差＝同上例

根据上述参数，分别计算各项数据如下：

$d_1=0.7373$　　N（d_1）＝0.7695

$d_2=-0.3941$　　N（d_2）＝0.3468

$e^{-rT}=0.7522$

股权价值＝买方期权价值

$=S\cdot N(d_1)-X\cdot e^{-rT}N(d_2)$

$=20.66\times0.7695-22.62\times0.7522\times0.3468$

$=9.9987$（亿元）

此时企业已资不抵债，但股权价值仍有近10亿元。这是因为债务的期限比较长，在这个期限内还有重振雄风的机会。此时的股权为虚值期权，其价值可以理解为纯粹的机会价值。这也可以用来解释为什么濒临破产的公司股票仍有价值。

第三，定价模型中一些参数对计算结果的影响。尽管布莱克—斯科尔斯公式在公司估价中已经得到了广泛的应用，和所有的理论模型一样，在实际应用中它仍然有许多局限性。这主要是因为理论模型的假设条件都比较严格，而实际应用中能够完全满足的情况极少。所以作为实际应用者，感兴趣的是如何选取参数才能使计算结果误差相对较小。本书考虑篇幅，不从理论上对参数的影响进行推导，只是从实际应用的角度出发，测试部分参数对计算结果的影响。

由于S和X分别为标的资产价值（=企业总资产价值）及约定价格（=企业债务面值），在实际应用中没有选择的余地，所以我们暂不考虑其变化的影响。而r——无风险利率也是由市场数据决定的。因此，我们只能测试一下企业年回报率的标准差σ和有效年限T对计算结果的影响。

我们按照例6－1各项参数均无变化，只是改变σ值及T值，分别计算c值的结果如表6－2所示。

表6－2 金额单位：亿元人民币

σ值（标准差）	0.5	0.4	0.3	0.2	0.1	0.001
c值（期权价值）	15.56	14.80	14.15	13.77	13.70	13.70
T值（有效年限）	8	6	4	2	1	20
c值（期权价值）	14.80	14.06	13.21	12.24	11.77	17.63

由表6－2的测算结果可以看出：当σ增大时，期权价值也增大。实际上就是说：企业价值的波动率愈大、风险愈大，则期权的价值愈大。当σ小到一定程度，可以认为企业价值近似于稳定，而此时的股权价值也就近似等于总资产价值减去负债面值。与传统评估方法计算结果相近。理论推导证明：用布莱克—斯科尔斯公式估算虚值期权时，一般会低估其真实价值，解决的办法是对虚值期权采用较大方差值进行计算。我们在估算亏损企业股权价值时，须考虑这个因素。

从T值的测算结果来看，更是十分明显：即债务的时间愈长，期权的价值愈大。这与我们的感性认识一致，因为有效期限愈长，则机会的价值愈大，对亏损企业而言，时间愈长，扭亏的机会也愈大，当然机会的价值也愈大。

二、对高新技术企业的价值评估

（一）对拥有专利权的公司评估

【例6－3】当一个公司目前的资产均不能产生现金流的时候，那么公司资产完全由专利期权组成。于是这些专利期权的价值总和即是公司的价值。如Cyclops Inc. 是一家专门从事视觉技术的高科技公司，正在计划上市。公司目前还没有收入和利润，但有一种很有希望的产品——可以多年使用无需保养的透镜。公司在未来10年内拥有该产品的专利权。尽管该产品在技术上是可行的，但制造费用相当昂贵，而且当前的潜在市场相对较小。经模拟试验，在一系列技术竞争情况下，如果现在开始生产此产品，预期现金流的现值为2.5亿元，开发该产品成本的现值为5亿元。由于技术发展十分迅速，对各种情况的模拟表明该项目现值的变化范围很大，年标准差为60%（说明过程的不确定性）。为维持该项技术，公司必须每年投资1000万元进行研究。10年期国库券利率为6%。现在采用期权定价模型评估该公司的价值。

解：期权定价模型的有关输入变量如下：

标的资产当前市场价值S＝预期现金流的现值＝2.5（亿元）

执行价格X＝开发此产品的投资成本现值＝5（亿元）

期权的期限T＝公司拥有该专利产品的有效期＝10年

标的资产价值的方差＝资产价值现金流的方差＝$0.60^2=0.36$

无风险利率r＝10年期国债利率＝6%

红利收益率y＝预期年现金流/现金流的总值＝1000/25000＝4%

代入布莱克—斯科尔斯的期权定价公式进行计算：

$d_1=0.6888$　　　　$N(d_1)=0.7545$

$d_2=-1.2086$　　　　$N(d_2)=0.1134$

$e^{-yT}=0.6703$　　　　$e^{-rT}=0.5488$

股权价值＝买方期权价值

$=S\cdot e^{-yT}N(d_1)-X\cdot e^{-rT}N(d_2)$

$=2.5\times0.6703\times0.7545-5\times0.5488\times0.1134$

$=0.9532$（亿元）

可求得拥有此专利权的公司价值＝0.9532亿元。这个方法比起传统的现金流折现的方法（2.5－5＝－2.5亿元）肯定更加符合实际。因为公司拥有专利的价值，同时也反映了技术和竞争上的不确定性。

（二）对网络公司的评估

对于大部分高新技术创业公司或网络公司而言，其价值主要体现在未来的机会。在用传统的折现现金流量法评估这些公司的价值存在一定难度的时候，把它们的价值看作是一个投资机会的价值不失为一个颇有见地的新思路。我们知道，机会是成功的前提，但有机会不等于成功。这机会价值的实现还有待于正确判断和选择。在期权理论出现之前，人们无法准确地估算所面临的大大小小的机会的价值。对创业公司或网络公司而言，关键是要评估这个机会的价值。以下是一个实际的评估案例。

【例6－4】国内某上市公司欲收购某地一个门户网站。我们在采用收益现值法对网站整体资产进行评估时，不是单纯采用收益法中的折现现金流量法对网站所有的可能收益进行测算评估，而是把网站现有的业务和以后投资扩展的业务（注意：现在尚未投资，只是一个投资机会）分别进行评估：用折现现金流量法评估其现有业务的价值，用期权定价法确定其投资扩展业务的价值，然后相加得出网站的整体价值。实际上，投资扩展业务这一部分价值也就是网站发展潜力的期权价值。这样更能反映网站价值的机会特点和未来收益的不确定性。

本方法的思路是把未来投资扩展的业务机会看作是一个买方期权。扩展业务现金流的现值即为标的物资产的现价，未来的投资额即为期权的约定价格，投资的时间即为期权的到期期限，然后运用期权定价公式求出这个买方期权的价值，也就是网站未来投资扩展业务的机会价值。

下面我们结合该网站的具体数据加以说明：

1. 根据网站发展规划和可行性研究报告，从第二年起，有连续三次的投资扩展计划。业务扩展的内容包括注册用户的大量增加（不是增长百分之几，而是成倍增长）、与××区劳动局职业技术学校及××区房产公司技工学校联合办学，开办互联网应用技术培训的专业班、其他各种各样的互联网有关业务。所以我们认定为三个不同时点的投资扩展，并分别命名为1#投资、2#投资和3#投资。

2. 1#投资计划在两年后，增加10台服务器、30台计算机和7条ISDN专线，计划投资144.8万元。投资实现后，可新增注册用户2000户，每天20万个点击量，从而实现各类业务收入共180万元。

2#投资计划在3年后，新增服务器30台、计算机50台、ISDN专线10条，计划投资295万元。投资实现后，可新增注册用户5000户，每天50万个点击量，从而实现各类业务收入450万元。

3#投资计划在4年后，新增服务器50台、计算机100台、ISDN专线30条，计划投资625万元。投资实现后，可新增注册用户10000户，每天100万个点击量，从而实现各类业务收入680万元。

3. 测算公式所需各项数据。

（1）测算投资扩展业务的现值作为标的物资产的现价。我们仍然采用折现现金流量法进行估算。

1#投资业务收入180万元；经营成本等于租用线路费5万元、ISDN专线费用1.63万元、人员工资办公费及其他60万元、折旧费用28.96万元（等于投资额144.8万元除以5）之和共计95.59万元；营业税金为销售收入的6%；管理费用为收入的10%；所得税税率仍为33%。由此可以得出：该业务当年的净现金流量为66.22万元。投资以后年度基本不变化。把每年的净现金流折现并累计至当前价值为213.19万元。注意：这里是先把现金流折现至投资当年值，然后再折现至当前现值。2#投资业务、3#投资业务可用同样的方法求出其价值为264.06万元和542.82万元。这三个数据可记为：S_1、S_2、S_3。

（2）确定期权的约定价格。对于未来投资扩展业务而言，未来的投资额即为期权的约定价格。1#投资业务投资额为144.8万元；2#、3#投资额分别为295万元和625万元。所以我们记为：$K_1=144.8$万元，$K_2=295$万元，$K_3=625$万元。

（3）确定期权的期限。期权的期限即为投资到期时间。所以对于1#投资来说是2年，2#投资是3年，3#投资是4年。即：$T_1=2$，$T_2=3$，$T_3=4$。

（4）确定σ值。这个值是标的资产价格变动的均方差，说明标的资产价格变化的波动率。对于网站业务而言，可保守地估计为20%。也就是$\sigma=0.20$，则方差$\sigma^2=0.040$。这个数据对三个投资都是一样的。

（5）无风险利率采用与期权期限相同的国库券利率，$r=3.56\%$。

4. 基于上述输入变量，运用布莱克—斯科尔斯期权定价模型可以求得：

1#投资：

$d_1=1.7607$　　　　$N(d_1)=0.9609$

$d_2=1.4779$　　N（d_2）=0.9303

$V_1=79.40$（万元）

$2^{\#}$投资：

$d_1=0.1617$　　N（d_1）=0.5642

$d_2=-0.1847$　　N（d_2）=0.4267

$V_2=35.86$（万元）

$3^{\#}$投资：

$d_1=0.2036$　　N（d_1）=0.5807

$d_2=-0.1965$　　N（d_2）=0.4221

$V_3=86.37$（万元）

5. 网站投资扩展业务为三个投资价值之和：

$$V=V_1+V_2+V_3=79.40+35.86+86.37=201.63\text{（万元）}$$

由于网站现有业务的价值 P=114.70 万元，再加上投资扩展价值，即为网站整体资产的评估价值。即：

$$\text{网站价值}=P+V=114.70+201.63=316.33\text{（万元）}$$

以上具体评估思路可归纳如下：

第一步，把现有业务的每一个未来投资机会看作一个买方期权，评估其价值；

第二步，把所有这些买方期权的价值相加，得出现有业务的投资扩张价值；

第三步，采用现金流量折现法评估现有业务本身部分的价值；

第四步，把业务投资扩张价值与现有业务部分价值相加得出公司业务总价值。

如果公司还要拓展新的业务，则要评估新业务的投资机会价值，然后加到公司业务价值里面来，得出公司总价值。

三、对资源性资产企业的价值评估

如果把一项自然资源看作是一个买方期权，那么标的资产就应该是这种自然资源本身，此时对自然资源投资的价值将由两个方面的因素来决定：其一是本次投资可获得的自然资源的数量；其二就是该种自然资源的价格。对于大多数这类投资，开采矿产资源都会有一定的成本。资产价值与开采成本之差即为资源所有者的利润。设开采成本为 X，资源价值的估计值为 V，自然资源期权的损益状况如下：

$$\text{自然资源投资的收益}=V-X\quad\text{当 }V>X$$
$$=0\quad\text{当 }V\leqslant X$$

从上可知，开发自然资源的投资收益与一个买方期权的收益颇为相似。因为一个执行价格为 X、标的资产当前价值为 S 的买方期权，其收益也视为：

$$\text{执行期权的收益}=S-X\quad\text{当 }S>X$$
$$=0\quad\text{当 }S\leqslant X$$

因此，自然资源的投资可被视为是以资源自身为标的资产的一个买方期权。执行该期权就意味着对资源进行开发，支付开发成本（与约定执行价格相对应）。

（一）采用布莱克—斯科尔斯模型对自然资源期权进行评估时的输入变量

将自然资源作为期权进行评估，从表面上看，所需的输入变量与评估其他期权相同，如标的资产的价值、标的资产价值的波动变化情况、期权的期限、期权的执行价格、无风险利率以及红利收益率等。但在对自然资源期权评估时要获得这些输入变量还是有其不同的特点。

1. 标的资产的价值。对自然资源期权而言，其标的资产就是自然资源本身。这一资产的当前价值就是该资源矿产品全部储量乘以这种资源矿产品在市场上的当前价格的乘积。在开始阶段，首先，资源储量是不能够确切地知道的，因此必须对其进行估计。一般来说，可由地质学家的地质储量报告提供一个稀有金属矿山或一块油田储量的较为精确的估计。而资源产品的市场价格一般可从市场上获得。

2. 标的资产价值的方差。如前所述，用来估算标的资产当前价值的现金流及其现值计算过程中可能存在大量的不确定性。这种不确定性就是标的资产价值波动的方差，它主要由两个因素决定：资源价格的波动性和可开采资源储量估计的准确性。在某些特殊情况下，资源储量已经准确地知道，则标的资产价值波动的方差将完全取决于资源价格波动的方差。

自然资源期权的价值在很大程度上取决于现金流的变动情况。这种变化越大，即价值方差越大，期权的价值越高。因此，市场价格比较稳定的自然资源的期权价值要比市场价格波动比较厉害的自然资源的期权价值低。

3. 期权的执行价格。当公司决定对该自然资源进行开发投资时，自然资源期权就被执行。预期的开采成本在这里就是期权的执行价格。可以通过同类资源的历史数据了解历史开采成本及该项投资的特征，从而对开采成本做出合理的估计。

4. 期权的期限与无风险利率。自然资源期权的期限可有两个定义：第一，如果自然资源的所有权在一个固定的期限后将会失去，则该固定期限就是期权的有效期限。*例如很多海外石油租赁合同规定石油公司租用这些油田的期限为5~10年。*第二，是在了解资源的储量和开采输出率的基础上，估计开采完这些储量所需的时间。*如某金属矿储量为300万盎司，开采输出率为每年15万盎司，则20年就将开采完毕，这一期限被定义为自然资源期权的期限。*而在期权定价时使用的无风险利率必须与期权的期限相对应。

5. 红利收益率。如同股票的红利为股票持有者创造了现金流，但却减少了股票的价值一样，自然资源的开采也是为资源所有者创造了现金流而减少了标的资产的价值。每推迟开发资源一年，就意味着失去一年创造利润价值的现金流。假设自然资源期权期限内，现金流是均匀分布的，资源期权有效期为n年，延迟成本可写为：

$$年延迟成本 = 1/n$$

在这种情况下，每年生产净收入占全部资源储量市场价值的百分比即为期权定价模型中的红利收益率。

运用布莱克—斯科尔斯期权定价模型对自然资源期权进行定价时，一个重要的问题就是资源开采的滞后期对期权价值的影响。由于自然资源不是当年投资就当年出矿，在决定开采与实际开采之间有一段时间间隔。对开采时滞性的一种简单的调整方法就是根据时滞期的长短，对已探明储量的当前价值折现。这样，如果开发资源有一年的时滞期，那么应对已探明储量的当前价值进行一年期的折现，折现率就选用“年现金流/资产价值”比率（即红利收益率）。

（二）案例

【例6－5】某金矿的储量估计为100万盎司，开采输出率为每年5万盎司。黄金价格预计以每年3%的速度增长。某公司在未来20年内拥有该金矿。开采该金矿的初始投资成本估计为1000万美元，开采的成本为每盎司250美元。开采成本随着物价、人员、开采难度的增加而以每年5%的速度增长。黄金价格波动的标准差为20%，估计当前市场价格为每盎司3750美元，无风险利率为9%。求此金矿的价值。

解：根据上述评估思路，布莱克—斯科尔斯期权定价模型的各项输入变量的值如下所示：

标的资产的价值＝每年出售5万盎司黄金的现金流入的现值

$=(50000\times3750)(1-[1.03^{20}/1.09^{20}])/(0.09-0.03)$

$=2.1179$ 亿（美元）

这里，

期权执行价格＝开采金矿的初始成本＋黄金开采成本的现值

$=1000+(50000\times250)\times(1-[1.05^{20}/1.09^{20}])/(0.09-0.05)$

$=1.7455$ 亿（美元）

黄金价格波动的方差＝$(20\%)^2=0.04$

期权的期限＝20年

无风险利率＝9%

红利收益率＝每延迟一年开采所造成的损失＝1/20＝5%

（注：开采完该矿需要20年时间，而公司对该矿山的拥有权也是20年。每延迟一年开采意味着减少一年的产量。）

代入布莱克—斯科尔斯期权定价公式进行计算：

$d_1=1.5578$　　$N(d_1)=0.9403$

$d_2=0.6634$　　$N(d_2)=0.7464$

$e^{-yT}=0.4493$　　$e^{-rT}=0.2466$

买方期权价值＝$S\cdot e^{-yT}N(d_1)-X\cdot e^{-rT}N(d_2)$

$=211.79e^{-0.05\times20}\times0.9403-174.55e^{-0.09\times20}\times0.7464$

$=5173$ 万（美元）

将矿山作为期权进行评估，其价值为5173万美元。它与用静态资本预算分析法得出的净现值3724万美元（$2.1179-1.7455=0.3724$）有所不同，其高出价值部分即是矿山的期权价值。

四、期权定价模型在企业购并中的应用

期权定价模型在企业购并中的应用目前主要体现在对赌协议的价值评估。

（一）对赌协议的概念

所谓"对赌协议"，和我国现代社会经济活动中的许多其他名词术语一样，是一个纯粹的舶来概念。其英文原名本为"Valuation Adjustment Mechanism（VAM）"，直译过来称为"估值调整协议"或"估值调整机制"。这是因为在企业投资并购中存在着买卖双方信息不对称，必然有很高的投资风险性。为了解决未来不确定和信息不对称这两个问题，国外的经济学家就开始研究设计各类交易工具（手段）来试图消除这种风险，从而便出现了对赌协议（即估值调整协议，或称之为"业绩驱动的价值评估"），这种办法被认为是消除信息不对称引发的不确定性成本和风险的重要制衡器。投资方与融资方在达成投资或并购协议时，对于未来不确定的情况进行一种约定；如果约定的条件出现，投资方可以行使一种权利；如果约定的条件不出现，融资方则行使一种权利。所以看来对赌协议本来就是评估师的一项业务，与价值评估有着密切的关系。

由于对赌协议本身实际上是一种带有附加条件的价值评估方式，是投资方与融资方或收购方与被收购方在达成协议时，双方对于未来不确定情况的一种约定。如果约定的条件出现，投资方或收购方可以行使一种权利；如果约定的条件不出现，融资方或被收购方则行使另一种权利。所以，完全可以将这个协议看作是期权的一种形式。

（二）对赌协议的作用及主要内容

对赌协议的核心内容是两点：一是企业未来的业绩保障；二是投资资本的退出保障。由于风险投资或企业并购中的情况是千差万别且千变万化，所以协议的具体条款也是形式多样，不仅可以涉及被投资企业的销售收入、净利润等财务绩效，还可以涉及非财务指标的赎回补偿、企业行为、股票发行和管理层去向等方面。具体情况不同，双方所关心的内容也不尽相同，当事方根据各自的价值判断对协议条款进行设计，可以说是五花八门。其中，最简单的就是在购并中根据企业未来经营业绩来确定补偿支付现金。这种对赌协议条款也被称为"赢利能力支付计划"（earn－out）。

这种协议条款模式实际上就是在投资购并中将传统的一次性付款方式转变成两次或多次付款的交易模式。除了第一次首付之外，后面的款项则是按照未来一定时期内的业绩表现进行支付。通常是并购方根据被并购方将来的赢利能力，在未来再支付给被并购方另外的现金。由于这里不涉及股权、经营权限等，仅涉及现金，所以相对比较简单。实际上这是买方在规避估值风险，即被收购公司如果未来收益达不到目标，则被收购企业只值买方第一次首付的款项。如果未来收益能达到目标，则表明第一次的付款还不足以体现这个企业的价值，所以买方需要根据企业的经营业绩估算对应的价值增量，然后才把剩下的钱补偿给卖方。交易是否值得，决策交易是否继续进行，就取决于固定的原始付款再加上对赌协议选择权的价值。因此，对赌协议的价值评估成为核心。

由于对赌协议条款可以千变万化，所以虽然"赢利能力支付计划"是最简单的模式，仍然有几种可行的对赌协议条款设计。通常总的购并价款分成两个部分：第一部分是固定的一次性付款，即首付款，一般是立即支付；而另一部分是可变的随后付款，是根据未来可实现的某些财务或经营指标来兑现。如销售收入、EBIT，或是现金流等。一般来说，与对赌协议条款挂钩的经营指标的实现应该满足一定的要求，被认为是客观的、可以测量的和准确的。

在经营指标被确定之后，协议条款的关键就是可变后续付款的方式。一般情况下，为了确定这可变对赌部分，买方和卖方事先定义了一个执行指标的最低门槛，即被投资企业在未来某个时间的经营业绩指标起码应达到某个规定的数字。如果超过这个数字，即这个门槛被超过，那么卖方就可以得到原先预期的后续第二笔付款。而这后续的付款又可以设计为三种形式：①卖方直接参与目标企业赢利的分红（按一定比例），也就是说，这后续的付款就是从企业本身的赢利里面提取，企业在未来某个时间或时间段的赢利越多，那么从卖方的手中拿得到的后续付款也就越多。后续付款与企业未来赢利是一个线性的比例关系。而且这个分红是上不封顶。我们称之为“没有限制帽”。②第二种情况则稍有不同，虽然随后的付款也是参与目标企业赢利分红，但这个分红是有限度的。它是一个变量，即当经营指标超过水平 U 以后支付水平保持不变，即它是下有一个门槛，而上有一个门顶，或者叫“限制帽”。超过门槛，你可以按赢利的比例获得分红作为补偿，而当赢利达到或超过限制帽的时候，卖方获得的补偿就不再是按比例分红，而是一笔固定的补偿款。③第三种情况是这样：如果企业经营状况指标超过门槛 K，对赌协议条款就兑现一个稳定的后期支付款。

上面这三种典型的对赌协议条款结构都具有期权的特征，即卖方只有在企业未来经营良好的情况下才能分享利润。为了确定一个合适的经营指标门槛值，以便与对赌协议条款挂钩，通常由卖方根据企业经营历史数据提出，或者是历年平均值，或者是预测的数据。同时，对赌协议的时间周期也要确定，即有效期。一般来说这个协议的周期长度多半是 3～5 年。

（三）价值模型选择

上述分析的对赌协议条款模式与股票期权相类似。比如说，第一种付款模式就类似于欧式多头买方期权的内在价值。而第二种付款模式的情况，不是一种单个的期权，而是两种期权的结合，即多头买权和空头买权的结合。第三种付款模式就对应一个二值期权，即如果股票价格在到期日超过约定价格，则应允给出固定的支付。

按照这个类比，这三种对赌协议条款设计模式我们都可以应用期权定价的模型来进行评估。第一和第二种条款可采用布莱克—斯科尔斯期权定价模型。第三种付款模式就是一个典型的二值期权，可应用二值期权的计算公式。

但是由于这些模型都是建立在约束性假设前提基础上的，其关键假设就是期权所针对的股票是有对数正态分布的特性，而且是在十分活跃的市场中进行交易。上述第一项关于分布的假设对于在对赌协议中的运营财务指标可能还能够相对符合（如 EBIT 等），而第二项假设就完全没有这种前提，因为这些指标都是没有交易的。所以我们不是完全直接应用，而是通过应用一个所谓的“风险中性扩展框架”的评估方法来避免这个问题，从而得到一个近似的结果。这在应用期权定价理论评估非贸易性资产的实物期权时是经常应用的方法，而这个应用结果在大部分的实际问题中也都是可以接受的。

（四）风险中性估值扩展

我们已经很熟悉布莱克—斯科尔斯期权定价模型对看涨期权的解析方程式6－11。但是对于非贸易性资产的实物期权问题，需要在原有的中性风险估值的框架上进行扩展。此时，我们设实物期权的变量为X，约定价格为K，则到期时期权的期望值为：

$$\hat{E}[\max(X_T - K, 0)] = \hat{E}(X_T)N(d_1) - KN(d_2) \quad (6-16)$$

此处：

$$d_1 = \frac{\ln(\hat{E}[X_T]/K) + \sigma^2 T/2}{\sigma\sqrt{T}}$$

$$d_2 = d_1 - \sigma\sqrt{T}$$

这里N（ ）是累积标准正态分布值，而σ则表示主变量X的离散程度（标准差）。此外，$\hat{E}$是变量X在T时刻当中性风险的概率测度为某值时候的期望值。对于非贸易性资产，这个时候的中性风险世界中利率不再是一个常数，而是一个随机变量。所以，如果执行测度变量X在时刻$t=0$时的价值为X_0，则对于时刻T且在风险中性的期望值为：

$$\hat{E}[X_T] = X_0 e^{(\mu - \lambda\sigma)T} \quad (6-17)$$

这里新引入几个变量，μ为变量X的期望增长率；λ为市场风险价格。在符合边界条件的传统风险中性世界中，假定所有风险市场价格都等于零。而对于实物期权来说，此时市场风险价格不再为零。因此，这个期望值是风险调节后的实际期望值。市场风险价格λ可以采用资本资产定价模型（CAPM）求出来。根据CAPM模型，风险的市场价格λ由下列方程给出：

$$\lambda = \frac{\rho}{\sigma_M}(\mu_M - r) \quad (6-18)$$

在这里，ρ是执行测度变量X变化百分比与股票市场组合价格指数收益之间的瞬态相关系数。参数σ_M表示市场组合指数收益率的波动率，μ_M表示市场组合指数的预期收益率。为了避免直接估算出上述相关系数ρ和波动率σ_M，我们可以采用公司的风险系数β近似地得出风险中性的期望值。这种近似还是可信的，前提是企业运营的测量值如EBIT是以类似的方式与市场组合的权益价值相关。在这种情况下，风险中性的期望值如下式所列：

$$\hat{E}[X_T] = X_0 e^{(\mu - \beta[\mu_M - r])T} \quad (6-19)$$

从而，

$$\hat{E}[\max(X_T - K, 0)] = X_0 e^{(\mu - \beta[\mu_M - r])T} N(d_1) - KN(d_2) \quad (6-20)$$

$$c = e^{-rT}[X_0 e^{(\mu - \beta[\mu_M - r])T} N(d_1) - KN(d_2)] \quad (6-21)$$

公式6－21就是我们针对上面对赌协议第一种和第二种付款模式所采用的布莱克—斯

科尔斯期权定价模型。而式中的 d_1 和 d_2 和公式 6－16 一样。

第三种付款方式就是经营业绩达到某一门槛值后固定的随后支付。这种情况可对应于一个不连续的二值买权。两值期权是具有不连续收益的期权，一个简单的例子就是现金或无价值的看涨期权。在 T 时刻，标的资产价格低于门槛值 K 时，该期权一文不值，而当标的资产价格超过 K（执行价格）时，该期权支付一个固定数额 Q。此时在风险中性世界里，期权到期时标的价格超过执行价格的概率为 N（d_2）。如前面所引用的修正的布莱克—斯科尔斯方程，可以得出两值期权的价值：

$$c = Qe^{-rT}N(d_2) \tag{6-22}$$

其中：

$$d_2 = \frac{\ln(\hat{E}[X_T]/K) - \sigma^2 T/2}{\sigma\sqrt{T}}$$

（五）案例计算

现在把模型的应用表现在实际案例上来。表 6－3 给出对赌协议相关的参数，EBIT 作为企业运营的测试指标值。

表 6－3　　案例研究的参数价值

参数	符号	价值
T＝0 时的 EBIT	X_0	900 万元
EBIT 的波动率	σ	25%
EBIT 的期望增长率	μ	10%
Beta	β	1.2
市场回报率	μ_M	12%
无风险利率	r	3%

考虑到不同对赌协议条款的变化，可以对应上述几种付款的情况如下：

1. 在今后 4 年每年年末，如果企业 EBIT 值超过参考值 1000 万元（k＝1000），那么卖方可以从超过部分获得 50% 的利益。

2. 如果 3 年以后 EBIT 值超过参考值 1000 万元，那么卖方可以收到超过部分价值 5 倍的随后支付，但协议支付上限（限制帽）是 1200 万元。

3. 如果 3 年以后 EBIT 值超过参考值 1200 万元，卖方可以收到一笔随后的固定额支付 1000 万元。

下面只对第一种情况进行价值评估，余下两种情况可作为习题。

【情况 1】除开确定的初始支付之外，卖方握有一个四个看涨期权的组合，即根据 EBIT 值是否超过约定价格 k＝1000 万元可以有 50% 的分成。对赌协议的价值就等于四项期权价值之和。可以根据方程 6－21 来进行价值评估，即：

$$EO = \alpha c = \alpha e^{-rT}[\hat{E}(X_T)N(d_1) - KN(d_2)]$$

这里：$\alpha = 50\% = 0.5$；K = 1000（万元）；T = 1，2，3，4。

采用表6-2中所列出的参数值，分别计算四项期权的价值。先计算第一年后的期权值。那么先算第一年末即T=1时的X的期望值。根据方程6-19，即：

$$\hat{E}[X_1] = 900e^{[0.10-1.2\times(0.12-0.03)]\times 1}$$

$$= 892.83$$

根据公式计算 d_1 和 d_2：

$$d_1 = \frac{\ln\left(\frac{892.83}{1000}\right) + \frac{1}{2} \times 0.25^2 \times 1}{0.25 \times \sqrt{1}} = -0.3284$$

$$d_2 = -0.3284 - 0.25 \times \sqrt{1} = -0.5784$$

于是，我们可以得出第一年末对赌协议期权，即T=1时的价值：

$$EO = e^{-0.03 \cdot 1} \times 0.5 \times [892.83 \times N(-0.3284) - 1000 \times N(-0.5784)]$$

$$= 24.2681$$

N（ ）可以在正态分布累计概率密度表上查出，也可以在Excel表上用函数NORMDIST查出。

第2，3，4年的期权价值可以同样得出。即：

T = 2　期权价值 = 38.9807

T = 3　期权价值 = 49.0529

T = 4　期权价值 = 56.4719

总的期权价值就等于上述四个期权价值之和，即总的期权价值等于上述合计：

Total = 168.7736

【情况2】求对赌协议价值

这种情况就好像是两个看涨期权的结合。首先，卖家持有一个看涨期权，执行价K = 1000万元。由于当EBIT超过这个约定价的时候，超过部分将会有一个5倍的补偿，所以这个因子 $\alpha = 5$，而这个限制帽是1200万元。所以卖方还有一个空头的买权，约定价是K = 1200万元，倍数因子同样是 $\alpha = 5$。如果把多头买权理解为持有买权或买进买权，那么空头买权就是签发买权或卖出买权。这两种期权的组合正好反映了情况2的对赌协议条款结构。期权价值的和就等于对赌协议价值，可以采用前面情况1的同样方法，只不过这里：$\alpha = 5$，K = 1000万元，T = 3。

【情况3】求对赌协议价值

这种情况可对应于一个不连续的二值买权。这样一个"现金或无价值"的看涨期权会应允一个固定的支付Q，条件是如果企业运营指标在到期日超过一定的门槛值K的话。现在K = 1200万元，而固定支付额Q = 1000万元，即如果3年后的EBIT超过1200万元时，则卖方可收到一个1000万元的固定支付款，否则收入为零。

第四节 其他财务估值模型在企业价值评估中的应用

一、APV 模型

（一）概念与方法

APV 模型即调整现值法，它是由梅耶斯（Myers）于 1974 年提出的，是传统的加权平均资本成本求投资资本价值的一种替代方法。该模型把项目的每项现金流量分为两个部分：①无杠杆作用（全部为权益资本）的经营现金流量；②与项目融资联系的现金流量。对这两个部分进行估价，得出

APV = 无杠杆作用项目价值 + 项目融资价值

对现金流量进行分类是为了采取不同的折现率。APV 法首先假设项目全部股权融资，算出一个基本现值，然后再根据计划采取的财务策略引起的价值增减进行调整，得出最后的调整现值，因此也称"调整现值法"。用 APV 法求算投资资本价值不需要求加权平均资本成本，避免了将不同性质的资本成本加权平均可能引起的较大误差。而且各种价值创造的价值清晰明了，也有利于管理层对价值创造过程的管理和监督。

根据上述思路：即投资资本的价值等于公司没有财务杠杆时的投资资本价值加上由于利息所带来的减税价值。对于任一个投资期限，可以用公式表达为：

$$V_0 = \sum_{t=1,h} CF_t[1/(1+K_U)^t] + \sum_{t=1,h} T \cdot I_t[1/(1+K_D)^t] + V_h[1/(1+K_U)^h] \quad (6-23)$$

式中，K_U 为公司没有债务时的折现率；T 为税率；I 为在 t 周期所付出的利息。

公式中的第一项就是公司无债现金流在无杠杆权益成本折现下的现值和，第二项就是利息费用所产生的节税效用在利息债务成本折现下的现值和，第三项就是公司在 h 时刻的期末价值。预测期是从第一年到第 h 年。

这个公式不采用 WACC，却能得出投资资本法利用加权平均成本得出的同样价值。它的优点就是不必处理和 WACC 相关的一些困难，而对于任何的资本结构以及任意的时间模式都是有效的。只要了解没有财务杠杆的权益成本、知道税率和计算节税利益，而不用关心计算 WACC 的权重是用账面价值还是用市场价值，更不用很困难地计算 WACC。

根据上面的公式表达式，可以总结 APV 的步骤为以下几步：

第一步：进行业绩预测，得出基本现金流。由于假定是全股权融资，没有财务杠杆，所以基本现金流既可以用股权自由现金流的方法计算，也可以用公司自由现金流的计算方法得出；

第二步：将基本现金流和期末价值折现，这时贴现率用假定全股权融资的股权资本成本；

第三步：评价财务方面的影响，所用折现率是反映了风险因素的债务资本成本；

第四步：将两部分相加得到 APV。

看起来 APV 法比 WACC 法更加复杂，因为 APV 法需要分开进行两次估值，即分别对无杠杆项目与利息税盾的价值进行评估，但实际上有很多优点。如果企业未来不能保持不变的债务与股权比率，即在未来有着明确的债务资本变化的情况下，预测期的 WACC 将不是一个不变量，而此时采用迭代计算求取 WACC 权重的过程将会更加复杂。这个时候 APV 法就比 WACC 法更易于应用。而且可以得出同样的结果。

（二）案例

下面用 APV 法来演示计算一个简单的案例。

假设某公司的财务报表如表 6－4、表 6－5、表 6－6 所示。

表 6－4　　损　益　表　　金额：万元

项　目	当前年份	第一年	第二年	第三年	第四年
销售收入	10000	10000	10000	10000	10000
经营成本	6500	6500	6500	6500	6500
EBITDA	3500	3500	3500	3500	3500
折旧与摊销	1000	1000	1000	1000	1000
EBIT	2500	2500	2500	2500	2500
利息	180	180	120	60	0
税前利润	2320	2320	2380	2440	2500
所得税	928	928	952	976	1000
净收益	1392	1392	1428	1464	1500
红利	1392	392	428	464	1500
留存收益	0	1000	1000	1000	0

表 6－5　　资 产 负 债 表　　金额：万元

项　目	当前年份	第一年	第二年	第三年	第四年
流动资产	2500	2500	2500	2500	2500
净固定资产	7500	7500	7500	7500	7500
总资产	10000	10000	10000	10000	10000
流动负债	1000	1000	1000	1000	1000
长期债务	3000	2000	1000	0	0
权益	6000	7000	8000	9000	9000
负债与权益	10000	10000	10000	10000	10000

表 6 - 6　　现 金 流 量 表　　金额：万元

年份（权益现金流）	1	2	3	4
净收益	1392	1428	1464	1500
折旧与摊销	1000	1000	1000	1000
源于赢利的现金流	2392	2428	2464	2500
营运资本增加额	0	0	0	0
资本性支出	1000	1000	1000	1000
发行的债务（还本为负值）	-1000	-1000	-1000	0
权益现金流合计	392	428	464	1500
年份（投资资本现金流）	1	2	3	4
EBDIT	3500	3500	3500	3500
折旧与摊销	1000	1000	1000	1000
EBIT	2500	2500	2500	2500
税务（根据 EBIT 调节）	1000	1000	1000	1000
税后经营现金流	2500	2500	2500	2500
营运资本增加额	0	0	0	0
资本性支出	1000	1000	1000	1000
投资资本净现金流	1500	1500	1500	1500

假设无杠杆权益资本成本为：$K_U = 9\%$；每年投资资本的现金流为：1500；那么在 $t = 4$ 时刻，公司没有负债的价值是：

$$V_4 = 1500/9\% = 16667$$

在 $t = 0$ 时刻，也就是评估基准日的公司预测期（1 ~ 3 年期）无财务杠杆价值为：

$$1500\ (1/1.09) + 1500\ (1/\ (1.09)^2) + 1500\ (1/\ (1.09)^3) = 3796.94$$

假设当债务成本为 6%，税率为 40%，利息支出按损益表中的数据。则利息避税收益的现值为：

$$\text{现值} = 40\% \times 180 \times [1/1.06] + 40\% \times 120 \times [1/(1.06)^2] + 40\% \times 60 \times [1/(1.06)^3] = 130.79$$

公司投资资本价值就等于上面三项价值之和：

$$V = 3797 + 131 + 16667 \times [1/\ (1.09)^3] = 16797$$

而权益价值 $E = 16797 - 3000 = 13797$

这个案例是一个最简单的情况，可令人惊讶的是其简单计算的结果与采用 WACC 以及迭代方法的复杂计算结果基本一致。如不信，读者可以自行计算核对。

（三）APV 模型的一般形式

这里还需指出的是，无论是上面的公式 6－23，还是在接下来的简单案例里，在预测期之后企业就没有负债了。所以在公式的第三项只是计算经营现金流的终值，而没有税盾的终值。案例里面的负债也是在第三年便还清，所以在终值计算中不用考虑税盾的情况。但是在一般的情况下或更复杂的情况下，还是需要考虑税盾的终值的。一般情况假设公司或项目在预测期年末对未尝还债务重新融资，新发行相同数量的长期债务，然后，公司的债务水平将与公司预测期后其他指标同步增长，即年增长率为 g。因此，其预测期后利息税盾也会增长。此时，我们需计算利息税盾的终值，这一永续增长的税盾在预测期末的价值应为 $T \times I \times [1/(K-g)]$，再将其折现到 $t=0$ 时，可得到这一税盾终值的现值。那么，公式 6－23 可重新表示为公式 6－24。

$$V_0 = \sum_{t=1,h} CF_t[1/(1+K_U)^t] + \sum_{t=1,h} T \cdot I_t[1/(1+K_D)^t] + V_h[1/(1+K_U)^h] + T \cdot I_h[1/(K_D-g)] \times [1/(1+K_D)^h] \quad (6-24)$$

以上为调整现值方法的基本形式，在更复杂的情况下，上述公式可能还需要做进一步的调整，例如考虑财务担保、补贴等财务“副作用”等。此外，调整现值法在对国际投资项目评估或跨国交易的估值中也极为有用。因为它可以按不同类别的现金流量分别采用不同的贴现率进行贴现，而不是对所有的现金流量按统一贴现率进行折现。权益现金流用权益资本成本折现、债务利息现金流用债务资本成本折现、优惠贷款利息现金流用优惠贷款成本折现、通过递延和转移价格等方式获得税收减免的现金流用相应资本成本折现等。在投资项目的经济效益分析中可分段测算，如果在前段的测算中已表现出经济上可行，则后段追加的有利部分可不必进行测算。总之，APV 法具有较大的可容性与可塑性，能更好地适应各种公司价值评估和投资项目经济评价的需要。许多学者都从理论上证明了 APV 法的有效性。

二、RIM 模型（剩余收益模型）

近年来虽然在财务管理和证券估值的领域里广泛地介绍和推介企业价值评估的剩余收益模型，但是在评估的文献中却鲜有介绍 RIM 方法的文章。本节试图以最简单的前提条件介绍 RIM 模型的基本方法和特点。

（一）剩余收益模型理论溯源

如果追根溯源的话，“剩余收益”这一概念最早是由经济学家 AlfredMarshall 于 1890 年提出的。所谓“剩余收益”，是指所有者或经营者按现行利率扣除其资本利息后所留下的经营或管理收益。然而这一概念仅仅是理论模型的萌芽。和其他所有的理论模型一样，要由萌芽长成参天大树，不仅需要很多人的努力，还需要时间。所以直至 1938 年，Preirt-reich 才在这一概念的基础上提出了剩余收益估价模型（RIM）。但是由于无法从证券市场上获得足够的数据对它的正确性进行检验，该模型一直没有被人们广泛接受。直到 20 世纪 90 年代，Ohlson（1990，1991）提出一种基于账面价值和未来收益的估价模型（Residual Income Valuation Model）。该模型将公司价值表述为当前权益的账面价值以及预期剩余收益的贴现值总和。之后多人在以前的研究基础上展开了大量的充实性工作，此后该模型才广泛地被理论界所接受，真正确立了 RIM 模型的地位。

在 RIM 模型中，资本和收益流量是从股东的角度来加以定义的。RIM 模型的这种形式与股利折现模型 DDM 是相同的，并以会计净盈余为前提。RIM 模型通常针对持续经营中的企业，根据历史数据进行推算，猜测未来可持续性收益及折现率，用其未来所产生的所有经济利益流入的现值来计量。这样估算出来的结果等于企业在整个存续期间内补偿所有投入生产要素成本之后的超额收入。其基本表达式为：

公司（或权益）价值 = 投入资本 + 所有未来剩余收益的折现值

剩余收益 = 净收益 - （资本成本 × 期初投入资本）

RIM 方法主要的、优于传统折现现金流量法的特点是：①它是基于权责发生制的会计净收益，而不是净现金流；②它是以会计的账面价值作为评估价值的一个基础，比较为广大财务人员所青睐；③由于剩余收益也是由净收益等会计指标推算而来，省去 DCF 方法中需要预测资本性支出以及营运资金增加额等难度较大的工作，对评估师来说无疑也是一大幸事。当然，评估师时常听到这样一个说法就是“现金至尊”，也就是说普遍认为用现金流来度量企业价值要优于采用会计净收益，这是因为后者很容易被管理层熟练地操纵。然而，事实上如果在相同的假设前提下，RIM 方法也是可以得出 DCF 方法同样准确的结论的。

（二）剩余收益法基本公式与计算

RIM 方法的概念与 EVA 分析有些类似，EVA 度量价值的增加值是采用所用资本要求的回报率以外的赢利，即所谓经济价值增加量，是以原有的投资资本价值为起点，再加上超过资本成本以外的那部分回报的价值，为企业的当前价值。而 RIM 则既可应用直接法也可应用间接法，直接法是以权益的账面价值为起点，加上剩余收益的价值，其基本公式如下：

$$V_e = BV_0 + \sum [RI_t/(1+K_e)^t] \tag{6-25}$$

式中，BV_0 为权益开始时的账面价值；K_e 为权益的资本成本；RI_t 为企业在 t 时刻的剩余收益，可定义为：

$$NI_t - (K_e \cdot BV_{t-1}) \tag{6-26}$$

式中，NI_t 为企业在 t 时刻的会计账面净收益；BV_{t-1} 为在 t - 1 时刻权益的账面价值。

和采用 DCF 方法一样，RIM 方法既可以用于资本化一个单年期的回报（这里也可以分为或是假设未来年期回报保持稳定不变，或是未来的回报以一个稳定的增长率增长直至永久两种情况），也可以用于把多个离散年期的预期回报折现，并资本化其期末价值；既可以用来直接评估企业权益的价值，也可以用间接法先评估整个企业的价值然后减去负债的市场价值而得出权益的价值。

下面就从单年期资本化直接法来详细论述 RIM 方法的计算过程并与 DCF 方法计算结果比较。

（三）采用单年期资本化的方法直接评估企业权益价值

对于单年期资本化来说，上面的公式6-25就简化为：期初的账面价值加上一个恒定剩余收益资本化，或是恒定增长的剩余收益资本化。而这取决于未来的剩余收益是恒定不变的还是按恒定增长率增长的。

1. 未来收益预期稳定不变的情况。最简单的情况就是未来的剩余收益预计是恒定不变的，公式简化为：

$$V_e = BV_0 + RI_1/k_e \quad (6-27)$$

式中，RI_1 为企业在1年期末时刻的剩余收益，可定义为：

$$NI_1 - (K_e \cdot BV_0) \quad (6-28)$$

式中，NI_1 为企业在1年期末时刻的会计账面净收益；BV_0 为在期初时刻权益的账面价值。

为了演示RIM方法在这种情况下的应用，假设某公司简化的资产负债表如表6-7所示。

表6-7　简化的资产负债表　单位：万元

年　份	第0年	第1年	增长率
流动资产	150	150	0%
固定资产	400	400	0%
总资产	550	550	0%
流动负债	100	100	0%
长期负债	200	200	0%
权益	250	250	0%
负债+权益	550	550	0%

这里第0年末代表评估基准日。第一年代表预测的第一年末的资产负债表。由于预计没有增长，因此资产负债表是稳定不变的。此时，营运资金的需求没有变化，资本性支出只需要满足原有固定资产的替换，也就是说等于折旧。下面再假设该公司第一年的简化损益表如表6-8所示，债务成本为5.34%，有效税率为40%。

表6-8　简化的损益表　单位：万元

项　目	第一年
息税前赢利（EBIT）	100
利息	10
税前赢利（EBT）	90
所得税	36
净利润（NI）	54

假设权益资本成本为15%，那么我们就可以采用RIM方法，利用公式6-27来评估

该公司的权益价值。

$$V_e = BV_0 + RI_1/k_e$$
$$= 250 + [54 - (250 \times 15\%)]/15\% = 360\ (万元)$$

现在就拿单年期现金流资本化的方法来与上述 RIM 方法的结果相比较。根据传统的权益净现金流的定义，NCF_0 应为：

$$NCF_0 = NI + 折旧 - 资本性支出 - 营运资金增加额 - 新增长期负债 \quad (6-29)$$

在上述未来稳定的状态下，资本性支出等于折旧，这两个因素即等于相互抵消；又没有营运资金的增加额和新增长期负债的需求，所以，此时很简单地 $NCF_0 = NI$。采用无增长单年期资本化的方法计算权益的价值，我们可以得出与上述 RIM 方法同样的价值结论：

$$V_e = NCF_e/k_e$$
$$= 54/0.15 = 360\ (万元)$$

这里需要进一步说明的是：这个例子在无增长的假设条件下，所有的净收益均以红利的方式付出（由于没有增长，不需要资金，所以没有利润留存）。采用传统的会计“净盈余关系”的概念：

$$BV_1 = BV_0 + NI_1 - Div_1 \quad (6-30)$$

由此可以推出：

$$Div_1 = BV_0 + NI_1 - BV_1 \quad (6-31)$$

而在我们上面的例子中，$BV_1 = BV_0$，所以得出 $Div_1 = NI_1$。这样一来，我们也就可以采用红利折现模型（DDM）来评估该公司的权益价值。DDM 模型公式如下：

$$V_e = Div_1/k_e \quad (6-32)$$

把红利等于净收益的数字代进去，得出同样的公司权益价值：

$$V_e = Div_1/k_e$$
$$= 54/0.15 = 360\ (万元)$$

2. 预计未来收益稳定增长的情况。现在假设其他情况如上面的案例一样，只是预计未来的收益以 4% 的增长率增长，直至永久。现在我们可以修改上面的公式 6－27 如下：

$$V_e = BV_0 + RI_1/(k_e - g) \quad (6-33)$$

由于有 4% 的增长率，资产负债表的情况有所不同，如表 6－9 所示。

表 6－9　　资产负债表　　单位：万元

年份	0 年	1 年	增长率
流动资产	150	156	4%
固定资产	400	416	4%
总资产	550	572	4%
流动负债	100	104	4%
长期负债	200	208	4%
权益	250	260	4%
负债＋权益	550	572	4%

需要指出的是：公司的资本结构保持不变。这是因为利润留存和长期债务都保持4%的增长率。假设同样第一年的损益表数据不变（不同的只是预计未来将以4%的增长率增长），则如表6-10所示。

表6-10 单位：万元

项目	第一年
息税前赢利（EBIT）	100
利息	10
税前赢利（EBT）	90
所得税	36
净利润（NI）	54

在这样的前提下，用RIM方法计算出公司权益价值如下：

$$V_e = BV_0 + RI_1/(k_e - g)$$
$$= 250 + [54 - (0.15 \times 250)]/(0.15 - 0.04) = 400\text{（万元）}$$

为进行比较，下面我们通过资本化净现金流的方法来计算公司权益的价值。根据资产负债表（见表6-10），可以确定第一年的资本性支出超过折旧16万元，而营运资金的增加额为2万元，长期负债增加8万元。根据公式6-29得出净现金流为：

$$NCFe = 54 - 16 - 2 + 8 = 44\text{（万元）}$$

对于永恒增长的情况采用戈登增长模型如下：

$$V_e = NCF_e/(k_e - g)$$
$$= 44/(0.15 - 0.04) = 400\text{（万元）}$$

采用红利折现模型（DDM）可以得出同样的结果。如采用上面的公式6-31，用传统的会计“净盈余关系”的概念计算第一年的红利如下：

$$Div_1 = BV_0 + NI_1 - BV_1 = 250 + 54 - 260 = 44\text{（万元）}$$

然后再采用红利折现模型（DDM）的公式计算权益价值如下：

$$V_e = Div_1/(k_e - g)$$
$$= 44/(0.15 - 0.04) = 400\text{（万元）}$$

显然，可以直接采用RIM方法估算权益的价值，也可以用资本化现金流或红利折现模型来计算。这几种方法在同样的假设条件下均可以得出同样的结果。

（四）单年期资本化的间接法评估权益价值

如上所述，RIM方法也可以采用间接法评估企业权益价值：首先确定企业的整体价值，然后减去债务的市场价值。这里虽然是单年期资本化，也有两种情况：即未来收益预计稳定不变和未来收益预计稳定增长（以恒定的增长率）两种情况。

和DCF方法一样，RIM的间接法也需要和直接权益法不同的思路来评估整个企业的价值。虽然基本的公式是相同的，但价值的基础是经营资产的账面价值，而非权益的账面价值了。而且剩余收益则是用经营收益来度量，而不是用净收益来度量。因此，随之而来的是：取代权益成本的是加权平均资本成本（WACC）。所以 RIM 间接法的基本公式变为：

$$V_f = OA_0 + \sum [RI_t/(1 + WACC)^t] \quad (6-34)$$

式中，V_f 为公司价值；OA_0 为期初经营资产的账面价值；WACC 为加权平均资本成本；RI_t 为在时间 t 的剩余收益，定义为：

$$OI_t - (WACC \cdot OA_{t-1}) \quad (6-35)$$

式中，OI_t 为在 t 时刻的经营收益；OA_{t-1} 为在 t - 1 时刻的经营资产账面价值。

在这里，所谓的经营资产定义不同于金融资产。在 RIM 评估方法中，所谓的经营资产是：OA = 总资产 - 流动负债。而经营收益（OI）则定义为排除利息支出税盾效应之后的收益，即：OI = EBIT · （1 - t），这里 EBIT 是息税前赢利，t 是有效税率。由此可以推出：

$$OI = NI + I \cdot (1 - t)$$

式中，I 为利息支出。

同样，也可以分为预计未来收益稳定不变和未来收益稳定增长两种情况，具体算法过程从略，读者可自行练习。

通过计算可以看出，在同样的未来收益稳定或恒定增长的假设前提下，采用资本化单期收益的手段，无论是直接法或是间接法，RIM 方法和 DCF 方法都可以得出同样的权益价值结果。此外，多年期的直接法和间接法也可以得出同样的结论，限于篇幅，过程此处从略。

（五）讨论剩余收益法的优点

由上面的案例计算可以看出，RIM 和 DCF 两种方法都可以得出同样的结果。虽然如此，但剩余收益法还是具有它自己的许多优点。

1. 和 EVA 一样，RIM 方法可以使评估师更加关注于企业价值的真正驱动因素，即投资资本的数量以及投资的回报。RIM 定义价值的增加是超过要求回报率的回报。所以不管企业有多高的赢利增长率，RIM 方法可以显示在这个企业的哪一年剩余收益是负的还是正的，而现金流量的方法则只显示现金流。公司从一开始都在损失企业的价值，直到何时趋于稳定之后才停止这种对价值的破坏。所以如果只用 DCF 方法分析是不可能看出这个公司何时获得正的投资回报。

2. RIM 方法有利用财务报表会计信息的优势，它把价值增加量与价值放弃量联系起来，并且认识到可能在收到现金流之前就已经增加了价值。而不像现金流分析那样，RIM 处理投资是作为资产，而不是作为价值亏损。而所评估的价值基础就是在资产负债表里面认识的权益账面价值。

3. RIM 方法评估中，计算出企业终值在整个企业价值里面的比重要比 DCF 方法小得多，而企业终值的计算依赖于远期的赢利预测，这是很难预测的。一般来说，运用 DCF 方法（直接权益法），计算的终值大部分占总价值的 2/3 左右。相反，RIM 方法计算的终值小得多，总价值中的大部分均来源于权益的账面价值，是不需要预测的。

所以，RIM方法无论作为初步评估计算或作为DCF方法的审核方法都是值得考虑的一种新的评估模型。它既可以用于单年期的资本化，也可以用于多周期的折现计算。其实这个方法在美国及全世界的财务管理学术界已经被认识和广泛接受，并作为很多商学院教授讲课的内容传授给MBA的学生和CFA候选人。作为评估师或评估专业的研究生，学习和掌握RIM方法可以从另外一个角度了解企业价值的内涵，那就是已经存在于企业的投资资本价值和超过资本成本的投资回报价值之和。

【思考题】

1. 金融期权与实物期权的实质区别在哪里？

2. 评估一个资本投资机会，传统的净现金流法与期权定价方法有何区别？

【计算题】

1. 一家已废弃的铜矿，地质调查表明该矿仍有大量储备的铜矿可供开采。剩余储量约为1000万磅，此时铜矿的初始开采成本为300万美元（现值）。生产率为40万磅/年，铜价预计每年增长4%。政府出租矿山的时间为25年。平均生产成本约为40美分/磅，当前每磅铜的价格为85美分（生产成本预计以每年3%的速度增长）。铜价的年标准差为25%，25年期国债利率为7%。

（1）采用传统的资本预算技术计算矿山的价值。

（2）采用期权定价模型评估矿山的价值。

（3）如何解释两个价值之间的差异？

2. 某城市商业房地产的租金费用以5年期租赁协议中每平方米的金额来报价。目前的费用是30元/平方米，此费用的预期增长率是12% p. a.，波动率是20% p. a.，风险的市场价值为0.3。当前，一家公司可以用100万元购买一种期权，2年后开始的5年期间内以35元/平方米租赁10万平方米的办公用房。设无风险利率为5%不变，试求这个期权的实际价值。

第七章 特定行业的企业价值评估

【学习目的与要求】

了解企业价值在行业之间的差别，熟悉金融企业、房地产企业和矿产企业价值评估的特点和评估思路，熟练掌握金融企业、房地产企业和矿产企业价值评估参数的确定方法。

【关键词】

金融企业价值评估　房地产企业价值评估　矿产企业价值评估

第一节 金融业的企业价值评估

财政部2011年印发的《金融企业绩效评价办法》中指出，金融企业具体包括：(1) 执业需取得银行业务许可证的政策性银行、邮政储蓄银行、国有商业银行、股份制商业银行、城市商业银行、农村商业银行、农村合作银行、信用社、新型农村金融机构、信托公司、金融租赁公司、金融资产管理公司和财务公司等；(2) 执业需取得保险业务许可证的各类保险企业等；(3) 执业需取得证券业务许可证的证券公司、期货公司和基金管理公司等；(4) 各类金融控股公司、信用担保公司以及金融监管部门所属的从事相关金融业务的企业。因此，概括来看，凡是从事金融的企业，必须取得金融监管部门授予的金融业务许可证。

一、金融业的行业特点

金融业作为现代经济的核心，在国民经济中处于牵一发而动全身的地位，关系到经济发展和社会稳定，具有优化资金配置和调节、反映、监督经济的作用，被誉为国民经济发展的晴雨表。金融业的行业特点如下：

1. 指标性。指标性是指金融的指标数据从各个角度反映了国民经济的整体和个体状况，金融业是国民经济发展的晴雨表。

2. 垄断性。垄断性，一方面是指金融业是政府严格控制的行业，未经相关金融监管部门审批、并获得从事某领域金融业务许可，任何单位和个人都不允许随意开设金融机构；另一方面是指具体金融业务的相对垄断性，即银行、证券、保险三大金融领域的业务大多集中在少数几个全国性的公司。

3. 高风险性。高风险性是指金融业是巨额资金的集散中心，涉及国民经济各部门，其任何经营决策的失误都可能导致“多米诺骨牌效应”。

4. 效益依赖性。效益依赖性是指金融效益取决于国民经济总体效益，受政策影响很大。

5. 高负债经营性。高负债经营性是相对于一般工商企业而言，其自有资金所占比率较低。

上述特点在金融业的各个子行业表现不同。以银行为例，说明金融业的特点。《巴塞尔协议Ⅲ》是国际清算银行（BIS）的巴塞尔银行业条例和监督委员会的常设委员会——巴塞尔委员会于1988年7月在瑞士的巴塞尔通过的《关于统一国际银行的资本计算和资本标准的协议》的简称。该协议第一次建立了一套完整的、国际通用的、以加权方式衡量表内与表外风险的资本充足率标准，以有效地控制与债务危机有关的国际风险，这些指标也成为国内金融业监管的参照和执行标准。

二、评估思路和参数的确定

金融业包括银行、证券、基金、信托和保险等众多子行业，各子行业均有各自较为严格的监管指标和营运指标。在这部分，仅以银行为例，说明评估思路和参数的确定。

（一）银行业的业务特点

银行业的经营模式是确定评估思路的重要参考依据。根据银行的业务特点，分别用资产基础法、收益法和市场法等三种方法说明银行评估的技术思路。

银行业是典型的杠杆型企业，其业务主要包括资产业务、负债业务和中间业务，负债业务是银行经营的前提和基础。

1. 负债及负债业务。负债是银行由于受信而承担的将资产或资本偿付能力以货币计量的债务。存款、派生存款是银行的主要负债，约占资金来源的80%以上，联行存款、同业存款、借入或拆入款项或发行债券等也构成银行的负债。

负债业务是商业银行通过对外负债方式筹措日常工作所需资金的活动。

2. 资产及资产业务。资产业务是指商业银行运用资金的业务，也就是商业银行将其吸收的资金贷放或投资出去赚取收益的活动。商业银行赢利状况如何，经营是否成功，很大程度上取决于资金运用的结果，商业银行的资产业务一般以贷款和投资为主。

3. 中间业务。中间业务，广义上讲，是指“不构成商业银行表内资产、表内负债，形成银行非利息收入的业务”；具体来看，是指商业银行代理客户办理收款、付款和其他委托事项而收取手续费的业务；即银行不需动用自己的资金，而是依托业务、技术、机构、信誉和人才等优势，以中间人的身份，代理客户承办收付和其他委托事项，提供各种金融服务并据以收取手续费的业务。银行经营中间业务是在银行的资产负债信用业务基础上产生的，并可以促使银行信用业务发展和扩大。

负债业务及资产业务构成银行的资产负债表，负债业务与资产业务在年度内变动形成的收益以及中间业务产生的收益构成银行的利润表。

（二）资产基础法评估的技术思路

根据《资产评估准则——企业价值》，资产基础法是指以被评估企业评估基准日的资产负债表为基础，合理评估企业表内及表外各项资产、负债价值，确定评估对象价值的评估方法。对于银行业的资产基础法评估操作，其技术思路是：

企业价值 = 资产价值 - 负债价值

1. 合理确定各项资产的价值。根据资产的特点，一般从市场和交易角度来确定资产的价值。对于金融资产，一般通过以下思路来评估：

（1）有公开市场报价的，选用公开市场报价作为资产的评估值，如持有的基金；

（2）有交易对手报价的，选用对手报价，如债券投资；

（3）不具备上述条件的，采用估值技术来确定资产的价值，如贷款。贷款是银行的核心资产，一般来说，银行放贷后通过收取利息来赚取一定的收益，因此可以采用未来可收回金额的折现值来作为贷款的价值。评估模型如下：

$$P = \sum_{n=1}^{n} R_n \times (1 + i)^{-n}$$

式中，P 为评估值；R_n 为年回收金额；i 为贷款折现率；n 为折现期。

对于实物资产，通常采取重置成本法评估，评估模型如下：

$$P = RC - D_p - D_f - D_e$$

式中，P 为评估值；RC 为重置成本；D_p 为实体性贬值；D_f 为功能性贬值；D_e 为经济性贬值。

每一项资产都是银行获取收益的基本元素，所以对于各类资产的价值应该有一个适宜的贡献率来衡量，资产的价值不能超过其贡献度，也就是说资产价值不能高估也不能低估，要做到客观、科学。

2. 审阅负债的价值。负债的价值主要是判断负债所承担的现时义务。因此对于负债，核实负债的真实性、记录的准确性、核算的及时性、范围的适度性等“四性”，是评估其价值的基础。

真实性：真实发生，现时需要承担的负债；

准确性：金额记录正确，不偏不倚；

及时性：负债核算要及时，不提前不拖后；

适度性：责任承担的范围需客观量化，不扩大不缩小。

3. 股东权益价值。在资产基础法中，股东权益价值是通过有效利用会计恒等式得出的。会计恒等式为：

资产 = 负债 + 所有者权益

评估的股东权益价值 = 资产 - 负债

4. 复核评估结果。重置成本是以投入产出为视角，其中包含了一个机会成本的概念，即投资人认为现在投资这个企业需要的成本必须与投资其他可比，否则投资行为无效，因为企业以营利为前提。机会成本如何与重置成本结合呢？从重置成本法的评估标的——资产负债表的各个项目来看，见表7-1。

表7-1

项目	科目名称	机会成本	经验值
资产			
	货币资金	存款利率	2%左右
	应收款项	存款利率	2%左右
	投资	市场期望报酬率	8%~12.5%
	房屋建筑物	还原利率	8%~9%
	土地	还原利率	6%~8%
负债			
	借款	贷款利率	5%~8%，期限长则成本高
	应付债券	利率	8%~10%

（三）收益法评估的技术思路和相关参数的确定

根据《资产评估准则——企业价值》，收益法是指将预期收益资本化或者折现，确定评估对象价值的评估方法，包括股利折现法和现金流折现法。

1. 股利折现法。股利折现法是将预期股利进行折现，以确定评估对象价值的具体方法，通常适用于缺乏控制权的股东部分权益价值的评估。

2. 现金流折现法。现金流折现法通常包括企业自由现金流折现模型和股权自由现金流折现模型。实务中通常采用股权自由现金流折现模型。

3. 权益现金流法。在金融业的评估实务中，由于无法撇开利息收入和费用来评估经营状况，因为利息收入与费用是公司收入的重要组成部分，同时金融企业的融资决策（如杠杆的选择）是金融企业获取收益的关键，因此，在对金融机构进行企业价值评估时，通常采取权益现金流法。其计算公式为：

权益现金流 = 净回报 - 权益增加额 + 其他综合回报
= 支付给股东的现金 + 其他权益变动值
= 净回报 + 存款与准备金的增加值 - 贷款与投资的增加值

很多人把权益现金流等同于折现股息，在简化的情况下，股息确实等同于权益现金流，然而在现实中，企业通常更为复杂，股息是现金流的最大组成部分，但是股票回购和发行等项目对权益现金流也有重要影响。

在这个模型下，从技术思路来看，有以下四个步骤需要注意：

（1）风险资本与账面权益。从监管机构和风险管理的角度来看，一家金融企业应拥有多少权益应取决于其资产组合的风险大小。《巴塞尔协议Ⅲ》就规定了资本与风险挂钩的一般原则。在这种情况下，金融企业内部对维持审慎经营所需的风险资本进行计算（**注意**：这是金融企业认为自身所需的风险资本可能少于监管机构要求的金额，而且实际上也会少于公司的账面权益总额）。当评估金融企业时，通常会假设企业运用的风险资本实际上与公司的权益账面价值相等。

（2）预测权益现金流。对于企业而言，价值的关键因素是增长率与资本回报（相对于资本成本）；对金融企业而言，价值的关键因素是增长率和权益回报。总体来说，增长率和权益回报决定了权益现金流。预测权益现金流是从预测企业的利润表和资产负债表开始的。权益现金流来自于这些报表，采用这种方法可以提高对利润表、资产负债表、现金流和权益回报之间互相影响的了解，进而了解企业价值的来源和过程。

如果直接预测股息，然后求解资产负债表的企业项目，可能在不经意中改变了企业的资本结构，导致资本过剩或者杠杆率过高。

从会计的角度来看，也可以通过考查资产负债表的变动来计算权益现金流。一家金融企业在经营过程中会增加或减少负债，由于资产与负债必须实现平衡，因此，可以从资产与负债的变化中推断权益的变化。

（3）可能影响计算的会计问题。有两种可能影响权益回报的会计问题：一是商誉；二是股票期权。

在采取合并会计报表口径评估金融企业价值时，与评估其他企业一样，需要分别计算扣除商誉前和扣除商誉后的权益回报率，以充分了解这家企业的基本经济状况和绩效。在估算不考虑商誉的权益回报率时，要把商誉摊销到用作分子的净回报中，从分母的权益中减去商誉。不考虑商誉的权益回报率可以更好地说明新增权益回报，新增权益回报是企业权益现金流和价值的驱动因素。包含商誉的权益回报率，则显示了收购方对补偿收购溢价而必须将绩效加以提升的程度。

股票期权正在成为金融企业激励公司高管和员工的一种有效方式。因此，股票期权是非常重要的会计问题，既可能影响企业的利润率，又可能影响企业的总价值。由于期权赋予高管或者员工以潜在的折价购买企业股票的权益，因而期权可能具有很大的价值。对于这些期权，可以进行单独评估后再回到权益现金流的价值中，或者对企业的管理费用进行调整，以客观反映股票期权的成本。

其他可能影响企业价值的会计核算问题，还包括养老金等项目。对于这些项目，通常在采用权益现金流方法时进行适当的调整。

（4）折现率的选择及确定问题。这里所说的折现率，实际上是个资本成本的概念，就是企业筹集和使用资本所付出的代价。这个“代价”如果用机会成本衡量的话，就包括两个部分构成：筹资费用和用资费用。筹资费用，指在筹资过程中所发生的费用，即获取资本之前所发生的费用，如手续费、谈判费、发行费等，属于市场交易成本；用资费用，是指在使用资本过程中所发生的费用，即获取资本之后所发生的费用，其具体表现为：①以利息形式支付给债权人的报酬；②以发放红利或股利形式支付给所有者的报酬。进一步，资本成本的静态表现形式有：

绝对数：资本成本额 = 筹资费用 + 用资费用

相对数：资本成本率 = 年平均资本成本额/筹资总额

实务中，则常用：

资本成本率 = 年平均用资费用%

通常，用到“资本成本”时，即指“资本成本率”。

（四）市场法评估的技术思路和相关参数的确定

根据《资产评估准则——企业价值》，市场法是指将评估对象与可比上市公司或者可比交易案例进行比较，确定评估对象价值的评估方法。其常用的两种具体方法是上市公司比较法和交易案例比较法。

上市公司比较法是指获取并分析可比上市公司的经营和财务数据，计算适当的价值比率，在与被评估企业比较分析的基础上，确定评估对象价值的具体方法。

交易案例比较法是指获取并分析可比企业的买卖、收购及合并案例资料，计算适当的价值比率，在与被评估企业比较分析的基础上，确定评估对象价值的具体方法。

1. 分析评估对象特点，寻找可比公司。分析评估对象的特点主要是识别评估对象所在行业。一般来说，行业识别应在三级，尽量细分，但是应同时兼顾可比公司选择的需要。就金融企业而言，行业一般按照金融业务牌照注明的经营范围来选择。

市场法评估要具备三个最基础的条件：①必须有一个充分发展、活跃的市场；②存在三个或三个以上相同或类似的参照物；③参照物与被评估对象的价值影响因素明确，可以量化，相关资料可以搜集。

可比公司选择应确保可比企业应当与被评估企业属于同一行业，或者受相同经济因素的影响。

2. 确定价值比率。价值比率通常包括赢利比率、资产比率、收入比率和其他特定比率。在选择、计算、应用价值比率时，应当考虑：①选择的价值比率有利于合理确定评估对象的价值；②计算价值比率的数据口径及计算方式一致；③应用价值比率时，对可比企业和被评估企业间的差异进行合理调整。

就金融企业而言，价值比率通常选择市盈率（PE）、市净率（PB）、企业价值与折旧息税前利润比率（EV/EBITA）、企业价值与税后经营收益比率（EV/NOIAT）等。

在选择指标前，必须知悉这些倍数的驱动因素是什么。以企业价值与折旧息税前利润比率（EV/EBITA）为例：

$$V = EBITA(1-T)\left(1-\frac{g}{ROIC}\right)\Big/(WACC-g)$$

在这个公式两边同时除以 EBITA，得出：

$$\frac{V}{EBITA} = \frac{(1-T)(1-g)}{WACC-g}$$

这个公式与市盈率 PE 类似，但是它更侧重于衡量企业价值，而不是权益。根据这个公式，可以看出，有四个因素驱动企业价值与 EBITA 的比值：公司的增长率、投入资本回报率、所得税税率和资本成本。一般来讲，所得税税率与资本成本在同行业间较为接近，但是公司的增长率与投资资本回报率可能大不同，因此，在确定价值比率时，首先选择赢利模式比较接近的可比公司。

在选择价值比率后，具体确定指标数值时，对于指标中的利润，应采取预测利润，而不是历史利润。和历史回报倍数不同的是，预测未来的回报倍数符合估值原理——特别是在公司的价值等于未来现金流折现的现值时。

3. 建立比较体系并比较分析。企业价值的比较体系建立是非常有挑战性的工作，应综合考虑业务结构、经营模式、企业规模、资产配置和使用情况、企业所处经营阶段、成长性、经营风险、财务风险等因素。

进行比较分析时，应调整非经营项目。在计算过程中需要剔除的非经营项目包括但不限于：

（1）溢余现金。企业对于现金应有一个最佳持有量，超过最佳持有量的现金为溢余现金，如评估基准日前企业增资扩股投入的现金，或者股东在评估基准日前捐赠的现金。

（2）经营租赁。对有较多经营租赁事项的公司来说，企业价值会被人为降低，同时EBITA 也会降低。因此，为了计算企业价值倍数，应将租赁资产的价值加回到负债和权益的市场价值上，而把隐含的利息费用加到 EBITAS 上。

（3）股票期权。对于没有将期权费用计入管理费用的公司，EBITA 会人为地上升，为了恰当地计算企业价值倍数，从 EBITA 中减去新增的期权奖励的税后价值。为了调整企业价值，将期权未行使部分的现值与负债和权益的综合相加。

（4）养老金。为了调整企业价值，将养老金负债的税后现值与负债及权益相加。为了扣除与计划资产有关的非经营回报及损失，从 EBITA 开始，假设养老金的利息费用，并减去与计划资产有关的认可的回报。

4. 计算调整后的价值比率。在确定调整后的价值比率时，应根据统计学原理，选择加权平均数、中位数、众数等，但是最好不要选择简单平均数。

第二节 房地产业的企业价值评估

房地产是指土地、建筑物，以及固着在土地、建筑物上不可分离的部分及其附带的各种权益。由于房地产位置的固定性和不可移动性的特点，在经济学上，房地产又被称为“不动产”。房地产可以有三种存在形态：土地、建筑物、房地合一。

房地产产业是指从事土地以及对房产的开发、经营、管理和服务集一体的行业，主要包括：对国有土地使用权的出让和对房地产的开发以及再开发、房地产经营活动、房地产中介服务、房地产市场的调控和监管。房产市场则是指从事房产和土地的出售、租赁、买卖以及抵押等交易活动的场所或领域。房产市场是房地产产业进行社会生产和再生产的基本条件，并可以带动很多产业如建筑业、建材工业等行业的发展。通过市场机制，房地产市场可以及时地实现房地产的价值和使用价值，同时可以提高房地产业的经济效益，并且可以促进房地产资源的有效配置以及房产建设资金的良性循环，是整个房地产市场体系中最具有代表性、同时也是最重要的部分。

一、房地产业企业的特点

房地产行业是在工业化、城市化和现代化过程中兴起、发展形成的独立产业，同时又是推动了工业化、城市化和现代化的进展，成为现代社会经济系统中一个重要的有机组成部分。房地产企业是从事房地产开发、经营、管理和服务活动，并以营利为目的进行自主经营、独立核算的经济组织。

从企业价值评估角度看，房地产企业具有下列特点：

（一）经营对象的不可移动性

不管是房地产开发企业、中介服务企业还是物业管理企业，它们的经营对象都是不动产，具有固定性和不可移动性。这种特性使房地产企业受周围环境影响较大，经营绩效与所处区位状况关系密切。因为一般商品属于动产，具有实体的流动性，可以随时在地区之间，甚至是不同国家之间进行流动，因而通常面对的市场竞争范围比较大，在不受一国对外贸易政策、国家安全等贸易壁垒影响的条件下，竞争范围是世界性的，企业要根据国际市场的情况进行决策，国际市场环境发生变化会对这类企业产生直接的影响。对于房地产企业来说，不动产不具有实体的流动性，房地产企业提供的产品不可能移动，相关的房地产服务也附着于固定的房地产上面，因此其面对的市场竞争范围较小一些，主要是本地市场，当地市场的供求关系及其变化趋势对房地产企业的经营绩效至关重要。此外，由于房地产产品价值量大，资产转移需要经过较长时间，从而使市场竞争关系无法充分展开。受制于此，房地产企业经营成功的关键在于把握当地市场的需求。

（二）业务形态的服务性

无论房地产开发企业、房地产中介咨询服务企业，还是物业管理企业，从其业务活动的性质来看，主要是提供某种服务。在房地产开发企业从事的经营活动中，即征地、拆迁、土地开发、土地出让转让、房屋开发、房屋出售、出租、转租、房地产抵押以及房地产建设过程中会产生大量谈判、协调、筹划等劳务以及相应的法律事务，这些是房地产开发企业经营活动的主要内容。房地产中介服务和物业管理企业的服务性更加明显。房地产中介企业就是围绕房地产产品进行一系列咨询、筹划、代理和服务活动，沟通与房地产产品相关的各类信息，撮合买卖双方，节约交易各方的交易成本，并从节约的成本中获取佣金，所以，中介企业提供的是房地产各类服务。物业管理企业是对房地产物业及其设施和周边环境进行管理并提供各种保安、保洁、维修和保养服务的企业。这种特性决定了房地产企业的服务态度和服务质量至关重要。

（三）资金和人才的密集性

房地产企业在经营管理过程中需要大量的资金和人才。房地产开发企业的每个经营项目的价值量都极大，需要大量资金，是一种资金密集型的企业。例如，房地产开发前期的安置补偿费用、勘察设计费用、可行性研究费、建筑安装工程费、财务费用、销售费用等，完全依靠自有资金进行房地产开发的企业微乎其微，往往要依赖各种金融工具和金融手段。房地产业与金融业的密切联系带来了两个方面的后果：一方面，房地产企业需要大量资金，为银行等金融机构提供了一种优良的投资渠道；另一方面，二者结合使整体经济的抗风险能力下降，一旦房地产价格下跌或者房地产企业经营不善，可能会造成金融体系动荡，进而危及整个国民经济的安全。

我国房地产企业还存在高负债率的特点。我国房地产企业的资产负债率非常高，通常超过70%。也就是说，一个房地产项目在最初的开发中，自有资金不到30%，所以，房地产企业极度依赖银行资金，同时也引发了其巨大的偿债风险。因此，在分析企业偿债能力时，要建立企业偿债风险预警机制，动态地监控企业偿债风险。

（四）房地产开发建设周期长，投资数额大

房地产产品开发要从规划设计开始，经过可行性研究、征地拆迁、安置补偿、“七通一平”、建筑安装、配套工程、绿化环卫工程等几个开发阶段，少则一年，多则数年才能全部完成。而且上述每一个开发阶段都需要投入大量资金，加上产品本身造价很高，需要不断地投入大量的资金，固有的内在风险较高。市场瞬息万变、竞争十分激烈导致市场和环境风险加大；政府重视宏观和微观政策调控，也导致政策风险因素增加。

（五）房地产企业存货价值量大

由于房地产企业的存货主要包括尚未完工的各种土地、房屋等产品，以及各种已完成开发建设全过程并已验收合格、可以按合同规定交付使用或对外销售的各种产品。与普通企业相比，房地产企业的存货具有单个存货价值巨大，存货成本与市值相差较大等特点。

（六）产业关联度高

房地产行业产业链长，与建筑施工、建材、银行等行业具有高度关联性。正是这种高度关联性，使房地产行业对国民经济的发展具有重大促进作用。

（七）受宏观调控政策影响明显

住宅作为一种基本的生活消费品，其价格波动对民众的生活稳定有着重大的影响。政府综合使用土地利用、信贷政策、财政税收等多种调控措施来保持房地产市场的健康稳定发展。

（八）业务发展具有较强的地域性

房地产业务开发与项目所在地的经济发展程度、市场环境等具有密切的联系。

（九）房地产业进入障碍比较大

一方面，由于进入房地产业需要较多的启动资本，所以存在较高的进入壁垒；另一方

面，房地产的固定性也决定了退出房地产业的转移成本也相当高。

二、评估思路和参数的确定

（一）房地产企业评估的特殊性

我国所独有的房地产生产及销售形式，使房地产企业的会计核算和一般商品不同，房地产企业会计报表科目设置、收入确认标准等与一般企业也不同，体现出企业价值评估操作的差异。

房地产开发企业与一般企业会计科目或资产类型最大的差异是，会计科目主要是存货，占企业资产总额的绝大部分。其存货可分为三大类：一是为房地产产品的开发建设耗用而储存的资产，包括库存材料、库存设备、低值易耗品等等；二是处在开发建设过程中、尚未竣工验收的存货，主要是在建开发产品；三是处于出租经营过程中或置存以便出售的存货，包括土地使用权、开发产品、出租开发产品、周转房等等。其中，在建开发产品和开发产品是最重要的存货，也是价值量最大的资产。由于房地产开发阶段性强，工程材料和设备根据施工方的工程进度采购、供货，较容易控制，许多材料甚至采用包工包料的方式由施工方负责，因而库存材料和库存设备较少，存货主要表现为在建开发产品和开发产品。采用资产基础法对房地产企业价值进行评估，其思路和具体评估方法与其他企业并无不同。唯一应当考虑的是房地产企业的存货评估。通常情况下，采用土地使用权和房地产评估方法进行。一般包括成本法（具体又分为成本积算法和重置成本法）、市场比较法、剩余法、收益法、假设开发法、基准地价法和路线价法等。选择评估参数时，①充分考虑商业、工业房地产价格的影响因素；②分析不动产的财务核算方式，以及是否存在不动产未结合同和尚未支付款项，明确不动产的评估价值内涵与实际的支出、尚未发生的支出之间的关系，避免重复计算或者漏算。

房地产开发企业收入确认标准也比较复杂。房地产商品包括期房和现房，鉴于其高价值性和高风险性，销售往往采用预售，除此之外也采用一般销售和分期付款销售。房地产商品销售的前提是首先要取得预售许可证和销售许可证，在此基础上，要经过签订预售合同并预收房款、签订正式销售合同，待工程竣工验收合格并经买方验收确认、收取房款、办理产权过户等销售环节，因此房地产收入的确认与一般生产企业相比具有一定的特殊性。在采用收益法对房地产开发企业价值进行评估时，对收入预测，特别是参考历史数据进行收入预测时，应特别注意这一特点，并考虑对相关税费进而对企业价值的影响。另外，房地产开发企业收益年限的预测，也应考虑其房地产建设、销售情况和土地储备情况等综合确定。

（二）房地产收益法评估参数的确定

1. 房地产收益可分为实际收益和客观收益。实际收益是在现状下实际取得的收益。客观收益是排除了实际收益中属于特殊的、偶然的因素后所能得到的一般正常收益。采用收益法对出租性房地产进行评估时，通常采用客观收益作为房地产收益，但对于存在房屋租约的情况，如已出租的房屋且签订了长期租约，期满要续租的情况，采用实际收益比较适用。对于只存在短期租约、期满不续租的房屋，则需用客观收益和实际收益综合考虑，即租约限制内采用实际收益、租约限制外采用客观收益来确定其房地产收益。

客观收益通常采用市场比较法估算。在市场上搜集同类房地产的租赁价格，然后对搜集来的案例价格，根据待估房地产的实际情况进行因素修正。因素修正主要是从地段因素、面积因素、楼层因素、租赁期限因素、付款方式因素、保证金因素等几个方面进行考虑。通过对以上因素进行修正后，即可求出待估房地产的客观潜在租金水平，但同时还要考虑空置率和租金损失问题。空置率可根据待估房地产所在区域的平均空置率来确定，租金损失是指包括拖欠租金或不交租金等情况，其与承租人有直接的关系。

实际收益则根据房屋所有权人和租赁户签订的租赁合同上的租金确定。契约租金一般分为两种：一种是租金在租赁期内不发生变化；另一种是租金在租赁期内根据市场上租金的变动情况做周期性的调整。一般来说，租赁期较长的契约都采用的是第二种，因为市场上租金水平在长期会发生较大的波动，因此出租人为了自身的利益，一般都要求租金在周期内根据市场情况做相应调整。

2. 利息作为总费用扣除。传统上认为，利息应作为费用扣除，因为利息是投资房地产成本支出的一部分，但也有人认为这是不恰当的，因为投资者之所以要选择投资房地产，是因为房地产带来的投资收益大于银行的存贷款利息。正因为如此，投资者才愿意从银行贷款来投资房地产或者牺牲银行的存款利息来投资于房地产。因此，无论是贷款资金还是自有资金，利息都是作为投资收益的一部分，而不应作为费用扣除。

3. 折旧作为总费用扣除以及折旧年限的确定。运用收益法进行房地产评估，应将折旧费当作费用扣除，而也有人认为这是不恰当的，因为折旧并没有实际支出，是作为业主提留，它不同于总费用中的维修费、管理费、保险费、税费等都属于实际支出。因此认为如果把房地产作为一种投资，那么它每年的纯收益就应该是它的净现金流入量，其计算公式为：

净现金流入量 = 资本产出 + 资本回收

式中，资本产出为投资房地产的时间价值（投资利息）的体现；资本回收为房地产所提取的折旧部分。

当 a 每年变化，r 每年不变，且 >0，房地产有收益的年期为有限年期 n 时，其收益法公式为：

$$P = a_1/(1+r) + a_2/(1+r)2 + \cdots + a_n/(1+r)n$$

当 n = 1 时，$P = a/(1+r)$，则：

$$a = P(1+r) = P + Pr$$

由此可看出，净现金流入量 a（纯收益）是包括了 P（资本回收）和 Pr（资本产出，即投资房地产的时间价值）两个方面的内容，可见折旧并没有从总费用中扣除，而是作为纯收益的一部分。

对于不同的估价对象，折旧的种类是不相同的：①当估价对象是房地合一时，则折旧包括两方面：一是土地成本的分摊，二是建筑物的折旧，这两部分均应作为房地的纯收益。②当估价对象是土地时，土地纯收益 = 房地总收益 − 房地总费用 − 建筑物纯收益，这时，建筑物的折旧则应包含在建筑物的纯收益中扣除掉，而土地成本的分摊则作为土地纯收益的一部分不予扣除。③当估价对象是建筑物时，建筑物纯收益 = 房地总收益 − 房地总费用－土地纯收益，土地成本的分摊则应包含在土地纯收益中扣除掉，而建筑物的折旧则应作为建筑物纯收益的一部分不予扣除。

当计算建筑物折旧时，对于折旧年限的确定应注意以下问题：

（1）当建筑物经济耐用年限短于土地使用权出让年限时，取建筑物的经济耐用年限计算折旧。

（2）当建筑物经济耐用年限长于土地使用权出让年限时，取土地出让年限计算折旧并不考虑残值。

（3）当建筑物出现于补办土地使用权出让手续之前，其经济耐用年限早于土地使用权出让年限结束时，应按建筑物的经济耐用年限计算折旧。

（4）当建筑物出现于补办土地使用权出让手续之前，其经济耐用年限晚于土地使用权出让年限而结束时，应按建筑物可使用年限计算折旧并不考虑残值。

其中：

建筑物可使用年限＝土地补办出让手续前建筑物的使用年限＋土地使用权出让年限

4. 总费用中应考虑的税费项目。收益法在评估过程中所指的税费项目是指房地产在运营过程（出租、经营、生产期间）中所须缴纳的项目。

（1）对于单纯的土地租赁。根据国家税法，应当考虑以下几种税费：城镇土地使用税、营业税、城市维护建设税、印花税、教育附加费、交通重点建设附加费等。

（2）对于出租性、经营性房地产。根据国家税法，应当考虑以下几种税费：城镇土地使用税、房产税、营业税、城市维护建设税、印花税、教育附加费、交通重点建设附加费等。

（3）对于生产性房地产（企业）。应考虑城镇土地使用税、印花税及房产税等。

在房地产的税法中，土地增值税、契税及所得税等税种也不应计入该税费项目。

5. 维修费的求取方法及测算途径。房地产的维修费一般可分为日常性小维修和大维修费用。

（1）日常性小维修。日常性小维修发生较为频繁，费用较低，因此可取年折旧费的一定比例计算。其中，折旧费一般采用直线法估算，其计算公式为：

$$D = C \cdot (1 - R) / N$$

式中，C 为重置成本；R 为残值率；N 为经济耐用年限。

（2）大维修费用。大维修发生的次数相对较少，但发生的费用却较大，因此，大维修费用宜采用提取重置成本的一定比例计算，然后再做每年的平均摊销。

6. 对于出租性房地产，当土地取得方式为划拨时，“土地收益”部分作为总费用扣除。

目前，在一般情况下运用收益法估价时都没有考虑土地取得方式对收益价格的影响。但根据《中华人民共和国城市房地产管理法》第五十五条的规定：以营利为目的，房屋所有权人将以划拨方式取得使用权的国有土地上建成的房屋出租的，应当将租金中所含土地收益部分上缴国家。因为房屋所有权人并未获得“土地收益”这部分收益，故该“土地收益”部分不应计入在出租人的纯收益中，而是应作为出租人上缴国家的费用扣除。

7. 房地产收益年限的确定。对房地产收益年限的确定主要是根据土地的可使用年限或设定使用年限及建筑物可使用年限的不同来综合考虑。

（1）当土地为出让方式时，其计算公式为：

土地可使用年限 = 土地在估价时点的剩余年限（尚可使用年限）= 土地使用权到期时间 - 估价时点的时间

建筑物可使用年限 = 建筑物在估价时点的剩余经济耐用年限

对于评估对象为土地的情况，则用土地可使用年限作为该评估对象的有收益的年限；对于评估对象为建筑物或房地合一的情况，求取它的收益年限是通过土地可使用年限与建筑物可使用年限比较来确定的，即根据孰短原则来求取该评估对象的收益年限。

（2）当土地为划拨方式时，即未办理土地出让手续的情况，这时应设定在估价时点该土地用途的法定最高出让年限作为土地的可使用年限。在这种情况下，对于不同评估对象（土地、建筑物、房地合一）的收益年限的确定问题类似于土地为出让方式的情况。

第三节 矿业的企业价值评估

矿产资源是指由地质作用形成的，具有利用价值的自然资源，可分为能源矿产（如石油、煤炭）、金属矿产（如铁和铜）、非金属矿产（如金刚石、石灰岩和粘土）和水气矿产（如地下水和二氧化碳气）四大类。矿产资源在未探明之前是一种未知的、没有确定使用价值的自然资源，经过地质勘查部门的地质调查、矿产勘查查明的矿产资源储量，才能进入社会生产，为社会创造使用价值。矿产资源勘查开发行业是指对矿产资源的勘查、开发（开采、选矿、冶炼）利用的行业。矿业企业是从事矿产资源勘查、开发的经济组织。

关于矿业企业价值评估，目前还没有具有独立意义的结合矿业企业自身特点的矿业企业价值评估理论和方法体系。实际上，与其他行业企业相比，矿业企业价值评估也并无特别之处。重要的是作为企业法人单项资产的矿业权，在采用资产基础法评估矿业企业价值时显示出一定的特殊性。

一、矿业的行业特点

1. 矿产供求关系的特点决定了矿产价格波动性强。矿产在低价时，供给弹性大；而在高价时，供给弹性小，这是因为矿业的新增生产能力形成周期长。另一方面，矿产的需求弹性小，这是因为矿产的替代性差。但是，矿业作为基础产业，其产品的需求多为中间需求，受国民经济活动水平的影响较大。所以，当经济繁荣时，矿产需求量大，矿产价格高；而当经济萧条时，矿产需求量小，价格低。

2. 矿产资源为不可再生资源。矿产资源是在千万年以至上亿年的漫长地质年代中形成的富集物。相对于短暂的人类社会来说，矿产资源是不可再生的。它可以通过人们的努力去寻找和发现，而不能人为地创造。

3. 矿业是资金密集型产业，且矿业投资时滞长，投资的经济效果受市场价格变动和通货膨胀水平影响大。此外，矿业生产对象即矿体的属性复杂多变，不确定性强，因此矿业投资的市场与技术风险比较高。

4. 矿产资源开发常常对生态环境，包括空气、水体、土质、植被、地形地貌和自然景观等造成不同程度的污染或者破坏，具有较强的外部不经济效应。因此，矿业生产外部成本高。

5. 矿床勘探是矿床地质信息不断完备的过程，是矿业生产中的经常性活动，其费用是矿产成本的主要组成部分。另外，矿业生产活动多在山区和边远地区进行，工业基础设施条件，特别是交通运输条件差。因此，矿业生产的交易费用诸如信息、运输、购销等方面的费用较高。

6. 非金属矿产占矿产供给的比例大。新中国建立以来，开展了大规模矿产地质勘察工作，取得了巨大成就，现已发现的矿产有 168 种，探明有一定数量的矿产 153 种，其中，能源矿产 8 种，金属矿产 54 种，非金属矿产 88 种，水气矿产 3 种，探明矿产潜在的价值仅次于美国和原苏联，居世界第三位，是世界上矿产资源最丰富、矿种齐全配套的少数几个国家之一。

二、评估思路和参数的确定

（一）矿业权评估的特殊性

矿业权是基于相应的矿产资源法律制度，特别是矿产资源税费制度框架而建立的。各国的矿产资源法律制度和税费体制不同，矿业权评估的理论、评估规范、管理规定等相应不同。我国的矿业权评估与市场经济国家矿业权或矿资产评估对象的外延是不同的。例如，加拿大和澳大利亚的矿资产评估准则中的矿资产，并不完全对应于我国的矿业权，其不但包括类似于我国的矿业权，也包括其他诸如工厂、设备与基础设施的有形资产，其收益途径评估值自然包括所有有形和无形资产的价值。

在采用收益法评估矿业权时，首先，应当明确作为企业法人资产中的一项资产，其收益应当是企业整体收益的一部分；其次，应当明确如果国家出资形成的矿产地，还应将此部分收益在企业法人和国家之间进行分配，国家所得即所谓的矿业权价款。在评估实践中，国家和矿业权人如何体现各自的权益（矿产资源开发价值分割），对国家作为投资者身份的应得权益——矿业权价款、矿业权人作为一般投资主体的应得权益，以及矿产资源开发价值三者之间关系，是重点，也是难点。对非矿业权资产的投资资本及其报酬的扣除问题，或者如何体现企业整体收益一部分的思路，也是评估操作的难点。对此，国土资源主管部门在 2002 年及 2004 年组织编制的《矿业权评估指南》中规定，矿业权价款评估中，通过收益直接扣除的方式考虑。2006 年的《矿业权评估指南》修改方案中规定“在折现率中考虑”，但实际操作中并未考虑。

1. 现行的矿业权价值评估途径。其主要有市场途径、收益途径和成本途径三种。

- **市场途径**。又称“市场比较途径”，是指通过比较被评估矿业权与最近交易的矿业权的异同，调整某些参数，从而确定被评估矿业权价值的一种途径。市场途径是最接近市场价格的一种有效途径，但运用该方法需要的条件往往很难满足。

- **收益途径**。是通过估算资产的经济利益或未来现金流量的现值来计算被评估矿业权价值。此途径的关键是如何确定适当的折现率或资本化率。矿业权的评估价值与矿业权的效用和有用程度密切相关，矿业权的效用越大，获利能力越强，它的价值越大。合理确定折现率是收益途径的难点和障碍之一，它对评估结果的影响非常巨大。

- **成本途径**。采用成本途径评估矿业权仅用于探矿权的评估。当探矿权所指向的矿产地的勘查程度低，矿产的可靠性差，不适合采用收益途径评估探矿权的价值时，才可以考虑采用成本途径进行评估。探矿权的价值由成本和修正系数两部分组成。成本部分指的是勘查时所采用的各种技术方法的资金投入现值，而不是原始实际成本。修正系数是对成本的效用价值和这些成本投入获得的信息所反映的成矿潜力和经济意义所做的判断。

2. 矿业权价值评估应考虑的主要因素：

（1）储量品位。可以供开采的矿床中矿产品的储量品位对矿业权评估价值影响是最直接的。储量大、品位高的矿床，开采的经济价值大，矿业权评估价值就高。

（2）市场因素。供给和需求是影响矿业权评估价值的重要因素，它决定了矿产品的价格，在完全竞争市场中，与需求成正向关系，与供给成反向关系。受市场的影响，开采的矿产品的价格高低将通过影响矿山企业的收入来影响矿业权的价值。

（3）开采条件。影响矿业权评估价值的开采条件比较多，开采的难易将决定开采的成本高低，如矿体埋藏深度、矿体形态的复杂程度、矿体的产状（走向、倾向、倾角）、矿体的厚度、矿石与围岩的稳固性、地质构造的复杂程度、工程地质水文地质状况。开采条件好，投入产出高，矿业权评估价值高。

（4）开发利用方案。开发利用方案是矿业权审批时的必备要件，同样的矿山，开发利用方案不同，矿业权价值就不一样。许多企业通过开发利用方案来获取更多的利益。比如，在获取矿业权时，开发利用方案中可能设计某种夹石为废石，但实际开采时却对这种夹石进行综合开采利用，这样达到少缴纳价款的目的。

（5）产品方案。产品方案包括产品种类和产品构成、产品质量、销售方式及主要流向等。评估设定的产品方案可以为原矿，也可以为精矿或金属，确定产品方案后，其投资及成本费用口径要与产品方案一致。

（6）选冶条件。影响矿业权评估价值的选冶条件主要有矿石类型、矿物组成、技术品级、矿石结构、主元素和共生伴生元素等。选冶条件好，矿业权评估价值高。

（7）技术进步。由于科技的进步，原来不能被利用的低品位矿产品变得较容易利用，原来设计方案中的废石变得可以利用，这自然会提高矿业权的价值。同时，由于技术进步，新的替代产品被发现或者被生产出来，也可能使某些矿产品价值降低或被人们废弃，从而降低矿业权价值。

（8）区位条件。影响矿业权评估价值的区位条件有自然地理区位、经济地理区位和交通地理区位。自然地理区位包括矿区地形、地貌和矿区气候。经济地理区位和交通地理区位包括水、电、原材料、劳动力供应状况、矿区及周围经济文化发达程度、交通状况。区位条件对矿业权评估价值影响很大。区位条件优越，矿业权评估价值就高；反之，区位条件差，开采成本高，开采效益低，矿业权评估价值就低。

（9）经济因素。影响矿业权评估价值的经济因素主要包括经济发展状况、通货膨胀和政府的经济政策。这些因素对矿业权评估价值的影响比较复杂。如国家的税费政策、环境保护政策都会对矿业权价值产生直接的影响。

（10）其他因素。影响矿业权评估价值的其他因素有国际经济状况、军事冲突、国际垄断与竞争、自然灾害等，这些因素有时对矿业权评估价值产生重大影响。

（二）矿业企业价值收益法评估

对矿业企业用收益法进行评估时，有几个凸显行业特点的评估参数，需要在此明确。

1. 企业生产规模。从交易的角度，从评估领域"现值"的角度看，生产规模对矿业企业价值十分敏感。这并不难理解：如100亿吨保有储量的煤、在100万吨生产规模下的价值，与2500万吨保有储量的煤、在100万吨生产规模下的价值相差无几。但如果100亿吨保有储量的煤、在500万吨生产规模下的价值，将成倍高于2500万吨保有储量的煤、在100万吨生产规模下的价值。所以，在同一资源储量规模下，生产规模大小对评估价值的大小起了决定性的作用。在关注资源储量可靠性的前提下，高度关注生产规模。

评估中的矿业企业生产规模确定有两个因素：第一个因素是资源储量规模。矿山企业——单纯的采掘企业或采选（选矿）联合企业，其功能就是开发矿产资源，从某种程度讲，资源储量决定了一切。资源的规模本身有规模类型外，矿山也有规模类型，不管什么规模类型，决定其大小的就是资源储量的大小。第二个因素是国家相关政策。对探矿权评估以及拟建项目的采矿权评估，国土资源行政主管部门对建设规模有最低生产建设规模要求的，确定评估生产能力参数时，应不低于最低生产建设规模。同时，应注意根据国家发展和改革委员会近期批准的总体规划，该矿山的设计规模是否与划定矿区范围一致。对于国家进行开采总量宏观调控的矿种或者国家保护性开采特定矿种，如钨、稀土等，确定的生产能力原则上不应超过相关管理部门下达的生产指标。对采矿权人有偿取得时是按采矿权出让期限部分有偿处理的（即按设定生产能力及部分矿山服务年限有偿），应根据有偿出让时设定的生产能力及有偿出让年限的剩余年限，在采矿权人实际可支配的有偿出让范围（所指向的矿产资源储量）确定评估用生产能力，并在评估报告中予以披露。矿山生产能力一般均有标准规模，当计算的生产能力不符合标准规模时，应综合考虑相关影响因素，确定符合标准规模的矿山生产能力。如煤矿矿井评估用生产能力应符合矿井类型（井型）划分的有关规范，大型矿井为120、150、180、240、300、400、500、600万吨/年及以上；中型矿井为45、60、90万吨/年；小型矿井为3、6、9、15、21、30万吨/年等。一般不应出现介于两个标准规模中间的类型。

2. 收益期的确定。矿山企业的收益年限，多数情形下，取决于可采储量。资源要素限制下的企业，收益年期通常考虑资源存量情况。比如矿山企业，根据保有的矿产资源储量和确定的生产规模，估算的矿山开采年限通常可以作为企业的收益年限，但有依据表明企业在矿产开采时生产勘探能够增加资源储量，收益年限可以考虑延长。涉矿企业价值评估，收益年期应当与资产基础法的矿业权评估对接一致。

3. 产品价格的确定。确定的矿产品计价标准与被评估矿业权的对应的产品方案应一致，确定产品方案应考虑国家（和市场通用）产品标准，或能够通过国家产品标准（和市场通用）换算成符合产品方案的计价标准。确定的矿产品价格一般应是实际的或潜在的销售市场范围市场价格。市场范围包括地域范围和客户范围。不论采用何种方式确定的矿产品市场价格，其结果均视为对未来矿产品市场价格的判断结果。矿产品市场价格的确定，应有充分的价格信息，并分析价格变动未来趋势，确定与产品方案口径相一致的、评估计算的服务年限内的矿产品市场价格。

在理解矿产品价格时，应特别注意以下几点：

（1）矿产品规格：通常，同类矿产品具有不同的规格，其价格存在差异。应当全面分析矿产品的质量、规格以及国家标准和市场惯例的计价方式，选择（或调整）与矿产品质量、规格口径一致的价格，如品位、品级、标号、发热量、硬度、粒度、用途等。

（2）矿产品产地：通常，产地不同，矿产品价格不同。矿产地不同涉及矿产品的流通环节，运输量大、单位重量价值相对较小的矿产品如煤、铁等，不同地区的矿产品报价受运输费用的影响较大。参考矿产品集散地报价，还应当考虑矿产地与集散地之间的交通条件以及运输费用等。

（3）矿产品价格时间。

（4）矿产品内部交易：采、选（冶）联合企业或关联企业中的中间产品，企业内部结算价格往往与市场价格存在差异，除运输、销售费用外，可能涉及内部利润的核算分配。

（5）矿产品价格优惠与折扣。

（6）矿产品价格的税收调整：矿产品价格分含税价与不含税价，主要涉及增值税。当依据的历史价格信息为含税价格时，不论采用何种价格预测方法，均应调整为不含税价格。

（7）矿产品交易方式：交易方式主要有货到付款形式、预付款形式、赊销形式等。通常，不同交易方式下，矿产品价格不同。

（8）销售费用与价格口径：矿产品销售方式（尤其是销售地点）直接影响销售价格。价格高低可能与销售费用相关。

（9）进口价格（或国际价格）：国内市场不发达的矿产品，其进口价格（或国际价格）可能是主要的参考价格。

4. 资本性支出的确定。矿山企业进行地下开采的巷道有开拓巷道，开拓巷道是服务于整个矿山的、整个寿命期的（如风井、主井等）；而一些开采断面上的巷道是服务于特定的开采块段的，时间长短差异较大。对于开拓巷道以及服务于几个开采块段的巷道，企业会计核算为资本化的“巷道”，其资本性支出需根据实际情况“维护”并进行“折旧性质”的处理。对于服务于一个块段的巷道，企业会计核算可能是费用的，也可能是资本化的。评估应根据实际情况处理。

5. 维简费的确定。维简费，是1954年首先由煤炭生产企业提出，其一般理解为“维持企业简单再生产的费用”。之后，财政部发布的一系列文件，均将“维持企业简单再生产的费用”简称为“维简费”。我国矿业企业现仍采用对采矿系统提取矿山维简费和其他系统提取折旧费的做法。根据现行规定，部分固定资产计提维简费（或更新改造基金），部分固定资产计提折旧。但维简费并不完全等同于折旧。维简费一般包含两个部分：一是已形成的采矿系统固定资产的折旧（折旧性质的维简费）；二是维持简单再生产所需资金支出（更新性质的维简费）。

进行矿业企业价值评估时，应根据现行有效的维简费政策文件处理、计取维简费，如：①财政部、国家发展改革委、国家煤矿安全监察局《关于印发〈煤炭生产安全费用提取和使用管理办法〉和〈关于规范煤矿维简费管理问题的若干规定〉的通知》（财建［2004］119 号）。②国家建材局、财政部《关于提高部分重点非金属矿企业维简费提取标准的通知》（建材经财发（1991）81 号）。③财政部、化学工业部《关于调整重点化学矿山维简费提取标准的通知》（化矿字（1991）第 888 号）。④财政部《关于提高冶金矿山维持简单再生产费用标准的通知》（财企［2004］324 号）。⑤中国有色金属工业总公司、财政部《关于提高有色金属统配矿山石灰石维持简单再生产费用标准的通知》（［92］中色财字第 0380 号）。⑥冶金部、财政部《关于提高重点石灰石矿矿山维持简单再生产费用标准的通知》（［92］冶经 312 号）等。

6. 矿产资源补偿费和资源税。

（1）矿产资源补偿费。矿产资源补偿费是一种财产性收益，它是矿产资源国家所有权在经济上的实现形式。矿产资源补偿费由中央和地方共享。国土资源行政主管部门会同同级财政主管部门负责征收。矿产资源补偿费按照矿产品销售收入的一定比例计征。其计算公式为：

$$\text{征收矿产资源补偿费金额} = \text{矿产品销售收入} \times \text{补偿费费率} \times \text{开采回采率系数}$$

矿产品是指矿产资源经过开采或者采选后，脱离自然赋存状态的产品。①采矿权人对矿产品自行加工的，按照国家规定价格计算销售收入；国家没有规定价格的，按照征收时矿产品的当地市场平均价格计算销售收入。采矿权人向境外销售矿产品的，按照国际市场销售价格计算销售收入。矿产资源补偿费以矿产品销售时使用的货币结算。采矿权人对矿产品自行加工的，以其销售最终产品时使用的货币结算。②补偿费费率范围为 0.5% ~ 4%。各矿种具体费率应按 1994 年国务院《矿产资源补偿费征收管理规定》（国务院令［1994］第 150 号）选取。③对生产矿山核定开采回采率，以按照国家有关规定经批准的矿山设计为准；按照国家有关规定，只要求有开采方案，不要求有矿山设计的矿山企业，其开采回采率由县级以上地方人民政府负责地质矿产管理工作的部门会同同级有关部门核定。对新建矿山，开采回采率系数通常取 1。其计算公式为：

$$\text{开采回采率系数} = \text{核定开采回采率} \div \text{实际开采回采率}$$

与其他矿产有所不同，黄金矿产资源补偿费的计算公式为：

$$\text{黄金矿产资源补偿费} = \text{矿产品销售收入} \times \text{补偿费费率} \times \text{回采率系数} \times \text{补偿费计征调整系数}$$

（补偿费计征调整系数为 65% ~78%）

（2）资源税。资源税是以各种自然资源为课税对象，为调节资源级差收入并体现国有资源有偿使用而征收的一种税。现行资源税采取的是从量计征的方法，对课征对象分别以吨或立方米为单位，征收固定的税额。我国 1984 年开征资源税，并于 1986 年和 1994 年对资源税制度进行了改革和完善。资源税征税范围包括应税矿产品（原油、天然气、煤炭、其他非金属矿原矿、黑色金属矿原矿和有色金属矿原矿）和盐两大类。纳税人包括所有开采应税矿产品和生产盐的单位和个人。资源税实行从量定额办法征税，计税依据是对所开采的资源销售量或自用数量按规定税额征收。其计算公式为：

应纳税额 = 课税数量 × 单位税额

其单位税额因资源赋存状况、开采条件、资源等级、地理位置等客观条件的差异而规定了幅度定额税额，一个矿区一个税率。纳税人具体适用的税额是由财政部商国务院有关部门根据其开采的资源状况在幅度内确定。

【思 考 题】

1. 金融行业有什么样的特点？

2. 用权益现金流法评估金融企业价值时，有哪些是需要特别注意的？

3. 房地产企业评估时的特殊性体现在哪些方面？

4. 如何区分房地产业的实际收益和客观收益？试举例说明。

5. 用收益法对矿业企业进行评估时，哪些参数体现了其行业特点？应如何确认？

第八章 特定目的的企业价值评估

【学习目的与要求】

掌握不同评估目的下对企业价值进行评估时需要关注的重点及评估时适用的方法，掌握并购重组、上市中的企业价值评估的要点。

【关键词】

企业价值评估　并购重组上市

第一节 并购重组企业价值评估

一、并购重组概念

企业并购重组有广义和狭义之分。广义的并购重组是指企业经营过程中导致企业控制权归属和/或资产的规模与结构发生重大变化的事件和行为，包括兼并、收购、分立、剥离、资产置换等，即并购与重组的统一。狭义的定义区分并购和重组，并购（Merger & Acquisition，M&A）是兼并与收购的总称，是在市场机制下，企业为了获得其他企业的控制权而进行的企业产权交易和资本运营行为。处于并购方和被并购方的企业分别被称为“并购企业”和“目标企业”。重组是指上市公司及其控股或者控制的公司在日常经营活动之外购买、出售资产或者通过其他方式进行资产交易达到规定的比例，导致上市公司的主营业务、资产、收入发生重大变化的资产交易行为，或称“资产重组”。本书所指的并购重组主要采用广义的定义。

二、企业并购重组的价值来源分析

企业并购重组的直接动因有两个：一是最大化现有股东持有股权的市场价值；二是最

大化现有管理者的财富。这二者可以是一致的，也可能发生冲突。无论如何，增加企业价值是实现这两个目的的根本。企业并购重组的价值来源主要体现在以下几个方面：

（一）获取战略机会

兼并者的动机之一是要购买未来的发展机会。当一个企业决定扩大其在某一特定行业的经营时，一个重要战略是兼并在那个行业中的现有企业，而不是依靠自身内部发展。其原因是：第一，直接获得其正在经营的发展研究部门；第二，获得时间优势，避免了工厂建设延误的时间；第三，减少一个竞争者并直接获得其在行业中的位置。企业重组的另一个战略机会是市场力的运用。两个企业采用同一价格政策，可使它们得到的收益高于竞争时的收益。大量信息资源可能用于披露战略机会。财会信息可能起到关键作用。如会计收益数据可被用于评价行业内各个企业的赢利能力，可被用于评价行业赢利能力的变化等。这对企业重组是十分有意义的。

（二）发挥协同效应

企业并购重组的协同效应是指重组可产生“1 + 1 > 2”，或“5 - 2 > 3”的效果。产生这种效果的原因主要来自以下几个领域：第一，在生产领域，通过重组，可产生规模经济性，可接受新的技术，可减少供给短缺的可能性，可充分利用未使用的生产能力。第二，在市场及分配领域，通过重组可产生规模经济性，并成为进入新市场的捷径，还可以扩展现存分布网络，增加产品市场的控制力。第三，在财务领域，通过重组可以充分利用未使用的税收利益，开发未使用的债务能力。第四，在人事领域，通过重组吸收关键的管理技能，使多种研究与开发部门融合。在各个领域通过各种方式实现重组效果，都离不开财务分析。例如，当要估计更好地利用生产能力的收益时，分析师要检验行业中其他企业的赢利能力与生产能力利用率之间的关系；要估计融合各研究与开发部门的收益，则应包括对复制这些部门的成本分析。

（三）提高管理效率

企业并购重组的另一个价值来源是提高管理效率。企业重组增加管理效率的一种情况是：现在的管理者以非标准方式经营，因此，当其被更有效率的企业收购后，现在的管理者将被替换，从而使管理效率提高。要做到这一点，财务分析有着重要的作用。分析中要观察：第一，兼并对象的预期会计收益率在行业分布中所处的位置；第二，分布的发散程度。企业在分布中的位置越低，分布越发散，对新的管理者的收益越大。企业重组增加管理效率的另一种情况是：当管理者的自身利益与现有股东的利益更好地协调时，就可增加管理效率。如采用杠杆购买后，现有管理者的财富构成取决于企业的财务成功，这时，管理者可能将其注意力高度集中于公司市场价值的最大化上。

（四）发现资本市场错误定价

如果一个个体能发现资本市场证券的错误定价，他将可从中获益。财务出版物经常刊登一些报道，介绍某单位兼并一个公司，然后出售部分资产就收回其全部购买价格，结果以零成本取得剩余资产。投资银行家在这个领域的活动很活跃。

企业重组影响还涉及许多方面，如所有者、债权人、劳动者和消费者。在所有企业重组中，各方面谈判能力的强弱将影响公司价值增加的分配，即使企业重组不增加价值，也会产生价值分配问题。重新分配财富可能是企业重组的明显动机。

三、并购重组中的企业价值评估方法

（一）评估方法概述

企业并购重组的评估方法与一般经济行为下的评估方法在本质上并无太大差异。国际上评估企业价值的基本方法主要分为以下几类：第一类为收益法，如现金流量折现法、股利折现法等；第二类为市场法，如可比交易案例法、可比公司法，在证券投资分析领域，主要采用乘数方法，如PE估值法、PB估值法、托宾Q估值法、EV/EBITDA估值法等；第三类为资产基础法，又称“成本加和法”。由于不同的企业情况各不相同，因此在评估时，应视具体情况具体应用。

（二）评估方法在并购重组估值的运用分析

每一种评估方法都有其自身的适用条件和假设前提，侧重价值的不同方面，从一个独特的视角来反映价值的驱动因素。资产基础法注重企业潜在资产的假定规模；市场法以同类可比投资支付的价格为基准；收益法关注将来的投资回报现值，反映相对风险水平。同时，每一种评估方法都有自身的局限性，限制或削弱了其在特定评估项目中的有效性。评估并购中目标企业价值，使用何种方法以及各自的可靠性，取决于企业所处的行业和产业生命周期、竞争环境、外部条件和股权结构、交易控制权和资料信息的充分度等因素。

评估方法是实现评估目的的工具和手段，其逻辑路径是：并购动因的差异决定了评估目标企业价值目的的差异，从而决定了价值类型的差异，而价值类型又直接规定和制约了评估方法的选择。因此，采用哪种或哪些评估方法，某种意义上是由并购决策和并购性质决定的。比如，当并购后目标企业是持续经营时，对于具有持续的较高赢利水平的企业整体资产进行评估，一般采用收益法。在对企业价值评估结果的确定上，可以辅之以资产价值评估法和市场比较法来进行调整、修正；若并购后目标企业不可能持续经营时，对于经济效益一般，企业未来收益为正值，但资产的整体性能及各资产之间的相关程度较差的企业，运用收益法应当慎重，而可以用重置资产基础法，并适当考虑商誉的价值，以此来验证收益法评估的结果；对于亏损企业的整体评估，一般采用重置资产基础法，而对破产企业一般用清算价值法。如果证券市场上存在类似上市企业，该类企业市场表现比较稳定，并且，在各种会计数据及会计比率的可信度及可比性都较强的情况下，可运用市场法。新兴行业和附加值较高的行业风险大、成长性高，而且实物资产所占比重小，专利和特许经营权等无形资产却很可能在并购后带来巨大的经济利益，这时采用期权定价法或收益法可以较好地考虑这些潜在机会和无形资产的价值。对于一些特殊情况，如处在困境中的企业、周期性企业、拥有闲置资产的企业、拥有专利或者产品期权的企业等，可借助期权定价法来补充调整估计目标企业的价值。

此外，并购中的企业价值评估还要求评估的高效率。相同的评估目的，可能存在多种可行方法，但是外界评估条件的满足程度和相关资料的获得都不尽相同。在注重方法科学性和适用性的同时，适当考虑评估本身的成本收益。例如，现金流量折现法比较理想，但若资料搜集成本高、耗时长，资产基础法通过补充调整能较真实地反映企业价值，就可采用。

我国的《资产评估准则——企业价值评估》提倡在实践中更多地同时使用两种或以上的评估方法。如果条件允许，可以考虑把几种方法结合使用，或将各种合适的方法的评估结果进行加权平均，计算出目标企业最终的整体评估价值，以减少并购交易中的风险，真正实现企业的并购目标。如果几种方法的结论存在较大差异，就需要检查两种方法的资料和路径是否可靠，从而判断其结论是否可靠。

（三）境外并购重组估值与定价基本情况

在境外并购重组交易中，交易双方一般均会各自聘请投资银行作为财务顾问，主要依赖财务顾问对交易的估值提供直接的支持和咨询服务，做出最后的估值判断，并确定交易价格。在某些特定行业，如房地产、石油天然气、采掘业，会引入专业的评估机构对相应的物业资产和资源做出评估，为财务顾问对交易的整体估值服务。

1. 境外并购重组估值与定价方法。从目前境外并购重组交易的具体操作来看，各投资银行一般采取现金流折现法（DCF）、可比公司法、可比交易法对企业进行估值。

财务顾问一般根据以上各种方法得出的企业价值的范围，并且考虑历史股价、投行分析师目标价、各种溢价折价因素等，最终确定估值范围，进而确定交易价格。财务顾问通常考虑的定价调整因素主要包括：

（1）收购股比：随着收购目标公司的股份比例的上升，收购方对目标公司日常经营和管理的控制力也逐渐提升，收购方需要支付的溢价也逐步增加。

（2）交易性质：一般情况下，在敌意收购中，收购方往往要支付更高的溢价来获得目标方股东的支持。

（3）商业意义：境外并购重组往往带有明确的商业目的。收购方一般期待交易带来一定的协同效应，提供自身的价值。通过财务顾问对协同效应的量化分析，收购方可以判断收购报价的大致范围。

（4）其他：包括交易是否出现了竞购局面，激烈的竞争将提高收购对价；交易是否涉及其他政治、环境、安全因素；交易进行时的宏观经济情况等等。

2. 境外并购重组估值与定价特点。在境外并购重组交易中，估值的高低，溢价的大小，不是一个绝对的概念。关键在于企业是否通过交易实现了自身的战略意图和商业利益，并将相应成本控制在适当的范围，从而实现整体的价值提升。

从境外并购重组交易过程中的市场各方评论和分析来看，交易目的主要还是集中在交易背后的商业动机。在涉及对估值和定价的分析时，也基本以商业利益和协同效应为依据。

因此，我们可以看到，在许多境外并购重组交易中，虽然收购方支付了很高的溢价，但通过后续有效的整合，实现了可观的协同效应，企业得到了迅速发展。例如，沃达丰对曼内斯曼的敌意收购。当然，也有一些高溢价的交易，最后没能通过有效整合实现当初的协同效应，这就是收购方过高估计了自己的能力，做出了较难达到的战略抉择，最后导致交易无法实现计划中的商业价值，因此，也出现了收购方在收购过程中向下调整收购对价，以反映对后续协同效应的补偿。例如，保诚收购友邦保险的例子。

四、企业并购重组价值评估的价值类型

企业并购重组价值评估，要明确划分评估的价值类型是“市场价值”，还是“投资价值”或“协同价值”。

（一）服务于并购重组目标企业或资产的“市场价值”评估

一般情况下，企业价值评估中的“价值”指的是被评估企业（目标企业）的市场价值，它是并购或重组目标企业定价的目标或者说参照，最终的并购重组价格取决于交易双方的博弈结果。从评估服务的目的看，如果是为并购重组目标企业股权或资产提供公正、合理的价值评估，一般应以公正的市场价值（公允价值）作为并购重组交易行为的基本参考，这也是专业评估价值类型中“市场价值”的要求，从而客观反映标的产权或资产对不同主体的客观、典型的相对价值。

（二）服务于并购企业的“投资价值”评估

由于不同企业之间的协同效应不同，其协同效应创造的价值也就不同，所以，同一标的企业对于不同的战略并购企业具有不同的价值。因此，在战略并购中，也需要提供并购企业对目标企业的“投资价值”评估，或者是“协同价值”的评估，即目标企业自身价值加上目标企业与并购企业协同效应创造的价值。

以上不同的价值类型是基于不同的评估目的，也是针对各类主体或特定主体价值评估的不同要求。从某种角度看，两类价值类型的评估都是必要的，前者是客观的市场价值，后者是主观的投资价值。

五、国内上市公司并购重组价值评估理论的特殊问题

我国上市公司并购有许多不同于西方国家的基础条件，存在发展的不平衡和较大的波动性，也面临新兴市场国家资本市场所普遍存在的问题，在并购重组价值评估领域同样面临着诸多困惑和难点。因此，有针对性地进行研究，提出相应的解决思路，具有非常重要的理论和实践意义。

（一）市场有效性的判断直接影响定价的合理性

西方主流财务理论以投资组合理论、有效市场理论和资本结构理论作为研究基石。其中，投资组合理论将风险通过多样化进行分配，获得在特定风险下的最佳投资回报；有效市场理论认为，在有效市场中，当前股票价格成为反映所有信息的数据。而中国资本市场的有效性一直存在争议，也存在诸如“弱有效”等观点。市场的有效性判断直接影响评估理论及实践，特别是对以资本市场股票价格定价的合理性存在疑问，也使目标公司定价的核心由“价值评估”转变为“发盘出价”。例如，《重大资产重组管理办法》中规定，

发行股份购买资产的价格以董事会决议日前 20 个交易日的均价作为拟注入上市公司资产的发行价格，但这种做法的合理性值得探讨。

（二）"壳"资源

由于我国证券市场的特殊性，"壳"资源具有较高价值，如何合理确定其价值？当前，对"壳"资源价值评估的方法主要可概括为两大类别：第一类是综合考虑"壳"资源带来的市场溢价，如控制权溢价、并购溢价等因素后，对"壳"资源带来的未来超额收益进行折现等收益途径，对其价值进行评估，进而得到"壳"资源价值；第二类为成本途径，即分别估算"壳资源"花费成本和取得的收益，收益和成本之差即"壳资源"的价值。

六、资产评估机构与财务顾问在企业估值中的共同点与差异

目前，在国内市场的并购交易中，提供价值评估服务的专业机构主要有资产评估公司和财务公司，两者的价值评估工作既有共同之处，也有一定的差异，双方对于不同类型并购交易最终交易价格的达成起到了重要的作用。

（一）资产评估机构和财务顾问在企业估值中的共同点

资产评估机构和财务顾问在开展企业价值评估中所基于的理论基础、所使用的基本方法在本质上是相通的。

1. 理论基础。资产评估机构和财务顾问两类机构开展企业价值评估的理论基础均是基于现代金融和财务管理的相关理论和模型，包括但不限于企业价值最大化理论、行为金融学理论、绝对估值法、相对估值法、CAPM 模型、DCF 模型等，属于同一理论体系。

2. 基本方法。关于企业估值，国际上通用的途径有多种，常见的基本途径可以概括为三种：收益途径、市场途径和成本途径。

在资产评估机构的企业估值中，企业价值评估的主要方法为收益法、市场法和资产基础法。财务顾问在企业价值评估中主要采用的方法，常见的称谓为"现金流折现法（DCF）"、"可比公司法"和"可比交易法"。不难看出，财务顾问采用的现金流折现法与资产评估师的收益法原理相通；而财务顾问使用的可比公司法和可比交易法与资产评估师采用的市场法中的参考企业比较法和并购案例比较法相互呼应。资产评估机构与财务顾问以各自不同的方式，诠释着企业估值基本方法的内涵。

在不同的交易中，评估机构和财务顾问都会视具体情况，如估值目的、可获信息、估值对象特点等，选择合适的估值方法。

（二）资产评估机构和财务顾问在企业估值中的差异

资产评估机构与财务顾问两类机构发挥的功能不同，导致在并购重组估值的具体操作中存在差异。以下仅从技术规范、价值类型、适用领域、法律责任、评估过程、评估成果及时效性的实际操作角度，根据并购重组过程中评估机构及财务顾问的不同作用，对两类机构进行分析与比较。

1. 技术规范。目前，无论是在世界范围内还是在我国，评估机构进行资产评估的相关技术规范已较为成熟完善。以我国为例，资产评估已构建起全面的准则体系，该体系从基本准则、具体准则、评估指南和指导意见等多层次、多角度对资产评估中的具体方式方法、操作要求和操作要点等都做出了规定。其中，《资产评估准则——企业价值评估》对评估机构开展企业价值评估的基本要素、方法选择、相关披露等均做出了明确的要求。此外，还有《企业国有资产评估报告指南》、《资产评估操作规范意见(试行)》等对特定企业价值评估进行了全面、细致的规范与指导。资产评估机构在开展具体项目评估时，无论是方法选择，还是具体开展程序、评估结论的确定等，都要遵循相关规定。

财务顾问在并购重组过程中对企业所做的估值，目前国际上通用的为现金流折现法、可比公司法和可比交易法，在具体估值模型搭建和操作上，并无成文的具体法规规定可依，主要依赖于通行的行业技术规范、具体操作人员的专业判断，以及市场普遍遵循的商业惯例。并且，在具体操作时，财务顾问还需结合具体企业和交易的情况对估值方法加以灵活的运用，灵活性较大，在面对市场化的并购重组交易时，能较好地考虑多个快速变化的因素的综合影响。财务顾问的估值技术最早诞生于境外成熟的资本市场，依赖的是财务顾问良好的专业水平。我国财务顾问估值起步较晚，目前不同财务顾问的估值专业水平也存在一定差异。

2. 价值类型。资产评估机构的估值通常分为市场价值和市场价值以外的价值类型两大类，其中，市场价值是指自愿买方和自愿卖方在各自理性行事且未受任何强迫的情况下，评估对象在评估基准日进行正常公平交易的价值估计数额。市场价值以外的价值类型包括投资价值、在用价值、清算价值、残余价值等。在目前上市公司并购重组资产评估中，应用较多的是市场价值和投资价值，其中，市场价值结论往往被作为交易双方确定交易资产公允价值的参考依据，为并购重组交易定价及资产保值、增值提供客观标尺，是资产评估机构提供中立估值意见要求下主要使用的价值类型；投资价值是指评估对象对于具有明确投资目标的特定投资者或者某一类投资者所具有的价值估计数额，属于特定投资者价值。不同的价值类型服务于委托方不同的价值参考需要。目前，国际评估界突出强调的协同价值等价值类型在国内上市公司并购重组的资产评估中尚不多见。

财务顾问对企业进行的估值，则是在目标资产或企业公允价值的基础上，进一步从投资咨询和顾问的角度出发，通过不同的情景设置，寻找并发现在不同的商业环境和发展战略下，进行并购重组活动对企业带来的协同效应和价值提升，从而获得目标资产或企业的投资价值，为交易溢价的决定和企业的最终报价提供可靠依据，为企业的并购重组活动提供最佳的商业决策和判断。因此，财务顾问的估值过程是一个寻找企业投资价值，服务委托方定价的过程。

3. 适用领域。目前，资产评估机构的企业价值评估已从最初为国有经济服务扩展到为各种所有制经济服务，成为企业改制、金融及资本市场监管、公共资产管理、司法鉴证等经济行为的重要参考依据。在大中型国有企业的公司制、股份制改革中，资产评估机构在提供企业价值评估服务的同时，也帮助企业理顺产权关系，妥善处理历史遗留问题，保证改革改制工作的顺利进行；在企业国有产权的流转和配置过程中，资产评估是反映国有资产真实价值的基本手段，也是国有资产流转的定价机制，在防范国有资产流失方面起着重要的基础性作用；在资本市场中，资产评估机构的企业价值评估不仅为改制发行上市和并购重组交易提供价值参考，也为包括金融资产、投资性房地产、生物资产等公允价值的计量提供参考。资产评估在国有资产保值、资本市场并购重组、提高资本市场财务会计信息质量方面发挥了举足轻重的作用，不仅有利于维护国有资产的合法权益，也有利于维护资产产权交易所涉及的各方合法权益，助推公开、公平、公正的市场经济秩序的建立。

财务顾问的企业估值具有更强的综合性和商业性，除了对标的企业基本价值的判断外，在估值过程中还需对企业的各种战略选择、交易方案、收购协同效应、财务回报等多方面加以综合分析考虑，因此，除上述企业上市、合资、收购、合并、股权转让等交易外，还被广泛地应用于其他各种复杂的市场化并购交易中，例如，上市公司间的并购、要约收购上市公司、杠杆收购等，直接服务于企业，帮助企业解决并购重组过程中对目标企业或资产的价值发现和认定过程，服务于企业的商业决策。

4. 法律责任。评估机构除承担相对于客户的责任外，其出具的正式资产评估报告由于具有鉴证作用，若出现重大失误或差错，还需承担相应的法律责任。

一般情况下，财务顾问主要受雇于企业，对企业的董事会和广大股东负责，财务顾问所需承担的责任会受到相应的财务顾问协议的有关内容的约束。在上市公司相关交易中，还需遵循证券监督管理机构的相关法规，并受到相应监管。

5. 评估过程。在为并购双方提供中立估值意见的委托要求下，评估机构需以评估对象过往经营状况为依据，以其在评估基准日的现实状况为基础，从现有的发展和投资计划出发，并参照行业现状和前景，对企业未来的经营状况做出合理假设。作为基于现状的市场价值评估，该类估值强调对企业资产现状的价值判断，即在企业以目前状况持续运营的情况下，得出企业的客观价值；该类估值过程中较少对企业经营状况进行逆向假设，且通常不考虑募集资金使用带来的价值变化和并购重组产生的协同效应等并购重组期后事项对评估对象现时价值的影响。

并购交易中，财务顾问的工作往往贯穿于并购交易的各个环节，包括尽职调查、交易结构设计、谈判、监管沟通、融资安排等。财务顾问对企业进行估值的过程，是帮助企业发现并挖掘自身价值的过程，也是将对并购交易的全盘考虑综合量化的过程，为企业战略决策提供重要支撑。通过估值，找到影响企业价值的关键因素，分析企业未来发展的不同战略选择对企业价值的影响，以帮助企业做出正确的商业决策。其具体体现在对各个关键参数做敏感性分析，设置不同情景，考虑并购重组的协同效应，考虑企业的自身特性等。财务顾问往往本着企业商业利益最大化的原则，参考行业平均水平和企业过往状况，重点考虑企业的自身特点和未来发展路径选择，以得出特定交易下特定目标对特定企业的商业价值。此外，财务顾问对企业的估值过程是个综合的过程，除了企业自身的特点外，还考虑到了相应交易的执行战略、交易方案、对价支付、潜在风险等各个方面对企业价值和财务表现可能带来的影响。

6. 评估成果。在目前为上市公司并购重组双方提供定价依据的过程中，评估机构进行资产评估遵循国有资产评估管理相关要求，最终的评估结论通常为一个确定的数值。只有在特定情况下．经与委托方沟通，评估结论才会采用区间值表达。在资产评估报告中，评估机构须将评估结论与评估目的、评估范围和对象、价值类型和定义、评估基准日、评估假设和限定条件、评估依据、评估方法、评估实施过程、特别事项说明以及评估报告使用的限制条件等，按照评估准则要求，进行全面而规范的列示和披露，同时附上各种备查的数据和文件，以供报告使用者准确了解和理解评估事项及结论。在为国有资产提供估值时，为便于国有资产管理部门对评估过程的监督和审核，评估机构还须按相关法规提供规范的资产评估技术说明等备查文件。此外，资产评估机构所开展的各项评估业务均须按照规定保留规范的工作底稿以备各项审查或查阅。可见资产评估机构的评估工作成果必须严格符合各项规范性要求。

财务顾问对企业进行的估值，一般对目标企业的价值评估结论会是一个范围，即估值区间。该估值区间包含了一些关键参数在不同取值范围下的情况，也包括了不同商业环境和发展情景下的情况，向企业管理层展示了不同宏观影响和企业发展战略对企业价值的影响，为管理层的最终决策提供参考依据。在此基础上，财务顾问也会向企业提出最终的估值建议。

7. 时效性。资产评估机构进行的资产评估有较为严格的时间要求，包括评估基准日以及评估报告的有效期等。其中，评估基准日作为企业价值评估的基准时点，往往同时具有作为交易双方定价基准时点和作为并购重组后账务处理基准时点的双重功能，确定后一般不进行变更，除非有经济行为进展等实质需求出现，此时评估机构将与委托方等各相关方协商后对评估基准日进行调整；评估报告的有效期则限定了评估报告可被用作并购重组作价参考依据的有效时间长度，超出该有效时间范围，则评估结果失去其时点效用。通常，只有当评估基准日与经济行为实现日相距不超过一年时，才可以使用评估报告。

财务顾问的企业估值有一定的估值时点的要求，但较为灵活，可根据企业的需要和项目的实际情况进行调整。财务顾问的估值并无具体的有效时间的限定，随着时间推移，若估值对象的经营状况或外部商业环境发生重大变化，财务顾问可根据新的情况对原有估值进行更新、修正和调整，随时、及时地体现这些重大变化的影响，满足企业在动态商业环境和经营活动中对企业价值的变化持续关注的要求。

第二节 企业上市价值评估

上市，即首次公开募股（Initial Public Offerings，IPO），是指企业通过证券交易所首次公开向投资者增发股票，以期募集用于企业发展资金的过程。

按照我国《首次公开发行股票并上市管理办法》（证监会令第 32 号）和《上市公司重大资产重组管理办法（2011 年修订）》，企业上市中的企业价值评估涉及两个阶段：一是上市前的企业价值评估；二是已经上市公司进行资产重组时的企业价值评估。上市前的企业价值评估主要是为询价得到发行价格提供一个可以参考的依据，下面探讨上市前的企业价值评估中的一些注意事项。

《首次公开发行股票并上市管理办法》（证监会令第32号）规定：发行人的股东大会应就发行股票的价格区间或者定价方式做出决议。股票的价格区间或者定价方式均涉及对拟上市公司价值的判断。

就估值模型而言，不同的行业属性、成长性、财务特性决定了上市公司适用不同的估值模型。目前较为常用的估值方式可以分为两大类：收益法与市场法。

一、收益法评估中应注意的问题

所谓收益法，就是通过合理的方式估计出上市公司未来的经营状况，并选择恰当的贴现率与贴现模型，计算出上市公司的价值，如最常用的股利折现模型（DDM）、现金流贴现模型（DCF）等。贴现模型并不复杂，关键在于如何确定公司未来的现金流和折现率。

1. 未来现金流的估算。20世纪50年代两位诺贝尔奖得主弗兰科·莫迪利安尼（Franco Modigliani）和莫顿·米勒（Merton Miller）假定，公司的经济资产价值等于对这些资产索求权的价值。因此，在计算企业价值时，可以采用企业自由现金流，也可以采用股权自由现金流。采用企业现金流计算出公司的经营价值，然后减去非权益财务索求权（如债务）得出权益资本的价值；采取股权自由现金流量可以直接得出权益资本的价值。无论采用哪种现金流模型，其核心都是企业经营绩效的预测，要在分析历史绩效的基础上，预测收入增长和投资回报率。

在预测未来现金流之前，需要先分析一下企业的历史财务绩效。要做好分析，应该把注意力放在驱动价值的关键因素上：投资资本回报率、增长以及自由现金流。分析历史绩效的思路是：企业是否创造了价值，企业是否实现了增长，企业与其竞争对手相比处于什么位置。在分析中，需要把财务报表进行调整，生成两个新项目：投入资本和扣除调整税后的净营业利润（Net Operating Profit Less Adjustment Taxes，NOPLAT）。投入资本表示企业经营所需要的投资者的资本，不区分资本的来源；NOPLAT表示由公司的投资资本产生的税后营业收入，这个税后营业收入属于所有的投资者。用NOPLAT除以平均投入资本，得到资本回报率（ROIC）。在此基础上计算自由现金流。

预测的重点在预测期表现不同，短期来看，预测毛利、销售费用、应收账款、存货等；中期（5~10年）预测包括营业利润、调整后的税率及资本效率等；再往后，逐年预测关键价值要素就没有多大意义了，可以采用连续价值的计算公式，如下所示：

$$连续价值 = \frac{NOPLAT\ (1 - g/RONIC)}{WACC - g}$$

2. 折现率的确定。折现率的选择应能够体现出所有投资人面临的风险，实务中常采用加权平均资本成本（WACC）作为确定折现率的模型。其计算公式为：

$$WACC = \frac{D}{D+E} \cdot k_d \cdot (1-T) \times \frac{E}{D+E} \cdot K_e$$

从公式可以看出，资本结构、税率及权益成本、债务成本均会影响折现率的大小。

资本结构是个动态的过程，但是在此公式应用中假设了未来的资本结构与评估时点的资本结构是一致的，这正是该公式的缺点。

税率的作用在于债权人要求的利息报酬可以在企业所得税前扣除，由此产生了抵税效应。公式中的税率一般来讲是评估对象的法定企业所得税税率，倘若在评估中评估对象正在享受税收优惠政策，则税率宜采用实际税率，到税收优惠期结束后再采用法定税率。

债务成本即为利息，权益成本即为股东要求的报酬率。

3. 识别非权益索求权并计算其价值。在现今日益复杂化的金融市场中，许多拥有索求权的人可以在权益资本所有者之前获得公司的现金流，而且这些人有时不易识别。安然公司在债务的重压下于2001年轰然倒下①，其原因就是投资者严重高估了权益资本的价值。因此，识别非权益索求权并正确估算其价值是非常必要的。

（1）负债：如果能够确定在评估时点未偿还负债的市场价值，最好用市场价值；如果数据很难取得，用账面值也是合理的。

（2）退休债务资金缺口：近来全球股票市场表现不佳以及医疗成本的上升，使得许多公司的退休负债项目存在部分资金缺口，形成企业价值的减项。

（3）或有负债：任何其他实质性的或有表外负债项目，比如未决诉讼、抵押担保等。

（4）少数股东权益：少数股东权益所有者对母公司的资产没有索求权，只对子公司的资产具有索求权，因此少数股东权益必须单独计算，不能按照在母公司价值的百分比来计算。

4. 明确非经营性资产并评估其价值。非经营性资产应单独计算其价值。非经营性资产分为两类：一类是有价证券；另一类是缺乏流动性的投资。

（1）有价证券：《财务报表准则（SFAS）第115号》（1993）和《国际会计准则（IAS）第39号》（1998）要求公司在资产负债表上按照市场公允价值保留流动性负债和权益投资，因此，在计算流动性非经营性资产的价值时，应采用最新公布的资产负债表，而不是折现的未来的非经营现金流。

（2）缺乏流动性的投资。缺乏流动性的投资不容易转化为现金，在账面上用历史成本核算而非公允价值。因此，在评估时，可以采取简化的权益现金流量估值或者市场法估值。

简化的权益现金流：适用于母公司拥有的股份在20%～50%之间，对关键价值要素（净回报增长率和权益回报率）做出预测，用子公司的权益成本折现确定该股权的价值，不能用母公司的加权平均资本进行折现。

简化的市场法：这里的市场法主要是指同行业上市公司的倍数法，例如，市净率（PB）或市盈率（PE）。根据一组同行业上市公司的情况估计出该项投资的价值。

---

① ［美］蒂姆·科勒等著：《价值评估——公司价值的衡量与管理》（第4版），电子工业出版社2010年版，第93页。

（3）其他非经营性资产。其他非经营性资产包括中断的经营或者业务、富余的房地产等。

中断的业务：该类资产的赢利在损益表中体现，净资产状况在资产负债表中披露，与中断业务有关的资产和负债在资产负债表上按照公允价值记录，并作为净资产披露，因此最近的账面价值通常是该项资产价值的合理的近似。

富余的房地产项目：通过市场法或者收益法恰当地估算这些资产的价值，进而加回到自由现金流折现确定的公司价值模型中。

二、市场法评估中应注意的问题

这里的市场法评估通常采用上市公司比较法，就是通过选择同类上市公司的一些比率，如最常用的市盈率（P/E，股价/每股收益）、市净率（P/B，股价/每股净资产），再结合新上市公司的财务指标如每股收益、每股净资产，来确定上市公司价值。市场法评估应注意的问题主要是：

1. 价值比率的选择。在价值比率中可以选择市盈率（PE）、市净率（PB）、市销率（PS）、市值回报增长率（PEG 率）、价值与息税摊销折旧前利润（EV/EBITDA）、价值与税后经营收益比值（EV/NOPAT）等。根据企业的所在行业特点以及企业本身的特点选择合适的价值比率。

一般来看，市盈率（PE）适合于利润稳定、未发生亏损的企业；市净率（PB）与账面价值关系重大，适合于资产规模较大、业绩平稳的行业，如金融企业；市销率（PS）适合与公司现有业务具有相近营业利润率的企业评估；市值回报增长率（PEG 率）在市销率（PS）的基础上更为灵活，考虑了企业的生命周期因素。

在选择价值比率时应遵循：①选择可比且有前景的公司；②选择有代表性的价值比率，一般可以采用一套比率计算；③注意毛利率和资本回报率对可比价格的限制等；④优先选用企业价值倍数，如价值与息税摊销折旧前利润（EV/EBITDA），而不是权益价值比率。

2. 利润为负数公司的处理。在多数情况下，利润为负数的公司不宜作为可比公司选择的范围，因为前景差的公司不能用来评估前景好的公司的价值。但是如果不能确定未来公司的前景，那么如果可比公司仅包括利润为正数的公司也会造成价值上的偏差。在这种情况下，需要换用一个分母为正数的价值比率，如价值与息税摊销折旧前利润（EV/EBITDA）、价值与税后经营收益比值（EV/NOPAT）。利润为负数的公司通常有正的 EBITDA 和 NOPAT。所以，是否包含利润为负数的公司要根据企业的前景来判断，不能简单处理。

3. 结果的选择。评估对象与可比公司比较之后，不要不假思索地使用平均倍数，这可能会导致结果严重失真。

通过估值模型，可以合理地估计公司的理论价值，但是要最终确定发行价格，还需要选择合理的发行方式，以充分发现市场需求。目前常用的发行方式包括累计投标方式、固定价格方式、竞价方式。一般竞价方式更常见于债券发行，这里不做赘述。累计投标是目前国际上最常用的新股发行方式之一，是指发行人通过询价机制确定发行价格并自主分配股份。所谓询价机制，是指主承销商先确定新股发行价格区间，召开路演推介会，根据需求量和需求价格信息对发行价格反复修正，并最终确定发行价格的过程。一般时间为1～2周。例如，中国建设银行上市时最初的询价区间为1.42～2.27港元，此后收窄至1.65～2.10港元，询价过程只是投资者的意向表示，一般不代表最终的购买承诺。

【思考题】

1. 什么是并购重组？分析其价值来源。

2. 国内和国外对并购重组中的企业进行评估时，分别运用什么方法？有什么区别？

3. 企业上市的内涵是什么？

4. 在评估上市中的企业价值时，能运用什么方法？有何需要特别关注的？

第九章 特定情况的企业价值评估

【学习目的与要求】

掌握周期性企业、亏损企业和国有企业的评估特点和评估思路，熟悉特殊情况下企业价值评估的注意事项。

【关键词】

周期性企业评估　亏损企业评估　国有企业评估

第一节 周期性企业的价值评估

一、周期性企业的特点

周期性行业是指与国内或国际经济波动相关性较强的行业。周期性行业的特征就是产品价格呈周期性波动。周期性的行业，其所属企业及相关企业因此而产生明显的周期性。周期性行业的复杂性和不可测性，使企业价值评估，特别是采用市场法和收益法评估企业价值，形成了十分明显的特殊性。

一般来说，周期性行业的运动状态直接与经济周期正相关，当经济处于上升时期，这些行业会紧随其扩张；当经济衰退时，这些行业也相应跌落。产生这种现象的原因是：当经济上升时，对这些产业相关产品的购买相应增加；反之，则购买相应减少。通常，周期性行业的发展对需求的收入弹性比较依赖，例如，钢铁、水泥及其他依赖于需求的收入弹性的行业就属于典型的周期性行业。同时，周期性行业还具有投资周期较长、新开工项目投产时间不确定等特点。在我国，周期性行业都是资本密集型行业，资金需求量巨大，但是收入和利润又与宏观经济周期高度正相关。从产业链角度看，周期性行业可以分为上游、中游与下游，上游为资源类，包括能源、有色、铁矿等资源类行业；中游为加工类，包括石化、建材、钢铁、电力等行业；下游为耐用品，包括汽车、机械等行业。一般来说，一种简单判别行业的周期性的方法是：提供生活必需品的行业就是非周期性行业，而提供非生活必需品的行业就是周期性行业。周期性行业的景气度、利润等变化也与宏观经济指标，如利率、GDP（Gross Domestic Product，GDP，即国内生产总值）、固定资产投资等高度正相关，并呈现周期性循环。

周期性企业是指那些所处行业属于周期性行业，并且收入和利润状况具有周期性特征，和宏观经济周期具有高度正相关性的企业，如钢铁企业、冶金企业、水泥企业、电力企业等，都属于周期性企业。

不管是周期性行业，还是周期性企业，都具有周期性这一最典型的特征。宏观经济的周期性波动会影响社会总需求，进而传导至对大宗商品和原材料的需求上，导致生产这类产品的周期性企业的收入和利润发生波动。这说明周期性企业的经营状况与宏观经济形势具有非常密切的正相关关系。

通常，周期性企业具有以下特点：

（一）周期性企业的经营业绩随经济周期性波动反复、显著涨跌，具有顺周期性

从总需求理论角度来看，经济周期性波动主要是总需求的波动引发的，而产品的价格才是能撼动需求变化的主要力量，这就形成了周期性企业经营业绩会随经济周期性波动而反复波动的机理。当整个宏观经济形势转向衰退和萧条时，居民收入、政府税收以及企业利润都将减少，导致需求降低，企业产出减少，进而使企业也表现出同步衰退和萧条。反之，企业则表现出同步的复苏和繁荣。可见，企业的经营业绩具有顺周期特征。随着经营业绩的波动，企业价值也不可避免地发生波动。

（二）企业寿命的短暂性

在经济周期性波动中，宏观经济都会经过衰退、萧条、复苏和繁荣四个阶段，周期性行业也不例外。但是，对于周期性企业来说，由于其经营管理存在不确定性，导致并非所有企业都能度过一个完整的经济周期。在行业繁荣时，企业回报丰厚；一旦行业衰退时，有些企业就会因为自身规模以及资金的约束，回报减少甚至全无，最后导致破产。

（三）影响周期性企业价值的因素复杂

传统影响企业价值的因素主要包括企业的经济业绩、历史绩效、长期投资决策以及行业的政策倾向等。但对于周期性企业来讲，其价值影响因素远不止这些。现阶段，很多周期性企业在国家“走出去”战略的推动下，纷纷赴海外进行投资，进行国际化经营，参与全球的资源配置，提高企业国际竞争力。因此，在这种情况下，在对一家周期性企业价值进行评估的时候，投资项目的前景、投资所在国的政治风险、国际供求、大宗商品价格以及汇率的变化等都是影响这些企业价值的重要因素，这比一般企业估值复杂得多。

二、评估思路和参数选取

影响周期性行业赢利的要素主要包括产品价格、需求、资本性开支与产能利用率错位

导致的额外财务费用等。其中，前两个因素是主导因素。二者的波动决定了周期性企业的赢利波动。部分周期性行业的价格和需求都波幅巨大，例如有色金属、航运等，赢利容易出现极端的情况。部分周期性行业的价格基本稳定或波动幅度较小，需求变化较大，赢利波动性较弱，例如银行、证券。

周期性企业价值评估具有如下特殊性：

首先，预期收益的特殊性。周期性企业一般都是固定成本很高，运营杠杆很高，而且固定成本无法快速调整的企业。这种企业的产能一般相对固定，但是需求随经济周期的波动上下起伏很大。当经济向好时，需求上升。由于固定成本高，运营杠杆高，这样的企业往往赢利上升非常快，产能利用率接近100%，产品价格也随之上升。而经济衰退或者萧条时，需求下降。由于固定成本高，运营杠杆高，而且固定成本短时间无法减少，这样的企业亏损起来也非常快。固定的产能与成本，起伏变化的需求，这两者之间的矛盾构成周期性企业的内在特点。这个特点就导致周期性企业价值评估预期收益的不确定性非常大，预测难度也很大。

在采用相对估价法的情况下，预期每股收益的数额就难以科学确定，进而导致市盈率模型和市净率模型的适用性大大降低。如果采用现金流量折现法，自由现金流的确定也难以保证科学性，这就导致股权自由现金流折现模型和企业自由现金流折现模型的适用性也会大打折扣。另外，在评估实务中，评估师难以精准把握周期的长短，尤其确定分界点更是难上加难。在很多情况下，即使已经对历史的周期性有所了解，但是企业或者行业还是有可能在周期的任意一点打破原有周期到达更高点或者更低点。

对周期性企业进行估值的关键就是增长率和收益的预测，而预测是人为做出的，存在很大的主观性。再者，周期性企业的收益率和增长率具有不稳定强的特点，因此，不同的评估师的预测会有很大差异。有的评估师比较乐观，那么企业价值就有可能被高估；有的评估师比较悲观，那么企业价值就可能被低估。实践中，出于各方面的考虑，预期收益往往是呈现上升趋势的。还有一点，周期长短和分界点的预测如果出现差错，就很有可能误导投资者和分析者。

其次，股利分配政策存在不合理性。我国上市公司分红比例受制于股市的行业结构和公司的资金饥渴症，长期以来处于较低水平，且分红比例和数量随意性较强，这就导致预测未来股利数额及其增长率难度很大。

最后，确定折现率的特殊性。在资本市场上，根据所折现的现金流的不同，折现率有股权资本成本和加权平均资本成本两种。股权资本成本就是企业使用股东出资所付出的代价，也就是股东所要求的报酬率；加权平均资本成本就是在存在财务杠杆的情况下，企业使用债权人和股东的资金所付出的综合成本。由于周期性企业自身的特殊性，在使用现金流折现模型评估周期性企业价值时，折现率也会呈现变化特征。

（一）预测期的适当调整

在对周期性企业价值进行评估时，对预测期的选择非常重要。为了更好地体现企业的发展趋势，预测期应当至少包括一个完整的发展周期，即图 9－1 中实线 a 点至 d 点的时间长度。企业终值的评估点应尽量选择在企业发展周期峰顶与谷底的中间位置，如图

9－1 中的 d 点位置，不能选择峰顶值（如图中 e 点）或谷底值（如图中 c 点），以避免严重高估或低估企业的终值。

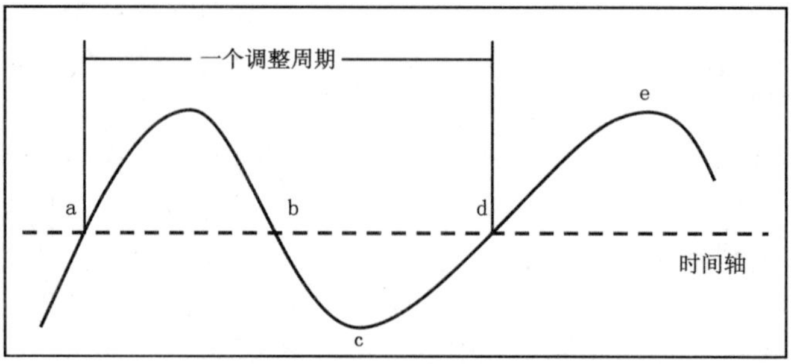

图 9－1　周期性企业估值预测期间示意图

同时，采用两阶段企业自由现金流折现模型的关键是如何确定企业发展的高速增长期和稳定增长期，如何确定高速增长期和稳定增长期的分界点。在经济周期性波动的情况下，确定高速增长期和稳定增长期应当考虑以下几个因素：①要根据企业收益趋于稳定的条件和宏观经济状况的变化这两个方面来确定企业的稳定增长期，然后再据此确定企业收益的预测周期。②参考周期性企业所处行业进入稳定增长期的时间来确定目标企业的预测周期。在经济周期性波动中，不同行业的复苏速度往往各不相同。如果机械地照搬某个预测期来适用于目标企业的评估，显然不符合实际情况。③视目标企业所处的具体行业在经济周期性波动中的发展状况和周期性来适当延长预测周期。具体延长多少，应当综合考虑企业的资产回报率达到市场平均水平、企业风险水平达到市场平均水平、企业的资本性支出较小、企业财务杠杆比率接近行业平均水平等因素来确定。

（二）分段现金流量折现模型应当给出分段预测期假设

针对两阶段企业自由现金流折现模型，预测各阶段的预期未来现金流时，应当以评估基准日国家出台的相关经济金融政策、税收政策为基本前提，对预测期假设进行客观描述，并以此假设基础进行预测期现金流的预测。在预测期后现金流时，可以参考相关的宏观经济研究成果，对未来状况做出预见性描述，以此作为稳定期现金流预测的基础。

（三）经济周期性波动的风险溢价应当在折现率中有所体现

在评估周期性企业价值时，为了更好地体现经济周期性波动对企业价值的影响程度，应考虑在计算企业加权平均资本成本时体现经济周期性波动风险溢价，充分考虑风险报酬。不过现阶段的评估实务通常可用数据有限，因此，还只能不完全分散国家风险等，而在折现率中加上经济周期性波动的风险溢价的例子还不常见。

（四）情景分析法的探索性应用

情景分析法是在对经济、产业或者技术的重大演变提出各种关键假设的基础上，通过对未来详细地、严密地推理和描述，来构想未来各种可能的方案。情景分析法的最大优势在于它能够帮助管理者发现未来变化的某些趋势和避免两个最常见的决策错误：过高或者过低地估计未来变化及其影响。

在综合分析宏观经济运行状况、企业所处行业发展趋势、企业经营管理水平以及企业产品竞争力的基础上，对企业未来发展状况做出合理预测，给出不同的发展情景及相应概率，然后对每种情景下的企业价值进行加权平均，并对这些结果进行比较分析，以此评估周期性企业的加权价值。图 9－2 表示了两种情景下企业价值的组成，对于多种情景下的企业价值评估同样适用。

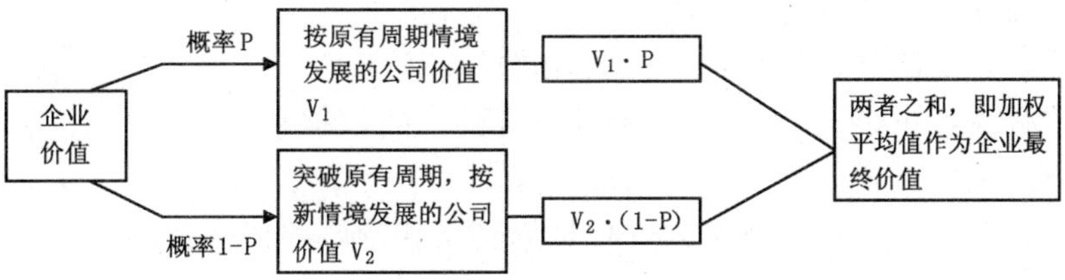

图 9－2　周期性企业价值评估的情景分析法

结合周期性企业自身的特征，我们认为，评估周期性企业的价值应当从周期性企业的实际情况出发，综合分析其所处行业的发展趋势、宏观经济运行态势、企业自身经营管理水平、企业发展战略以及企业产品适应经济周期的能力等因素，对企业未来发展的不同情景进行分析，给出不同情景发生的概率，并分别计算不同情景下周期性企业的价值，然后据此算出加权平均值作为企业价值。

第二节 亏损企业的价值评估

一、亏损企业的特点

亏损简单地说就是“入不敷出”，亏损企业就是经营的成本超过了收入。从宏观经济环境到中观的行业发展趋势，到企业的生命周期以及微观层面企业的经营，都对企业的亏损有影响。下面从企业的财务状况、资产运营状况、偿债能力、发展能力和现金流量等五个方面来分析一下亏损企业的特点。

（一）亏损企业的财务状况

财务状况主要是指企业的赢利能力，赢利能力的高低体现了企业资金或是资本的增值能力，企业无论是以利润最大化还是以股东价值最大化为财务管理目标，都必须以赢利为前提。同时，赢利能力也是企业在资本市场和产品市场上竞争力的直接反映。有研究表明，以我国上市公司为例，亏损上市公司的流动比率、应收账款周转率、主营业务收入增长率等三个指标基本正常，但是净资产收益率、营业利润率等指标表现出显著性差异。

资产利润率为负数，说明总资产的赢利能力较差且趋于恶化。首先要看企业的主营业务。如果主营业务利润率也为负值，这可能是由于公司在前期盲目多元化扩张导致主营业务不突出，主营业务的赢利能力受到严重影响所造成的，最后不得不陷入资不抵债的困境。企业要打造核心竞争力，必须牢牢抓住主营业务，谨慎决策和实施多元化战略。

亏损企业的利润一般是负的，但是亏损企业可以勉强维持生产。

（二）亏损企业的营运能力

营运能力反映了企业管理者运用资金和对企业内部人力资源、资本和物资优化配置综合运用的能力。企业的整合能力越强，资源优化配置所产生的效率就越高，企业的赢利能力就越好，投资者就可能获得更高的回报，债权人的权益也可能得到更有效的保障。因此，企业的营运能力是企业创值能力的重要体现。

亏损企业应收账款周转率波动大，存货周转率和资产周转率较低。总体来看，亏损企业的资源整合能力较弱。

（三）亏损企业的偿债能力

偿债能力是指企业偿还到期债务的能力，按照债务期限长短的不同，企业的偿债能力可分为长期偿债能力和短期偿债能力。长期偿债能力指标主要包括资产负债率、长期负债比率、长期负债与营运资本比率等指标；短期偿债能力指标主要包括流动比率、速动比率、现金比率、短期负债比率等。偿债能力趋弱主要是由于企业资产负债率出现极大值所致，超过同行业平均水平的举债。随着资产负债率的提高，企业的财务状况也相应表现出较大差异。企业通常为了扩张而大量举债，但在不断提高负债的过程中，竞争能力却没有随之提高，导致经营状况恶化，此时的负债率提高不是因为负债过多导致分子过大，而是因为不断亏损导致分母过小，是被动的高负债。过高的债务压力进一步加重了企业的财务负担，使企业陷于长期亏损到资不抵债的困境。

另外，亏损企业的短期负债率远远大于正常公司，且差距和波动幅度仍呈扩大之势，这与资产负债率的变化趋势一致。说明样本公司负债的主要来源是短期负债，一方面大大增加了短期偿债压力；另一方面也反映了市场对长期资不抵债公司已逐渐失去信心，亏损企业无法获得长期融资的渠道，只有严重依赖短期融资或借新债还旧债来进行长期投资，公司的资金链条极其脆弱，承受着把财务杠杆运用到极致后的巨大风险。

正常企业的资产负债率一般在40%～50%之间，最高也就是60%，而亏损企业的资产负债率要大于60%。

（四）亏损企业的发展能力

企业能否健康持续发展取决于多种因素，包括外部经营环境、内部资源条件以及资源整合能力。通过评价企业的发展能力，可以促使企业经营者重视企业的持续经营能力和长期财务战略，避免不利于企业长远发展的短期财务行为。亏损企业的主营业务通常经营较差，主业不突出，未来企业的发展动力明显不足。可持续发展的目标要求企业在发展过程中必须张弛有度，如果扩张速度过快，资源供给可能相当紧张，一旦管理能力再跟不上，就很容易陷入困境。亏损公司往往是前期大量扩张，从而导致资产大幅度增长，而盲目扩张的代价就是导致企业陷于经营困境，于是被迫不断缩小规模来止亏，进而企业的发展动力不足，发展方向不明确。

（五）现金流量分析

在市场经济条件下，现金流转情况在很大程度上决定企业的生存和发展，企业的经营策略应是“现金为王”，避免出现“黑字破产”的现象。企业现金充裕就可以及时购入必要的生产物资，支付工资、股利，偿还债务、利息等；现金短缺，轻则危及企业正常的生产，重则危及企业的生存。现金管理已经成为企业财务管理的一个重要方面，受到企业管理人员、投资者、债权人以及政府监管部门的关注。经营活动现金流量是企业现金的主要来源，与容易被粉饰的净利润相比，经营活动现金流量更能准确地反映企业的真实业绩。亏损企业经营活动产生的现金流量大多数为负数，说明企业利润并没有充足的现金作为支撑，缺乏持久的赢利能力。如果经营活动产生的现金流量为负数或者偏低，说明企业偏离了生产经营的主题，经营业务在产品市场的竞争力不强；筹资活动产生的现金流量可能为正，说明企业一方面靠股东投入或者借贷维持；也可能为负，那预示着企业的资金链可能出了问题，亏损几近破产。

二、评估思路和参数的确定

亏损企业的评估不宜采取常规的思路进行。在评估亏损企业前，首先应了解一下哪些是企业价值的创造因素，哪些是企业价值的破坏因素，然后在此基础上确定一个价值评估框架的规则，这样对企业的未来就有了比较明确的判断，进而可以采取技术手段对亏损企业进行评估。

（一）亏损企业价值驱动因素分析

在分析亏损企业时，将企业业务单元进行分析，无论业务单元是以产品、生产线、地理位置划分，还是以客户进行划分，都可以找到一种途径对它进行分析，分析的重点是业务单位产生的内在价值，分析的有效工具就是瀑布图（见图9－3）。

从图9－3可以看出，一部分业务单元发展迅猛，产生了价值，而其他一部分则是在浪费企业的资本，这些业务单元因为收益低于成本，拖累了企业整体的价值。需要注意的是，此类SBU中有些可能报告出会计利润和可观的预算盈余。

SBU价值瀑布图是建立在市场汇集了各部分减值这一命题之上的，普遍性的主题是：企业为创造价值而产生超出资本成本的收益的重要性。这意味着为企业管理人员指明了方向，意味着投资者寻求企业内在价值时可以对协同性、协变或联合运营的其他方面做出进一步的假设①。

在建立瀑布图时可以采用多样化方法，以能够与企业的复杂程度或预算状况相匹配。

---

① ［美］罗利·托马斯、本顿·E. 格鲁编：《价值评估指南》，电子工业出版社2012年版，第30页。

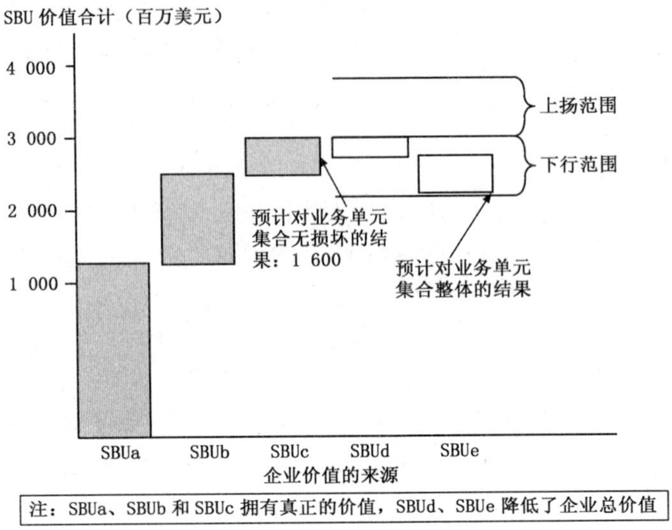

图 9－3　SBU 价值瀑布

（二）建立一个恰当评估亏损企业价值的评估框架规则

这是评估的基本分析。从评价企业所在市场开始，也就是从企业所处的行业和提供产品的需求端开始分析，企业是成长还是衰退，企业外部环境的竞争是加剧还是降低；然后转向企业内部，经过对企业管理层的访谈、资料的阅读等环节，来判断管理层对企业价值的推动作用，管理层的策略在为扩大市场份额的过程中是提高还是降低了价格，该策略是否增加了利润，管理层对未来走出亏损境遇的措施与以前的策略相比是否有所变化，是否能够实施；最后，对企业最核心的业务单元进行评价，业务单元对于销售的增长是促进还是拉低，变动的比例是否在可控范围内，业务单元对企业赢利能力的影响是否在可控范围。

（三）计算企业的 EBITDA

EBITDA 是利息、纳税、折旧、摊销前利润的英文缩写。采用该指标的观点是：如果大比例的资本支出计划在可预见的未来不是必要的，则非现金的折旧和摊销费用应该可以用来支付债务，那时，EBITDA 主要是因企业的债务和利息偿还能力的背景而被采用的。同时，该指标还有可能排除那些超出或低于当前管理所控制的费用，从而使得该指标比利润更容易成为正值。因此在评估亏损企业时，计算企业的 EBITDA 是非常有必要的。

但是在使用该指标时，必须了解其局限性：

1. EBITDA 表现的是无债务的企业，但是大多数企业均有负债融资，且亏损企业很重要的一点就是偿债能力出了问题。因此应切记该指标的适用范围，该指标对应的是企业价值，而非股东权益价值，在企业价值基础上扣除负债价值才是权益价值。

2. EBITDA 忽略了企业的所得税。实际上，企业在赢利状况下躲不掉纳税业务，因此该指标往往高估了必须纳税的赢利企业产生未来现金流的能力。

3. EBITDA 未考虑不同的资本投资的企业及由此产生的贬值。一个资本密集型的企业，销售的增长是建立持续资本投入的基础上的，在评估企业价值时，这些资本性支出是不能忽视的。

（四）采取假设清算法评估

有些亏损企业的评估可以参照不良资产评估的经验，采取假设清算法评估。

《金融不良资产评估指导意见（试行）》中指出，假设清算法是指在假设对企业（债务人或债务责任关联方）进行清算偿债的情况下，基于企业的整体资产，从总资产中剔除不能用于偿债的无效资产，从总负债中剔除实际不必偿还的无效负债，按照企业清算过程中的偿债顺序，考虑债权的优先受偿，以分析债权资产在某一时点从债务人或债务责任关联方所能获得的受偿程度。在此基础上，计算出债权人的价值，然后扣除负债的价值后，就是股东的权益价值。

其具体方法如下：

1. 流动资产：对应收账款、其他应收款等应以实际可回收性作为评估价值的判断标准，不适宜采取账龄分析法一刀切，其中对于大额的、重要的款项，应通过函证或者实地走访的方式判断落实其还款能力；存货应在盘点的基础上采用市场法进行评估，充分揭示其价值。

2. 长期投资：在核实投资额及被投资企业经营状况的基础上形成其价值。

3. 机器设备：这类资产入账价值高，如果是专用设备，处置费用可能远远大于账面余额，因此可以采取二手设备评估的思路予以评估；如果是自制设备，或者找不到类似设备的，可以在重置价的基础上扣除一定的折扣，但是需要说明折扣确定的依据。

4. 房屋建筑物和在建工程：在调查了解当地建筑市场的基础上，以市场法为基础进行评估，同时考虑到假设清算，需要扣除快速变现折扣。

5. 土地使用权：首先分析土地使用权的性质，出让土地可以正常评估；如果是划拨土地，不仅要扣除需要补交的出让金，另外首先要考虑安置职工的需要。

6. 无形资产：无形资产评估应格外慎重。对于有转让价值的，可以进行评估；对于没有转让价值的，可以评估为0。

使用假设清算法应当注意的问题主要有：

第一，在假设清算法操作思路中，由于许多因素难以量化界定（主要表现为或有负债的不确定性、优先扣除项目金额难以把握，以及资产变现的可能性等），因此根据《破产法》等有关规定，可以适当的匡算，结论可以是区间值。

第二，使用假设清算法的关键是债务人能够提供其真实会计报表、界定准确的资产负债范围。

第三，应当准确把握企业在持续经营和非持续经营情况下有效资产和有效负债的范围。

第四，确定优先债权受偿金额时，如果对应的资产价值小于优先债权，剩余的优先债权并入一般债权参与受偿；如果对应的资产价值大于优先债权，超过部分并入有效资产参与清偿。

第五，应当合理考虑土地使用权、职工安置费等重大因素对偿债能力的影响。

第三节 国有企业的价值评估

一、国有企业评估的重要性

在我国改革开放历史上，国有经济布局和结构调整以及国有企业的产权管理，包括公司化改制和上市，合资、合作经营，股权转让，资产买卖和置换，债转股，担保融资，破产清算，保险赔偿，司法诉讼等众多经济行为，是资产评估行业的主要专业服务领域，为资产评估行业的起步与壮大提供了强大的经济背景。

根据《企业国有资产法》，企业国有资产是指国家对企业各种形式的出资所形成的权益，包括国有独资企业、国有独资公司、国有资本控股公司和国有参股公司。

国有独资企业，由政府全额出资并明确其法人地位，由国家通过专门的法规和政策来规范，不受公司法规范。这类国有企业被赋予强制性社会公共目标，没有经济性目标，也就是说，它们的作用是直接提供公共服务，如国防设施、城市公交、城市绿化、水利等，应该归入这类企业。这类企业需要由公共财政给予补贴才能维持其正常运行。国有独资公司，由政府全额出资，受公司法规范。这类企业以社会公共目标为主，经济目标居次，主要是典型的自然垄断企业和资源类企业，如铁路、自来水、天然气、电力、机场等。国有控股公司，由政府出资控股，受公司法规范。这类企业兼具社会公共目标和经济目标，以经济目标支撑社会公共目标。国有参股公司，严格说不是国有企业，政府只是普通参股者，受公司法规范。这类企业与一般竞争性企业无异，没有强制性社会公共目标，经济目标居主导。如果它们也提供公共服务，那是它们自觉履行社会责任的行为，应该予以鼓励和支持。对于这类企业，政府参股只是为了壮大国有经济的实力，除此之外，政府对这类企业没有任何其他附加的义务。

由于国有资产属于国家所有，即全民所有，国务院代表国家行使国有资产所有权。国务院和地方人民政府国有资产监督管理机构，根据本级人民政府的授权，代表本级人民政府对国家出资企业履行出资人职责。企业国有资产评估是国有企业产权变动过程中的一个重要环节。

（一）资产评估是国有企业产权变动的法定程序

企业国有资产评估是国有资产监督管理不可或缺的重要环节和基础性工作，是维护国有资产合法权益、推动国有产权有序流转、防止国有资产流失的重要制度保障。目前，我国国有资产监管机构按照“归属清晰、权责明确、保护严格、流转顺畅”的现代产权制度的要求，积极推动国有企业产权制度改革，初步建立起了以产权流转为主要内容的产权管理制度体系。这之中，资产评估为国有资产提供了公允的价值尺度，在维护国有资产合法权益、推动国有产权有序流转、防止国有资产流失等方面发挥了十分重要的基础性作用，成为这个体系的重要组成部分。

（二）企业国有资产评估是法定业务

关于企业国有资产产权变动必须进行评估的规定，主要是国务院国资委的《企业国有资产评估管理暂行办法》（国资委 12 号令）规定了应当进行的 13 种行为：整体或者部分改建为有限责任公司或者股份有限公司；以非货币资产对外投资；合并、分立、破产、解散；非上市公司国有股东股权比例变动；产权转让；资产转让、置换；整体资产或者部分资产租赁给非国有单位；以非货币资产偿还债务；资产涉讼；收购非国有单位的资产；接受非国有单位以非货币资产出资；接受非国有单位以非货币资产抵债；法律、行政法规规定的其他需要进行资产评估的事项。同时规定了可以不对相关国有资产进行评估的两种情形：经各级人民政府或其国有资产监督管理机构批准，对企业整体或者部分资产实施无偿划转；国有独资企业与其下属独资企业（事业单位）之间或其下属独资企业（事业单位）之间的合并、资产（产权）置换和无偿划转。《企业国有资产评估管理暂行办法》第二十七条规定，应当进行资产评估而未进行评估，由国有资产监督管理机构通报批评并责令改正，必要时可依法向人民法院提起诉讼，确认其相应的经济行为无效。

《金融企业国有资产评估监督管理暂行办法》（财政部 47 号令）规定了应当进行的 15 种行为：整体或者部分改制为有限责任公司或者股份有限公司的；以非货币性资产对外投资的；合并、分立、清算的；非上市金融企业国有股东股权比例变动的；产权转让的；资产转让、置换、拍卖的；债权转股权的；债务重组的；接受非货币性资产抵押或者质押的；处置不良资产的；以非货币性资产抵债或者接受抵债的；收购非国有单位资产的；接受非国有单位以非货币性资产出资的；确定涉讼资产价值的；法律、行政法规规定的应当进行评估的其他情形。同时规定了对相关的资产可以不进行资产评估的四种情形：县级以上人民政府或者其授权部门批准其所属企业或者企业的部分资产实施无偿划转的；国有独资企业与其下属的独资企业之间，或者其下属独资企业之间的合并，以及资产或者产权置换、转让和无偿划转的；发生多次同类型的经济行为时，同一资产在评估报告使用有效期内，并且资产、市场状况未发生重大变化的；上市公司可流通的股权转让。

2003 年 11 月《国务院办公厅转发国务院国有资产监督管理委员会关于规范国有企业改制工作意见的通知》（国办发［2003］96 号）规定，国有企业改制，必须依照《国有资产评估管理办法》（国务院令第 91 号）聘请具备资格的资产评估事务所进行资产和土地使用权评估。财政部和国务院国资委发布的《企业国有产权转让管理暂行办法》（国资委、财政部令第 3 号）规定，在清产核资和审计的基础上，转让方应当委托具有相关资质的资产评估机构依照国家有关规定进行资产评估。

（三）资产评估项目实行核准备案制

各级国有资产监督管理机构对企业国有资产评估工作进行监督检查，定期或者不定期地对资产评估项目进行抽查。对于应当进行资产评估而未进行评估、聘请不符合相应资质条件的资产评估机构从事国有资产评估活动、向资产评估机构提供虚假情况和资料，或者与资产评估机构串通作弊导致评估结果失实的，应当办理核准、备案而未办理等行为，国有资产监督管理机构通报批评并责令改正，必要时可依法向人民法院提起诉讼，确认其相应的经济行为无效。企业在国有资产评估中发生违法违规行为或者不正当使用评估报告的，对负有直接责任的主管人员和其他直接责任人员，依法给予处分；涉嫌犯罪的，依法移送司法机关处理。

企业国有资产评估项目实行核准制和备案制。经各级人民政府批准经济行为的事项涉及的资产评估项目，分别由其国有资产监督管理机构负责核准。经国务院国有资产监督管理机构批准经济行为的事项涉及的资产评估项目，由国务院国有资产监督管理机构负责备案；经国务院国有资产监督管理机构所出资企业（以下简称“中央企业”）及其各级子企业批准经济行为的事项涉及的资产评估项目，由中央企业负责备案。

（四）企业国有资产评估报告使用与交易定价关系密切

国有资产监督管理机构下达的资产评估项目核准文件和经国有资产监督管理机构或所出资企业备案的资产评估项目备案表，是企业办理产权登记、股权设置和产权转让等相关手续的必备文件。经核准或备案的资产评估结果使用有效期为自评估基准日起1年，企业进行与资产评估相应的经济行为时，应当以经核准或备案的资产评估结果为作价参考依据；当交易价格低于评估结果的90%时，应当暂停交易，在获得原经济行为批准机构同意后方可继续交易（或当交易价格与资产评估结果相差10%以上时，应当就差异原因向财政部门做出书面说明）。向非国有投资者转让国有产权的底价，或者以存量国有资产吸收非国有投资者投资时国有产权的折股价格，由依照有关规定批准国有企业改制和转让国有产权的单位决定。底价的确定主要依据资产评估的结果，同时要考虑产权交易市场的供求状况、同类资产的市场价格、职工安置、引进先进技术等因素。国务院国资委《关于中央企业加强产权管理工作的意见》（国资发产权［2004］180号）明确：资产评估是维护国有产权合法权益的重要手段，评估结果是资产作价的基础依据。中央企业发生国有产权变动行为时，应当认真做好资产评估工作，要聘请具有相应资质的评估机构进行评估，并按照规定程序办理核准和备案手续。各中央企业要加强对资产评估结果运用的管理，切实维护国有产权的合法权益。要按规定做好清产核资、财务审计和资产评估，并以评估值作为转让价格的参考依据。《关于企业国有产权转让有关事项的通知》（国资委国资发产权［2006］306号）规定，协议转让项目的转让价格不得低于经核准或备案的资产评估结果；企业国有产权转让价格应当以资产评估结果为参考依据，在产权交易市场中公开竞价形成，产权交易机构应按照有利于竞争的原则积极探索新的竞价交易方式。转让企业国有产权的首次挂牌价格不得低于经核准或备案的资产评估结果。经公开征集没有产生意向受让方的，转让方可以根据标的企业情况确定新的挂牌价格并重新公告；如拟确定新的挂牌价格低于资产评估结果的90%，应当获得相关产权转让批准机构书面同意。对经公开征集只产生一个意向受让方而采取协议转让的，转让价格应按本次挂牌价格确定。企业国有产权转让中涉及的职工安置、社会保险等有关费用，不得在评估作价之前从拟转让的国有净资产中先行扣除，也不得从转让价款中进行抵扣。在产权交易市场中公开形成的企业国有产权转让价格，不得以任何付款方式为条件进行打折、优惠。

二、国资委的规定

企业国有资产评估项目，评估对象一般分为股权（包括企业股东全部权益和部分权益）和单项资产两大类。根据不同的经济行为，选择不同的评估方法。但应注意需要考虑企业国有资产评估的相关规定。如国务院国资委《关于加强企业国有资产评估管理工作有关问题的通知》规定，涉及企业价值的资产评估项目，以持续经营为前提进行评估时，原则上要求采用两种以上方法进行评估，并在评估报告中列示，依据实际状况充分、全面分析后，确定其中一个评估结果作为评估报告使用结果。国务院国资委《关于企业国有资产评估报告审核工作有关事项的通知》（国资产权 941 号文件）规定，申请核准、备案单位报送的评估报告中有关收益法说明部分应包括收入预测表及说明，成本及费用预测表及说明，折旧和摊销预测表及说明，营运资金预测表及说明，资本性支出预测表及说明，折现率选取、计算、分析及说明，负债预测表及说明，溢余资产分析及说明，非经营性资产分析及说明，并说明参数、依据及测算过程。国务院国资委发布的《中央企业资产评估项目核准工作指引》（国资发产权［2010］71 号）和《企业国有资产评估项目备案工作指引》（国资发产权［2013］64 号）均规定了评估方法、评估参数、报告编写等方面的具体做法。

三、评估中的注意事项

在对企业国有资产进行评估，采用不同评估方法时应注意的主要问题如下：

（一）收益法

1. 对企业资产、财务情况进行充分、合理的分析。对被评估企业财务报表的编制基础，不具有代表性的收入和支出，如非正常和偶然性的收入和支出等进行合理调整；对被评估企业的非经营性资产、负债和溢余资产进行单独分析，合理判断资产、债务、经营业务配置的有效性，划分与收益存在直接相关性的资产、债务情况。对于不能或不需归集的，应单独进行评估。

2. 对收益合理预测。根据企业资本结构、经营模式、收益情况等选择恰当的收益模型，对应的折现率确定过程和依据合理。在确定收益预测期间时，合理考虑被评估企业经营状况和发展前景，及其所在行业现状、发展前景，国家相关行业政策、企业经营期限及主要产品的经济寿命年限等，并恰当考虑预测期后的收益情况及相关终值的计算。

合理预测相关参数，如被评估企业的收入、成本及费用、折旧和摊销、营运资金、资本性支出、折现率、负债、溢余资产和非经营性资产等。相关参数确定的依据是否充分，测算过程是否完整，是否有完整的预测表及说明。

（二）市场法

1. 选择的可比案例与被评估企业具有可比性，处于同一行业或相近行业，或者是受共同因素决定或影响。

2. 对可比案例及被评估企业的数据进行必要的分析调整，并消除偶然性因素的影响。

3. 选择的可比因素是企业价值的决定因素，选择的价值比率适当可靠，经过必要的修正调整。选择多种可比因素，对于不同可比因素得到的不同评估值能够合理地选择计算。

（三）资产基础法

1. 土地使用权评估：土地估价范围、权属、土地资产处置审批与土地估价报告备案情况。如有划拨土地处置审批文件，审批文件是否合法有效、审批内容是否与实际评估土地一致等。如果是未经处置的划拨土地，应当关注其未处置理由的合规性以及评估中处理方式的合理性等。土地地价定义是否符合相关准则要求。估价方法选取的合理性，相关参数选取依据是否充分、计算过程是否完整、评估结果选取是否合理等。如果资产评估引用其他机构出具的土地估价报告，需对所引用报告进行必要的专业判断，所引用报告评估目的、价值类型一致；评估基准日、评估结论使用有效期一致；评估假设一致，资产评估引用结果是否与所引用报告披露的结果一致，所引用报告披露的相关事项说明与资产评估报告一致。

2. 矿业权评估：矿业权评估范围、权属、矿业权价款缴纳情况、矿产资源储量评审备案情况。符合相关准则要求，评估方法选取合理，相关参数选取依据是否充分、计算过程是否完整、确定的结果是否合理。如果资产评估结果引用其他机构出具的矿业权评估报告，需对所引用报告进行必要的专业判断，所引用报告评估目的、价值类型一致；评估基准日、评估结论使用有效期一致；评估假设一致，资产评估引用结果与所引用报告披露的结果一致，所引用报告披露的相关事项说明与资产评估报告一致。

【思考题】

1. 进行周期性企业价值评估时有何特殊性？请举例说明。

2. 亏损企业的特点是什么？评估时一般采用何种方法？有何需要注意的事项？

3. 企业国有资产评估有何特点？

第十章 企业价值评估数据处理

【学习目的与要求】

了解把握信息来源可靠性的原则、企业价值评估主要的信息来源、数据处理应关注的主要问题。

【关键词】

评估数据 信息质量 有效性

第一节 评估信息

一、信息的重要性

企业价值评估是一项提供决策参考的专业咨询活动，评估结论的客观性和准确性直接影响着委托方对评估机构和评估师专业能力的认可程度。企业价值评估又是一项基于数据分析的工作，评估师将获取的市场信息和非市场信息进行识别、判断、分析、处理，按照行业公认或可接受的方法，得出评估结论。数量及其相对准确性是评估质量的一种衡量。数据来源，或者更广义的信息来源，应该尽可能权威、可靠，得到业内外的广泛认可，这是评估结论有说服力的基础。

二、信息的类别

根据信息来源不同，可将企业价值评估信息分为公开信息和非公开信息。公开信息是指政府、数据服务机构、专业研究机构、高等院校等在网站、刊物、书籍等出版物发布的信息。这些信息一般具有持续维护和更新的特点，历史数据具有较好的连续性和可比性。

特别是收费的商业数据服务项目，比较关注用户的需求，不断进行创新，是企业价值评估很好的信息来源，一般可以作为评估依据进行披露。

非公开信息，主要是企业非公开的财务报告、可行性研究报告、商业计划书、年度计划、战略规划、业务推广计划、工作总结、专项内部研究报告（如市场调研报告、竞争状况分析报告、竞争对手分析报告、媒体及舆情监测报告等）；其他类似评估项目（评估报告、评估说明、工作底稿等）、价值咨询报告；企业提供的第三方专项调查报告（财务尽职调查、法律尽职调查、市场调查报告等）。还有一类重要的非公开信息，即评估从业人员针对评估项目所做的现场访谈、市场调查等。这些信息来源有时对评估项目具有非常好的针对性，如评估人员的现场访谈、第三方专项调研报告等；有时带有很强的主管倾向或企业领导的意愿，如企业的发展规划纲要、年度工作总结等。评估从业人员应按照信息筛选原则进行挑选。

引用信息除了考虑数据来源的可靠性外，还要关注引用数据涉及的法律问题，如是否有版权限制（得到许可使用授权）、是否要承担保守相关当事方商业秘密的要求、引用许可使用的专业机构的信息的责任划分等。

三、信息的质量

《资产评估准则——企业价值》“基本要求”中指出：“注册资产评估师执行企业价值评估业务，应当获取充分信息，并确信信息来源是可靠的，信息利用是恰当的。”① 其充分性指的是“合理满足揭示企业价值的需要，又能充分反映风险”。来源可靠是指应当尽可能从具有社会公信力的规范专业机构处获取相关信息资料。对于被评估企业直接提供的资料，尽管来源渠道得到充分保证，但不能构成企业价值评估的唯一信息，注册资产评估师仍然应当进行其他独立的信息调查。

判断数据信息的质量有如下几个原则：

（一）客观性

高质量的数据来源首先是包含信息的客观性，真实、准确地反映各类市场经济主体的各项活动。如对于经济政策的发布应该准确，政策解读应该权威，体现管理部门和特定群体、投资人的利益诉求。整理的公开上市公司和产权交易平台挂牌交易的信息披露和市场表现反映资料，应该全面详实。非公开交易、特别私募股权交易的交易背景与成交情况应为第一手资料。市场交易数据直接来自于交易平台，数据使用转换接口方便易用，能够有效避免数据引用过程中产生的差错。

（二）相关性

有针对性的数据资料才能转化为支持企业价值评估结论的有用信息。具体的行业所需要的数据资料是有特定范围的，切忌不能从网络等公开渠道搜集行业覆盖过宽的信息，这些信息不能从逻辑上推断企业价值评估过程中需要的分析结论。如某城市污水处理厂股权

---

① 《资产评估准则——企业价值》，第九条。

转让项目，仅仅搜集全国和本地的宏观经济情况，不搜集本地污水处理的历史情况、相关规定，信息的相关性就差很多。

资料与标的资产或标的企业的相关性也从一个方面保证了企业价值评估中，参考案例、参考企业与评估标的可比性。“可比企业应当与被评估企业属于同一行业，或者受相同经济因素的影响。”[①] 这是考虑资料来源相关性首先要考虑的内容。同时，根据数据来源计算，由可比企业各种风险溢价、资本结构、价值比率时，“应当关注业务结构、经营模式、企业规模、资产配置和使用情况、企业所处经营阶段、成长性、经营风险、财务风险等因素”[②] 与评估标的的相关性。

（三）有效性

企业面临的经营环境在不断的变化，而企业价值评估报告有严格的基准日和报告日。只有充分接近评估基准日的数据和资料，才有可能得到客观、准确的评估结论。同时，评估期后可能影响评估结论的事实和事件信息也应尽可能接近评估报告日，以使报告使用者充分了解环境变化对评估结论的影响。

为保证信息的有效性，数据来源中必须有一些定期更新的资源，更新的频率应符合企业价值评估业务的需要。如对于可比公司的基本资料，应保证有实时监测和定期的财务报告；各类风险溢价、宏观经济数据、经济政策动向等应报告至少季度或月度的内容更新。

（四）经济性

搜集评估资料的经济性是指获取评估需要的数据资料所花费的代价或费用要尽可能的少，并符合成本收益原则。价值评估应在服务收入、服务成本和风险判断之间权衡，如在权威专业数据服务商资料和自行或委托调研之间按成本差异进行取舍，一般宏观经济、产业政策和资本市场等可采用专业数据服务商的数据，细分市场、特殊专业技术、关键交易案例、关键参数等，可以采用自行访谈或聘请外部专家的方式取得。

四、信息服务商[③]

随着资本市场的迅猛发展，国外金融数据服务已经形成产业化规模，国内也出现多家专门的服务公司。目前，国际金融信息服务行业产业链主要由财经资讯服务、金融数据服务和金融系统服务组成，占据大部分市场份额的核心企业均为欧美跨国公司。其中，财经资讯服务行业主要提供即时新闻与市场分析，金融数据服务行业主要提供数据终端与分析软件，金融系统服务行业主要提供交易平台与工具。

金融数据服务商提供的信息包括宏观和形势区域、经济政策、行业、上市公司基本情况变化、历年交易数据等海量数据。除提供公众公司所有披露的财务信息外，大多金融数据服务产品还提供为估值服务的深度研究数据，如各种风险计量方式数据、各类溢价数

---

① 《资产评估准则——企业价值》，第十九条。

② 同上。

③ 本小节编辑自赵立新、刘萍等著：《上市公司并购重组市场法研究》，中国金融出版社 2012 年版。

据、已实现回报率等统计分析数据，以及基础行业研究、交易机会搜寻、可比案例分析、交易估值等方面。数据终端的功能一般都包括信息查询与筛选、分类统计、图表制作、参数计算、案例对比、中介机构业绩排名等。有的服务商仅提供专项的研究成果，如国家风险与主权债券的信用评级的关系。这些数据库和网站无疑是企业价值评估最好的信息来源，当然，这些专业数据服务的收费有些也是相当昂贵的。

（一）汤森·路透（Thomson Reuters）

汤森·路透（Thomson Reuters）是目前全球最大的信息服务提供商，2008 年 4 月，由加拿大媒体巨头汤姆森集团（The Thomson Corporation）和英国路透集团（Reuters Group PLC）合并而来，目前总部在美国纽约，全球员工 6 万人，是多伦多证券交易所和纽约证券交易所的上市公司。

汤森·路透的信息分为专业信息服务和金融市场信息两大部分。专业信息服务主要为法律、税务、审计、科研、医疗、知识产权、商标等领域的专业用户提供各种智能信息及解决方案；金融市场信息服务则包含销售与交易、投资与顾问、企业、媒体四大业务，主要为商业银行、保险公司、资产管理公司、主权基金、养老金、共同基金、对冲基金、私募股权基金、投资银行、大型企业、媒体、经济学家等专业用户提供交易系统、风险管理系统、桌面系统、新闻资讯等产品。拥有 Reuters 3000 Xtra、Thomson ONE、Lipper、Eikon 等超过 20 款主打产品，提供涉及股票、债券、外汇、货币、衍生品、基金等所有门类的相关深度资本市场信息，能够辅助用户完成数据搜集、统计分析、决策制定、交易执行、持仓管理等工作。汤森·路透是中华万维网的第二大股东，注资主要用于旗下和讯公司的发展。

（二）彭博（Bloomberg）

成立于 1982 年的彭博（Bloomberg）是全球金融信息服务行业的另一领军企业，总部位于纽约，全球员工 15000 人。创立之初，彭博公司就创立了通过数据终端机为金融机构提供资讯服务的商业模式。2004 年 4 月，彭博在金融数据市场的销售收入超过路透。1995 年彭博进入中国，2010 年开始通过中文提供数据系统和财经资讯。

彭博通过核心产品数据专线终端机为全球各地提供证券实时行情、金融市场历史数据、价格、交易信息、新闻和通讯工具，并借助新闻社、互联网、广播、有线电视、杂志、书籍等多种方式为用户提供金融信息服务，是金融机构用户的标准配置。彭博终端机具备统计分析和建模优势，是国内外投资银行进行财务估值的好帮手，国内一些大型评估机构也已经开始使用彭博数据，特别是涉及境外企业价值评估项目时。

（三）道·琼斯（Dow Jones）

成立于 1882 年道·琼斯（Dow Jones）是国际一流商业财经信息提供商，也是重要的新闻媒体出版集团。旗下的《华尔街日报》、《巴伦周刊》非常著名，其编制的股票价格指数更是家喻户晓。2007 年成为全球最大的传媒集团——新闻集团（News Corporation）的子公司。相对于汤森·路透与彭博，道·琼斯提供的产品定位是不附带终端的资讯提供商。道·琼斯在金融数据服务领域的核心产品为 Factiva，该数据库是道·琼斯与路透合资成立的网上商业信息系统，其资料库包括道·琼斯通讯社、路透社、《华尔街日报》以及遍布全球的9000多种商业信息来源。资料内容有历史资料、市场调查、即时新闻、投资分析和股票报价等。

（四）标准·普尔（Capital IQ）

Capital IQ 成立于1999年，2004年，Capital IQ 被美国评级机构标准·普尔（Standard & Poor's）收购；2011年，其业务与标准·普尔母指数业务合并为新的数据产品品牌“S&P Capital IQ”。Capital IQ 更为资本市场研究人员和投行专业人士青睐，产品可以根据用户需求，自动生成包含公司多方面信息、可以各种格式与模板展现的报告文档。排名与检索功能强大，可以用行业、市值、走势、业绩、财务指标等多项筛选，并可以为用户定制自己的使用习惯，与即时邮件通知相结合，随时掌握交易进展和新闻信息。由于将产品功能融入到并购交易操作者的日常业务流程，因此 Capital IQ 在国内外投资银行、对冲基金、私募股权基金、大型企业并购部门、咨询公司中有较高声誉。

（五）Factset

FactSet 是美国纽约证券交易所和纳斯达克上市公司，成立于1978年，在全球24个城市拥有超过5000名员工。Factset 对全球资本市场的覆盖更多聚焦在深度数据分析，包括针对上市公司的资本交易统计、并购交易统计、每股赢利预测、重要财务乘数、同行业同类公司可比指标、投行分析师报告等。除了深挖上市公司信息之外，其也在不同国家和地区采购未上市企业的财务、股东与高管信息。

（六）Wind 资讯

Wind 资讯是上海万得信息技术股份有限公司的核心产品，是目前中国金融数据服务行业的知名品牌，也是国内评估行业公认的评估数据权威信息源之一。包括学术界、投资银行、财务顾问、评估机构测算的各种统计分析、评估参数，大都基于 Wind 平台数据。

在借鉴彭博的成功经验后，Wind 资讯提供的产品以 Wind 资讯金融终端、经济数据资讯终端 EDB 及数据接口服务为主，其对金融数据库行业理解相对深刻，对机构客户关注时间长，积累了涵盖股票、基金、债券、外汇、保险、期货、金融衍生品、现货交易、宏观经济、财经新闻等领域的丰富内容，可以基本满足企业价值评估对于宏观经济和可比上市公司分析的需要。

（七）大智慧

上海大智慧股份有限公司成立于2000年12月，2011年1月，在上海证券交易所上市。其在国内金融信息服务行业占有相当的市场份额，也是资产评估机构选择金融服务数据的另一个可靠信息来源。大智慧提供较强的互联网和移动互联网的金融交易终端，目前开始着手制作财经视频节目，并开始向广泛的财经信息扩张，近年收购了香港最大的财经信息公司——阿斯达克网络信息有限公司、上海财汇信息技术有限公司和北京世华国际金融信息有限公司。

（八）金融界

金融界是财富网络科技（北京）有限公司（China Finance Online Co.，Ltd.）的品牌。该公司由风险投资机构IDG资本和祥峰（Vertex）1999年在北京创建，2004年在美国纳斯达克挂牌上市。后收购国内金融数据库企业巨灵信息和财经资讯网站证券之星，成为当时国内金融信息服务行业龙头企业之一。金融界提供的产品有快赢、大参考、大行情、大决策、财信王、巨灵数据库、巨灵F10等。在资产评估行业，主要使用其证券之星网站的上市公司相关信息。

（九）同花顺

浙江核新同花顺网络信息股份有限公司是深圳证券交易所创业板上市公司，创建于1994年，总部位于杭州，是国内领先的金融信息服务商之一。同花顺提供的产品有网上行情交易系统、决策家、同花顺深度分析系统（Level-2）、同花顺大机构、小财神、手机金融信息、同花顺金融服务网等。该公司上市后推出了针对机构用户的“iFinD”、个人用户个性化产品“大战略”、股指期货数据和交易平台、基金资讯与评价平台等。在评估机构证券市场信息方面是Wind的有利竞争对手。

（十）投中集团（ChinaVenture）

投中集团成立于2005年3月，是专注于中国股权投资交易市场的信息咨询机构，面向私募股权投资机构、战略投资者、投资银行、会计师事务所等专业机构，提供与企业股权交易相关的市场情报、交易信息、行业数据、企业财务、行业研究报告等各个层面的数据、资讯、分析工具与研究成果，也是企业价值评估中，中国市场非公开交易案例的优秀数据来源。该公司核心估值参考门户网站为“投资中国网”（www.ChinaVenture.com.cn），2006年底开始定期提供中国VC/PE投资市场的研究分析报告和行业机构年度排名，并将研究领域逐渐扩展到私募股权投资基金募集、并购交易、IPO、新兴行业研究等领域。投中集团的核心产品是CVSource，涵盖上市公司公告监控、主流财经媒体监控、私募股权投资机构投资动向。截至2012年2月，CVSource共收录国内超过70万家企业的财务数据，涉及中国企业的并购交易案例近28000条，每日更新企业股权交易情报超过30条。

（十一）中国资产评估协会数据信息平台

中国资产评估协会数据信息平台（评估资讯网）于2011年1月1日投入运行，是目前国内唯一专门为评估行业专业人士提供丰富的数据信息和评估模型的信息源。

中国资产评估协会数据信息平台主要解决资产评估师日常工作中需要使用的一些特定数据，是由行业协会牵头建设的权威的、行业规范的数据和参数。它结合了企业价值评估中的行业特色，深入挖掘其他数据公司服务未能覆盖的部分参数。2009年以机电产品信息价格查询系统、基准地价查询系统为切入点，逐渐丰富信息平台资源。

目前，中国资产评估协会数据信息平台包括企业价值评估、无形资产评估、房地产评估、机电设备评估、海岛评估等评估专业相关数据及计算模型的查询、宏观指标及宏观政策、评估常用法规查询等七大板块。其他创新业务的数据服务正在不断丰富过程中。中国资产评估协会数据信息平台业务板块及简介如表 10－1 所示。

表 10－1　　中国资产评估协会数据信息平台业务板块及简介

一级栏目	二级栏目	简要介绍
企业价值评估	• β 系数 • 上市公司信息 • 规模企业财务数据 • 债券信息	为企业价值评估收益法和市场法应用提供参数
无形资产评估	• 专利资产评估	提供有关专利资产评估各项方法及模型的查询，涵盖成本法、市场法、收益法、期权定价模型和其他方法等
房地产评估	• 基准地价 • 土地招拍挂信息 • 房屋销售价格指数 • 房屋租金 • 前期费用标准	提供全国 31 个省、市、自治区的基准地价信息和 41 个重要城市的土地招拍挂信息
机电设备评估	• 设备报价信息 • 设备评估方法、标准、参数 • 设备价格指数 • 设备变现系数 • 二手设备价格 • 设备进口关税	在中国评估协会原机电设备价格查询系统基础上完善而成，提供多种机电设备、交通运输设备、电子设备、常用材料的报价信息查询，计算方法、取费标准的查询，美日韩英四国的设备价格指数查询以及设备进口关税查询
宏观指标及宏观政策	• 指标说明 • 宏观数据 • 产业政策	提供国家宏观经济指标、数据及政策的查询，有助于评估师了解国家经济、行业发展趋势和市场需求
海岛评估	• 方法参数 • 海岛介绍 • 参考法规	提供部分省/自治区的海岛情况介绍、具体评估使用的方法参数以及依据的法律法规查询
评估常用法规		评估行业常用法律、法规查询，如评估、会计、审计、税务、房地产方面依据的法律、法规查询
价值广角		有关价值问题的讨论文章

与成熟资本市场相比，我国目前的估值专业数据服务还有很大改进空间。目前，我国资本市场的数据大多停留在以交易数据整理和简单统计为主的水平，产权交易市场和非公开市场交易的数据统计也还不够全面，评估人员需要从市场提供的数据中筛选、甄别对估值有用的内容，并对已有信息进行深度分析。但评估人员毕竟不是各个行业、各个领域的

专家，加上数据筛选标准和数据处理方式不同，使得基于相同数据来源得出的评估参数差距很大。虽然其中有相当部分是评估人员的专业判断差异，但典型案例还是引起了社会各界广泛关注。

第二节 企业价值评估信息

《资产评估准则——企业价值》第十四条规定，评估需要搜集的资料一般包括如下几个方面：评估对象相关权益状况及有关法律文件、评估对象涉及的主要权属证明资料，企业的历史沿革、主要股东及持股比例、主要的产权和经营管理结构资料，企业的资产、财务、经营管理状况资料，企业的经营计划、发展规划和未来收益预测资料，评估对象、被评估企业以往的评估及交易资料，影响企业经营的宏观、区域经济因素的资料，企业所在行业现状与发展前景的资料，证券市场、产权交易市场等市场的有关资料，可比企业的财务信息、股票价格或者股权交易价格等资料。其中，涉及企业提供资料之外的信息来源是本章讨论的内容，即宏观与区域经济信息，行业状况及发展前景，证券市场、产权交易市场信息（包括可比企业交易资料）。

一、宏观与区域经济信息

用于宏观经济分析可以包括下列部分或全部内容：通货膨胀预测、国民生产总值（GNP）前景、可支配收入和消费者信心、带有地域特色的人口变量、国际经济形势、经济周期分析、国家宏观经济政策、国家和地区经济发展目标。

这些分析可以取自如下的官方和非官方数据与分析，如评估行业协会网站、评估专业数据提供商网站，包括：①世界银行；②国际货币基金组织；③亚洲开发银行；④国家统计局和地方统计局；⑤国家发展和改革委员会、财政部、中国人民银行、商务部、工信部等综合部门及其下属的研究机构；⑥国务院发展研究中心、中国社会科学院、国家智库等研究机构；⑦投资银行、证券公司的研究机构；⑧中国资产评估协会网站；⑨彭博、万得等证券专业估值信息网站；⑩中和明讯等评估专业数据提供商网站。

二、行业状况及发展前景

行业状况及发展前景主要包括，行业主要政策规定，行业竞争情况，行业发展的有利和不利因素，行业特有的经营模式，行业的周期性、区域性和季节性特征等，企业所在行业与上下游行业之间的关联性，上下游行业发展对本行业发展的有利和不利影响。

这些资料来源可以从行业协会网站、商业化行业分析报告、证券公司行业分析报告、单一行业专业网站、行业专业期刊杂志等获得。

三、证券市场和产权交易市场信息

在企业价值评估中，收益法用到的资产成本、折现率、无风险报酬率、市场风险溢价、国家风险溢价、各类 beta 系数、风险调整系数等，市场法中可比上市公司、可比交易案例、各类发布的乘数等，可以从证券市场、产权交易市场等公开披露的信息和企业基本信息中得到，也可以从私募股权基金交易数据服务商的数据产品中得到。

这类信息源应选择知名的金融数据服务商、证券交易所、产权交易中心和著名研究学者的个人网站，数据对应的交易市场应该符合评估目的与评估标的适合的市场，尽可能选择具有一定规模、交易比较活跃、相对成熟的资本市场。

第三节 数据选择与数据处理

企业价值评估中使用的数据有各种类型、各种频率、各种专业的，既有实物量的数据（水平值），也有各种比率、增长率数据。不同的数据能否混合运算是评估人员需要关注的。有时，对于一组多项指标的时间序列数据，由于一个指标缺少一期的数据而剔除该指标，有时是很可惜的，并有可能影响因素分析的全面性。这时，可能需要对该指标的缺项数据进行人工补充，如何来补充这些数据也有一定的技巧。

一、企业价值评估中数据的种类

一般来说，数据在形式上包括名义、序数、区间、比率四种，如图 10－1 所示。这里的名义与经济指标的名义数据不是一个含义，经济指标的名义数据指的是按照现行价格统计的数值，与之相对的是按照不变价格（以某期价格作为基准）统计的数值，同一期二者的比率反映了特定含义下的通货膨胀率。

名义类别数据：仅用于对数据进行分类。例如：1——制造业，2——建筑业，3——金融业，4——采掘业。名义类别的数据只能作为标识，本身不能用于计算。

序数类别数据：出了分类外，还可以为对象排序。例如：上述行业毛利率从大到小排序，1——采掘业，2——建筑业，3——制造业，4——金融业。价值评估中，排序在经济分析、行业分析中都有重要意义。

区间类别数据：除具有序数数据的特征外，连续数据间的距离是有意义的。如：某行业企业资产负债率为 50%，51%，…，75%。区间的距离差越小，均值的代表性更强，分析中的可比性、可靠性越高。数据分布区间的距离差大小，还可以反映行业（分析内容）的集中度。

比率类别数据：与区间数据具有相同特征，同时两个数字的比值也是有意义的。例如：与上年同期比收入增长 12.3%，产品 A 销售占总收入的 60%。

不同类型的数据包含的信息是不一样的，不同类别之间不能直接进行运算。区间类别

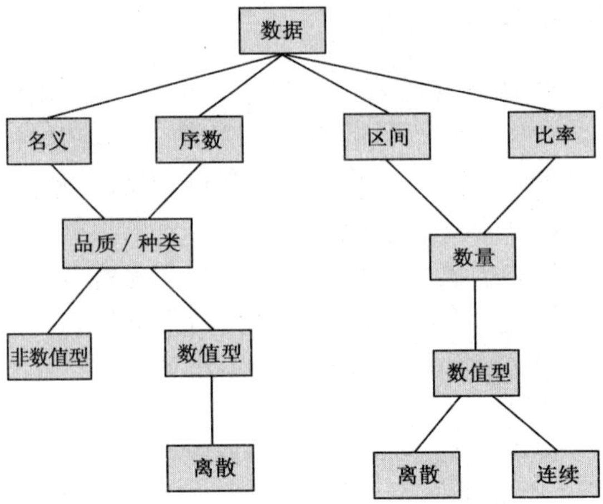

图 10－1　数据分类

和比率类别的数据在价值评估中应用较多，可进行的统计分析也多于其他两类。其中，区间类别数据可以进行加减运算，还可以转换为比率类别——增长率。比率类别中的细分类可以相应运算，增长率、百分率可以进行加减运算，特定财务比率可以进行乘除运算（如杜邦分析）。

数据从性质上分类，有定量数据、定性数据。数据从归集方式上分类，有时间序列、截面数据和面板数据。时间序列是针对特定变量在连续时期或不同日期的数据，时间间隔（或称为数据频率）可以是年、半年、季度、月、周、日，甚至更短的间隔。通常，时间序列观测值是连续的，在相同的空间发生。如一只股票的交易数据就是典型的时间序列。截面数据是一个特定变量在给定时间里不同主体的发生值。截面数据的主体可以按国家、行业、公司、家庭、居民或个体区分。有时，时间序列和截面数据混合在一起，称为时间序列的截面数据，或截面的时间序列，或称为面板数据。

通常情况下，同样的变量在时间序列和截面数据分析（或建模）中，会得出不同的结果。分析结果或估算结果不具有可比性。例如：一般截面数据估计的需求的收入弹性系数大于时间序列的，相同变量的时间序列的回归分析拟合系数好于截面数据，这并不能说明哪个测算是错误的。但在特定条件下（即满足“遍历性”时），样本数据统计上时间的均值（时间序列的均值）近似等于空间的均值（截面数据的均值）。

二、企业价值评估中数据处理的原则

（一）指标选择应符合经济学原理

企业价值评估经常要对目标企业的收入等核心指标的未来值进行预测，如果选择相关的宏观或行业指标作为价值驱动因素进行回归分析预测，则驱动因素对目标企业的价值驱动机理应符合经济学原理。例如，区域经济增长对基础设施建设的拉动、居民人均可支配收入对于快速消费品需求的关联关系等。价值驱动的原理应在评估说明中予以揭示。

在某项指标不能获得可靠数据来源时，可以选择具有相同经济学基础的替代指标，一般可以放大口径（行业、指数等）作为备选。例如，某地区快捷酒店较少，历史统计资料不全，可以经过对比分析后，采用全部酒店或更大区域的快捷酒店的历史收入成本资料作为分析的替代指标。这种做法牺牲了数据的相关性和准确性，因而是次优的数据处理方式。

（二）数据选择和处理应符合统计规律

企业价值评估使用的数据可能是每日、每周、每月、每年的交易数据，应了解不同频率数据形成的方式，例如，每月数据是月末最后一个交易日数据，还是每个交易日的平均数值；每个交易数据是收盘价，还是交易均价；转让交易价格是否包含相关税费等。一般不同频率、不同方式的均值不能直接比较和进行加减法运算。

（三）数据选择和处理应考虑财务意义

财务数据有时点数、期间数，两类指标数据一般不能直接运算。许多指标的关系还应满足财务关系式，可以作为分项外推预测合理性的验证方式。月度和季度财务可能包含季节因素的影响，这时与上年同期相比将不能准确反映指标的长期变化趋势和（或）周期变化趋势，一般应做季节调整。

（四）选择模型分析时应注意前提和假设

企业价值评估有许多优秀的实证模型，可以用不同市场的数据套用分析。参考这些模型时，应注意它的使用前提，如果违背了前提假设，再理想的计算结果也是没有意义的。很多实务人员经常使用回归分析，但不注意回归模型的假设条件，因此得出通过统计检验的荒谬结果。

（五）图示是最好的分析方式

把历史数据、预测数据、样本数据画在图上，是企业价值评估分析的最有效方式。图形形象直观，可以防止片面依靠统计检验确认虚假的关联关系。也可以判断未来预测数据的超常规趋势，提醒评估人员关注非常规变动的因素及其合理性。

三、数据分析处理的主要方式

（一）统计量分析

在企业价值评估中，对数据进行统计分析的地方很多，如历史财务数据、行业内财务比率对比、未来收益预测、可比上市公司的相关指标对比、可比上市公司和可比交易案例的筛选和差异因素调整等。需要了解常用统计量的概念和表达的含义。在企业价值评估中，经济分析、行业分析、企业对比分析中经常使用下列统计量：

1. 一组数据的代表性测度指标有：

- 众数（Mode）：一组数据中出现次数最多的值。
- 中值（Median）：也称为“中数”，一组按顺序排列数据中的最中间的值。
- 均值（Mean）：数据的平均数，也称“期望值”。度量数据的集中趋势，或总体的重心。

- 分位数（Quartiles）：按数据数量分为若干等份的分组，分别称为第一、二、三……分位数。50%分位数就是中值。

2. 平均指标反映若干统计数据集中趋势的综合指标，常见的均值计算方法有：算术平均数、几何平均数、调和平均数。按加权与否划分，分为简单平均数和加权平均数；按反映的时间状况划分，有静态平均数和动态平均数。处理评估数据时，要注意每种评估、权重、时间的内涵。例如，区间数据与时点数据的平均数含义是不同的。

3. 离散程度测度：

- 极差（Range）：数列中最大值和最小值的差。可以分析评估参数可能取值的最大范围。
- 内距（Interquartile Range）：第一分位与第三分位数的距离，反映去掉极端值的取值范围。
- 方差（Variance）：各数据与平均值差的平方的平均数。是企业价值评估中，衡量数据离散程度最常用的指标。方差的大小反映了平均值的代表性，方差越小，均值的代表性越好。
- 标准差（Standard Deviation）：也称“均方差”（mean square error），是各数据偏离平均数的距离的平均数，是方差的算术平方根，常用 σ 表示。标准差也是数据集离散程度的衡量指标，量纲为一阶。标准差在期权模型等模型中还作为波动性的度量。
- 峰度（kurtosis），又称“峰态系数”。表征概率密度分布曲线在平均值处峰值高低的特征数。直观看来，峰度反映了尾部的厚度。对于接近对称的分布，峰度同样反映均值代表性的集中程度。
- 偏度（skewness）：是统计数据分布偏斜方向和程度的度量，是统计数据分布非对称程度的数字特征。偏度是概率分布密度曲线相对于平均值不对称程度的特征数，直观看来就是密度函数曲线尾部的相对长度。在企业价值评估中，可以反映参数的取值倾向。

（二）数据分析检验

对于数据计算统计量、做回归分析等，结果的合理性需要进行检验和验证，以防止就计算论计算的结果，而得出荒谬的结论。

1. 经验检验。评估是基于实践的专业咨询，一般规律和行业常识是最好的检验。

2. 相关理论的检验。如技术经济学、管理科学、经济学、金融学、会计学、统计学、逻辑学、保险学等理论或原理的检验。如人均收入与某消费品线性回归时的回归系数正负号，应符合经济学的供求理论。

3. 统计学检验，包括显著性检验、假设检验。统计是严格的科学，统计量可以依据假设条件进行检验。如计算的相关系数是0.43，通过检验可以确定是否是显著的线性相关。

4. 模拟检验。主要是针对模型拟合情况，预测效果的检验。常见的有外推检验、内插检验、分组检验等，都是用已知的未参与模型计算的部分数据对照模型的模拟数据作为检验。

（三）价值驱动因素分析

在企业价值评估中，评估人员经常需要去发掘影响评估标的价值变化的因素，需要基于各种理论，对数据进行统计分析。常用的分析工具有：

1. 相关分析。在现实经济中，许多企业表现是由许多互相制约、互相依存的多种因素共同作用的结果，研究这些因素间相互关系密切程度的分析，称为“相关分析”。

一般情况下，我们研究的是线性相关关系，即这些因素之间符合加法原则和同比例变化原则，线性相关关系的密切程度可以用相关系数计量。同时，还需要经济现象不符合线性规律，但存在非线性相关关系，非线性相关关系不能以简单的相关系数表述。

2. 回归分析。对价值驱动因素之间相互依存与制约的内在规律用数学语言来表述，就是变量间存在某种函数关系。对于存在相关关系的事件和因素，通过数据的统计分析，近似地确定出的变量之间的关系就是回归分析。常见回归分析有三类：一元线性回归分析、多元线性回归分析、非线性回归分析。

3. 方差分析。价值表现受多种相互制约、相互依存的驱动因素制约，方差分析通过对一种或多种因素变化的比较，分析某个或某些因素对价值表现影响是否是显著的。方差分析的一般思路是：①样本按某个或某些因素分组；②对样本组进行特定假设，如随机的、独立的、同分布、方差相同；③分别计算组内和组间平方和；④计算 F 统计量；⑤根据 F 统计量值，确定假设检验是否成立，即因素影响是否显著。方差分析可以分为单因素方差分析和多因素方差分析。

企业价值评估中的统计分析一般采用 Excel 就可以完成。但如果需要采用复杂的分析方法，如对于未来行业周期预测、消费习惯差异对需求影响等，可能涉及如非线性相关分析、加权最小二乘法（WLS）、广义最小二乘法（GLS）、工具变量法（IV）、极大似然法（ML）、多因素方差分析，这时采用专业软件更方便，如 SPSS、EViews 等软件工具。

附录

国外成熟的专业数据服务

成熟的专业数据服务应该有专业的分析师对各个行业的基础数据进行分析，对各类交易市场的数据进行深入挖掘和增值加工，编制各类比率和指数，并提供相应的分析验证报告，投资者和评估人员可以参考这些专业的分析报告。如企业价值评估方面权威专家莎伦·普拉特和罗格·格拉博斯基在《资本成本：应用于案例》（第 4 版）中专门提供了一个分类的评估数据资源列表，引用如下①：

① 莎伦·普拉特、罗格·格拉博斯基著，朱军等译：《资本成本：应用和案例》（第 4 版），经济科学出版社 2013 年版。

一、MORNINGSTAR 资本成本数据

Morningstar 的产品销售和支持电话：（312）384－4000

全球总部：225 West Wacker Drive，Chicago，11 60606；（312）696－6000

网址：www. morningstar. com.

Morningstar 在 2006 年收购 Ibbotson Associates。

Stocks，Bonds，Bills and Inflation® 经典版年鉴。每年 3 月出版，有印刷本。提供美国资产分类的历史数据，综合性的、从历史角度反映 1926 年以来资本市场运行情况，包括大型公司股票、小型公司股票、长期公司债券、长期和中期政府债券、国库券和通货膨胀的总回报率和指数价值，可以选择年鉴附加的月度、季度和半年报告。

Stocks，Bonds，Bills and Inflation® 评估版年鉴：每年 3 月出版，有印刷本。提供完整的真实世界案例和有用的图示，帮助读者进行资本成本估计的决策，包括累加法、资本资产定价模型、Fama－French 三因素模型和折现现金流方法的概括和比较。按季度订阅可以得到年鉴，外加三份提供更新的采用累加法的行业风险溢价的季度报告。

Cost of Capital Yearbook：每年 6 月出版，外加三个季度的印刷版。包括按标准行业分类码（SIC）划分的 300 多个行业信息。基于权益资本化设计的公司规模四分法。提供销售、利润率、资本化、beta、乘数、比率、权益回报、资本结构和五分法计量权益成本和加权平均资本成本的详细统计。

Beta Book：每半年在 2 月和 7 月出版电子版，包括 5000 多家公司可以按资本资产定价模型和 Fama－French 三因素模型测算权益成本的基础数据。提供传统的 60 个月 CAPM 回归计算的有杠杆和无杠杆 beta。

Cost of Capital Resources（以前是 *Cost of Capital Center*）：在网站 www. mormngstar. com 在线可用。用户可以下载美国和其他 170 个国家 300 多个行业 5000 多家公司的分析结果。《国际资本成本报告》每年更新，是基于美国投资人到其他 170 个国家投资估计的权益成本。《国际资本成本透视报告》提供 170 个国家权益成本估计，是基于奥地利、加拿大、法国、德国、日本和英国投资人的视野。《国际权益风险溢价》提供 16 个国家的历史风险溢价，多数国家包括 1970 年以来的数据。《加拿大各时期风险溢价报告》提供长期权益风险溢价的历史数据，起始时间是 1936 年（以加拿大元表示）或 1939 年（以美元表示）。《英国各时期风险溢价报告》提供长期权益风险溢价的历史数据，起始时间是 1919 年（以英镑表示）或 1920 年（以美元表示）。《各时期风险溢价报告》包括长期、中期和短期权益风险溢价，以及中型、小型和微型资本化规模溢价。《*Duff & Phelps* 风险溢价报告》提供风险溢价估计，按规模与风险的关系分成 25 组。个别行业报告有助于进行折现率分析，报告按 SIC 码提供行业 beta、乘数、权益成本估计、加权平均资本成本等等。

二、Duff & Phelps 风险溢价报告

Duff & Phelps 公司风险溢价报告是估计权益资本成本的有益工具。其中一个数据库中，用户可以采用累加法估计权益成本。另一个数据库提供教科书式 CAPM 模型估计权益资本成本，并考虑规模影响。在 Morningstar（www. morningstar. com）、Business Valuation

Resources（www. BVResources. com）和 Valu Source（www. valusource. com）提供在线服务。详细信息，请联系 Duff & Phclps 公司管理董事 Roger Grabowski，电话：(312) 697 -4720。

三、BETAS

Bloomberg，(212) 318 -2000；fax：(917) 369 -5000；www. bloomberg. com。

Merrill Lynch，Merrill Lynch Research，Global Equity Research and Global Strategy and Economics，4 World Financial Center，250 Vesey Street，New York，NY 10080；(212) 449 1000，www. ml. com。

Morningstar（以前的 Ibbotson Associates），产品销售和支持（312）384 -4000，全球总部 225 West Wacker Drive，Chicago，11 60606；(312) 696 - 6000；www. morningstar. com。Beta Book：individual company betas；Cost of Capital Yearbook：industry betas。

MSCI Barra，2100 Milvia Street，Berkeley，CA 94704 - 1113；(510) 548 - 5442；fax：510. 548. 4374. Client Support，U. S.：(888) 588 -4567；http：//www. mscibarra. com/。

Standard & Poor's，55 Water Street，New York，NY 10041；(800) 523 - 4534；www. standardandpoors. com，www. compustat. com。Standard & Poor's Compustat and Standard & Poor's Stock Reports。

Value Line Publishing，Inc.，220 East 42nd Street，6th Floor，New York，NY 10017；(800) 634 -3583，www. valueline. com。

四、收益预测和相关数据

这里列示的信息超出了收益预测，因为提供者整理了巨量的关于股票、行业和市场的其他数据和观点，可以帮助读者估计资本成本。

First Call and I/B/E/S Databases（*Thomson Financial*）是实时经纪人角度研究、收益估计、权益和固定收益持有人信息、会员交易信息和公司新闻发布的行业标准。Thomson First Call 浓缩了 *Thomson First Call Notes* 、*Thomson First Call Research Direct*、*I/B/E/S Earnings Estimates*、*Thomson StreetEvents* 和 *Thomson Worldscope Fundamentals* 的要点，可以通过 Thomson ONE and IRChannel 获取。I/B/E/S Aggregated Forecasts 提供定制化、高质量的信息，帮助你进行与投资风格一致的资产配置和全球估值决策，通过三个数据库得到总量层面的预测数据。I/B/E/S Global Aggregates 允许用户得到 56 个国家 1987 年以来的总量信息。*I/B/E/S Sector & Industry Aggregates* 提供按国家分地区的部门和行业层面的总量数据。*I/B/E/S S&P 500® Aggregates* 提供美国市场 1985 年以来的部门和行业层面总量。该产品由整合分析师对所有股票和指数的预测开始，然后建议收益、P/E、增长率和指数修订。可以从 Thomson Financial at 195 Broadway，New York，NY 10007；(646) 822 -2000；www. thomson. co m/solutions/financial 获得。

Integra 5 - Year Industry Data Reports 通过 33 个不同的数据资源，编辑了 450 万家私营公司的财务营运数据。这些报告提供了 900 个行业 13 级规模的行业财务标杆。可联系 a Division of MicroBilt Corporation，1640 Airport Road Suite 115，Kennesaw，GA 30144；(800) 780 -2660；www. integrainfo. com；也可以从 Business Valuation Resources，LLC，1000 SW

Broadway Suite 1200，Portland，OR 97205；（888）BUS – VALU [（888）287 – 8258]；fax：（503）291 – 7955；www. BVResources. com 获得。

First Research Industry Profiles 覆盖 200 多个行业，每 90 天一更新。他们按 SIC 码提供详细信息，包括关键事件、季度行业更新、行业回顾、信用和商业风险事件、商业趋势和行业预测。可联系 First Research，4321 Lassiter at North Hills Avenue，Suite 200，Raleigh，NC 27609；（919）788 – 9387，免费电话：（866）788 – 9389；fax：（919）788 – 9397；也可以从 Valuation Resources，LLC，1000 SW Broadway Suite 1200，Portland，OR 97205；（888）BUS – VALU [287 – 8258]；fax：（503）291 – 7955；www. BVResources. com 获得。

Reuters Estimates（以前是 *Multex Estimates*）是实时预测信息的全球提供商。Reuters 从全世界 600 多个经纪人那里获得预测数据，并提供 70 多个国家 18000 家活跃公司和 1 万家不活跃公司的舆论、细节估计和公司报告的事实，还有 25 个以上综合的年度和中期的财务计量数据可用，包括收益、利润、息税折旧摊销前收益和现金流、三种每股收益。可联系 1 – 800 – REUTERS [738 – 83771；www. reuters. com。

Value Line Publishing，*Inc*。The Value Line Investment Survey 是一个近 1700 只股票、90 个行业、证券市场和经济的任何信息和建议资源。每周 Value Line Ranking System 显示大量数据条目，用独创的计算序列对 1700 只证券在今后 6 ~ 12 个月的可能运行情况进行排序。该机构还有其他的印刷版服务，包括 *The Value Line Mutual Fund Survey*，*The Value Line No – Load Fund Advisor*，*The Value Line Special Situations Service*，*The Value Line Options Survey* 和 *The Value Line Convertibles Survey*。通过 *Value Line Investment analyzer*，Value Line 还有一系列电子出版物。这个软件用于综合研究，包括每只股票 350 多个数据项、60 多个图示和图形变量，10 年历史详细的营运财务数据、风险和收益，另外还有其他电子产品。还有一个 Value Line DataFile 包括 8000 多家公司的基础数据，年度数据从 1955 年、季度数据从 1963 年、完整 10 – Q 数据从 1985 年开始；包括资产负债表和收益数据、风险计量、回报率和分析比率。Value Line 位于 220 East 42nd Street，6th Floor，New York，NY 10017；客户服务：（800）634 – 3583，fax：（201）939 – 9079；www. valueline. com。

Zacks Investment Research，*Inc.* 提供很多产品，包括 *Zacks Rank* 和 *Zacks Equity Research*，是结合了最好质量和数量的分析资料。Zacks 也通过几家分销商提供电子版。Zacks 坐落在 111 N. Canal Street，Suite 1101，Chicago，11 60606；（800）767 – 3771，（312）630 – 9880；fax：（312）630 – 9898；www. zacks. com。

IBIS Worldlndustry Reports 提供 700 个不同领域市场分析。IBIS World Industry Reports 可用于分析市场规模、竞争者、商业计划书、宣传材料、基准调查、预测、企业价值评估、诉讼支持、尽职调查等。IBISWorld 坐落在 401 Wilshire Blvd.，Suite 200，Santa Monica，CA 90401；（800）330 – 3772；www. ibisworld. com。

五、套利定价模型

只有一家公司还提供以套利定价模型（APT）估算的资本成本。

BIRR Portfofio Analysis，*Inc.* 有一个称为 *BIRR Risks and Returns Analyzer*® 的软件系统，BIRR 是 Burmeister（Edwin），Ibbotson（Roger），Roll（Richard）和 Ross（Stephen）的缩

写。它提供的 APT 多元回归模型有 5 个行业的宏观经济因素：信用风险、时间跨度风险、通货膨胀风险、经济周期风险和市场跨期风险。BIRR 在 2200 West Main Street, Suite 210, Durham, NC 27705；(919) 687 – 7053；www. birr. com。

六、公开交易股票数据

10*k Wizard* 是美国证监会电子化数据搜集、分析及检索系统（SEC EDGAR），提供公司、行业、财务或会计研究的检索和回溯服务，提供用户通过 SEC EDGAR 自动检索海量公开信息的能力。

EDGAR Online Inc. 提供全球公司财务公司和专业顾问的交互式商业和财务数据，该公司编制的信息和各种分析工具可以在线订阅和协议许可使用。公司提供宽广的数据，包括提交 SEC 文件、基础数据、机构持有情况、会员交易、首次发行/SPO 注册情况，以及全球年报和会议副本。可以在 EDGAR 在线纽约销售办公室得到，122 East 42nd Street, 24th Floor, New York, NY 10168；(888) 870 – 2316, (212) 457 – 8200；fax：(212) 457 – 8222；www. edgar – online. com。

Electroruc Data Gathering, Analysis, and Retrieval (*EDGAR*) *Service* 提供给美国证券监管委员会的 15000 家公司申报文件的入口，www. sec. gov/edgar. shtml。进入网站无需费用。

Mergent, Inc.（以前是 Moody's）提供公开交易公司的各类出版物，包括 *Mergent Industrial Manual*, *Mergent Bank & Financial Manual*, *Mergent OTC Industrial Manual*, *Mergent OTC Unlisted Manual*, *Mergent Public Utilities Manual*, *Mergent Transportation Manual*, *Mergent U. S. Company Archives Manual*, *Mergent International Company Archives Manual* 和 *Mergent Industry Review*。这些出版物可以从 525077 Center Drive, Suite 150, Charlotte, NC 28217；(800) 342 – 5647, (704) 559 – 7601；fax：(704) 559 – 6945；www. mergent. com 获得。

Standard & Poor's 是 McGraw – Hill 的一个分支，提供大量公开交易公司印刷版和电子出版物，包括 *Capital IQ*, *Compustat*, *Standard & Poor's Industry Survey* 和 *Standard dso Poor's Stock Reports*。这些出版物可以从标普，55 Water Street, New York, NY 10041；(800) 523 ~ 4534；www. standardandpoors. com, www. compustat. com 获得。

七、大型公司兼并和购买交易来源

Financial Post Crosbie: *Mergers & Acquisitions in Canada* 是一个记录加拿大兼并和收购（M&A）市场的数据库，CanWest Interactive Inc. 在 2005 年 4 月从 Crosbie 购买了这个数据库。订阅请联系 CanWest Interactive Inc.，(416) 442 – 2121, Toll free：(800) 661 – 7678。Crosbie 继续基于该数据库数据编制加拿大并购活动的季度报告，订阅可以联系 Crosbie, 150 King Street West, 15th Floor, PO Box 95, Toronto, ON, M5H 1J9；(416) 362 – 7726；fax：(416) 362 – 3447；www. crosbieco. com。

FactSet Flashwire 每周和每月更新，包括世界并购（M&A）的分析和图示，给读者提供最新的趋势判断。每期 *Flashwire Monthly* 分析世界并购活动，并包含 *FactSet Mergerstat* 数据库的总量统计。印刷版和邮件 PDF 电子版同时发行。获取地址：FactSet Mergerstat

LLC，2150 Colorado Avenue，Suite 150，Santa Monica，CA 90404；（310）315 －3100；fax：（310）829 －4855；www. mergerstat. com。

Mergerstat Custom Research Service 提供 Mergerstat 全球消费—零售业并购数据报告的入口，消费报告针对不定期的信息需求和有限预算控制，提供以方便和低廉的方式获得特定并购一家企业的数据，FactSet Mergerstat，LLC. 的免费联系电话：（800）455 －8871 或（310）315 －3100；www. mergerstat. com。

Mergerstat M&A Decade Library 是光盘形式，提供 1990 ~ 2000 年间每年 Mergerstat Review 版本，每个版本包括并购活动的深度统计、行业、地理分布、历史分析和多年趋势分析。可联系 FactSet Mergerstat LLC，2150 Colorado Avenue，Suite 150，Santa Monica，CA 90404；（310）315 －3100；fax：（310）829 －4855；www. mergerstat. com。

Mergerstat Online Transaction Roster 可以无限制进入 FactSet Mergerstat 跟踪的每一笔交易的可比交易数据，包括买卖双方的标准行业分类码、位置、描述、公告日期、基准价格、市盈率、支付方式和交易概要分析。通过易用的在线交互界面，可以方便地按卖方行业分 49 类查询。可以联系 FactSet Mergerstat LLC，2950 31st Street，Suite 130，Santa Monica，CA 90405；（310）315 －3100；fax：（310）829 －4855；www. mergerstat. ccm。

Mergerstat Review 每年 4 月发行，可选择每月更新。跟踪美国公司参与的并购交易，包括私人控制、公开交易和外国公司，还分析强制出售、管理层收购和特定资产出售。按规模、溢价和交易乘数进行行业分析，还提供按卖方、类型、交易规模、行业分类和的行业分析，25 年的并购统计包含平均溢价和市盈率。可联系 FactSet Mergerstat LLC，2950 31st Street，Suite 130，Santa Monica，CA 90405；（310）315 －3100；fax：（310｝829 －4855；www. mergerstat. com。

Mergerstat/BVR Control Premium Study™是基于网页的确定企业价值评估、风险投资和并购专业咨询中少数权益和控制溢价的工具。订阅赠送所有详细数据库入口，包括控制溢价 5 项评估乘数和计算 ROE（净收益/发行在外每股账面值）的信息。覆盖 Mergerstat/BVR Control Premium Study 中 58% 的以美国为基础的公司，其他是国际公司。订阅可得到过去 12 年以上的数据，这些数据添加了交易目的编码，每笔交易划为横向、纵向、混合或财务并购。2007 年 7 月，*Mergerstat/BVR Control Premium Study* 包括 5590 项交易，其中有 770 项商业服务业、690 多项托管机构和 195 项通讯行业。数据库中交易，52% 净交易额小于 1 亿美元，其余交易净额大于 1 亿美元。可联系 Business Valuation Resources，LLC，1000 SW Broadway，Suite 1200，Portland，OR 97205；（888）BUS －VALU［287 －8258］；fax：（503）291 －7955；www. BVResources. com。

Public Stats™编辑和报告 63 个数据项，是公众公司财务和交易细节事项。2010 年 3 月，*Public Stats* 汇集了 2560 家公众公司从 1995 年至今的买卖，交易价格范围从 100 万美元到 1140700 万美元。*Public Stats* 中的行业分类是多样的，有标准行业分类（SIC）码的 380 个特有的行业和 440 个北美行业分类系统（NAICS）码特有的行业。另外，有 80 家 SIC 分类和 70 家 NAICS 分类公司有 5 年以上的交易报告。可联系 Business Valuation Resources，LLC，1000 SW Broadway，Suite 1200，Portland，OR 97205；（888）BUS －VALU［287 －8258］；fax：（503）291 －7955；www. BVResources. com。

八、私人公司出售交易数据

有几家数据库提供私人公司交易情况。

Jack Sanders 是 *BIZCOMPS* 的作者，也是 Spectrum Corporate Resources，LLC 的管理董事。PO Box 97757，Las Vegas，NV 89193；（702）454－0072；www. bizcomps. com。

BIZCOMPS@ 提供的交易情况按行业分类，包括收入和无限制收益乘数。它发行 4 个版本：西部（2950 多笔交易）、中部（1500 多笔交易）、东部（3060 多笔交易）、全国性行业（1250 多笔交易）。每笔交易包含标准行业分类码、商业类型、询价、成交价年销售收入、卖方无限制现金流、折让百分比、条款、存货、固定装置和设备、销售租金百分比、坐落、售价与总销售比率、售价与卖方无限制现金流比率，对每种公司的子分类都有多种总和、平均值。每年的出版物可以通过 www. bizcomps. com 在线获得，或联系 Business Valuation Resources，LLC 公司，www. BVMarketData. com。

BIZCOAIPS Special Food Service Edition 包括餐厅、快销食品、熟食店、酒席承办、咖啡屋和鸡尾酒吧，是一项销售在 2 亿美元以上的 1500 家真实食品服务行业的研究。被出售的企业按售价与销售收入比率、售价与卖方无限制收益比率、全现金购买的实际折让、租金占销售收入的百分比、家具、固定装置和设备的价值、出售时存货价值。可以通过 www. bizcomps. com 在线获得，或通过 Business Valuation Resources，LLC 公司 www. BVMarketData. com。

DoneDeals@ 提供难以获取的私人公司交易细节和交易额在 100 万美元到 10 亿美元的公开中间市场交易信息，是综合性的中间市场交易数据，出售公司中约有 79% 是私人所有。数据可以按标准行业分类码、价格、买方或卖方、私人或公众公司、位置、关键词检索。获取渠道 Thomson PPC，PO Box 966，Fort Worth，TX 76101；（800）323－8724；www. DoneDeals. com。

GF Data Resources 提供私募股权公司信息数据库，使其他外部用户可以更准确地评估和评价并购交易。*GF Data Resources* 提供的信息聚焦在交易额在 1000 万美元到 2. 5 亿美元的私募股权主导的交易。2007 年，*GF Data Resources* 以资源合作形式，与 60 家私募股权公司系统完善了数据库和编辑了报告。从 2007 年年报开始，其他用户可以订阅使用 *GF Data Resources*。GF Data Resources，LLC，100 Four Falls Corp Center，Suite 660，W. Consh. ohocken，PA 19428；（610）260－6239；www. gfdataresources. com。

IBA Market Database 是最大的评估中小企业的可比交易数据库。该数据库包括 725 个标准行业分类码，30300 多家控制型公司的出售信息。会员免费进入数据库。Institute of Business Appraisers，PO Box 17410，Plantation，FL 33318；（954）584－1144；fax：（954）584－1184；www. go－iba. org。

Pratt's Stats™ 提供私人公司和控制型企业出售的详细信息。*Pratt's Stats*® 编辑和报告的数据达到 81 项，提炼出私人公司和控制型公司的财务和交易细节。*Pratt's Stats* 的数据基本应用在市场法评估企业价值，用于公司公允价值评估或定价中对类似公司的财务分析。另外，*Pratt's Stats* 数据用于企业家、投资人、顾问和企业私有者在购买或出售企业时发现价值。*Pratt's Stats* 数据被发现的一个显著优势是：它剔除市场不确定性，提供真实世

界企业出售的详细的、有意义的财务和交易信息。截至2010年3月，*Pratt's Stats*包括大约14500家私人和控制型公司1990年以来的出售情况，交易价格从100万美元到1443.5万美元之间。*Pratt's Stats*的行业分类是多种方式的，大约700个是标准行业分类（SIC）码特有的，840个是北美行业分类系统（NAICS）码特有的，另外，约有210个SIC和230个NAICS码行业有10宗以上交易。请联系Business Valuation Resources，LLC，1000 SW Broadway，Suite 1200，Portland，OR 97205；（888）BUS－VALU［287－8258l；fax：（503）291－7955；www.BVResources.com。

九、合伙企业交易数据

*Minority Interest Discount Database Package*提供少数权益折现率数据库的接入，该交互式的数据库包括1994～2009年*Partnership Profiles' annual Partnership Re－Sale Discount Surveys*的数据。数据包中还提供*Executive Summary Report on Partnership Re－Sale Discounts*，*Detailed Partnership Data*和*PartnerDisc*。Partnership Profiles公司还出版*Direct Investments Spectrum Newsletter*（以前称为*Partnersbip Spectrum*）。联系地址是Partnership Profiles，Inc.；（800）634－4614；www.partnershipprofiles.com。

十、缺乏市场（流动）性

The FMV Restricted Stock Study™包括企业价值评估、企业估价、风险投资、并购专业服务中验证市场流动性折扣的细节信息。它包含475笔交易，每项交易有55个数据项。可联系Business Valuation Resources，LLC，1000 SW Broadway，Suite 1200，Portland，OR 97205；（888）BUS－VALU［287－8258］；fax：（503）291－7955；www.BVResources.com。

*LiquiStat*是Pluris Valuation Advisors，LLC.公司私有的数据库，包含数千项非流动证券交易信息，明显多于大多数研究的数量。*LiquiStat*数据库是一个有力的分析工具，在估值中发挥着重要作用，能提供其他评估公司没有的资源。Pluris Valuation Advisors，LLC，17 Battery Place，Suite 1343，New York，NY 10004；（212）248－4500；fax：（212）248－4599；www.pluris.com。

Valuation Advisors' Lack of Marketability Discount Study™包括15个数据项的pre－IPO交易情况，目前包括3290笔交易。Business Valuation Resources，LLC，1000 SW Broadway，Suite 1200，Portland，OR 97205；（888）BUS－VALU［287－8258］；fax：（503）291－7955；www.BVResources.coru。

十一、利率数据

*Blue Chip Financial Forecasts*每月出版，为读者提供最新的关于未来方向和美国利率水平有影响的观点，利率是公司管理层经营中的关注关键参数。受调查者来自如Bank of America，Goldman Sachs & Co.，Swiss Re，Loomis，Saytes & Company和JP MorganChase，每个预测者给出今后6个季度的以下利率变量的预测：Federal Funds Rate，Prime Rate，three－month LIBOR，one－month Commercial Paper，Treasury Bills，Treasury Notes，Average Long－Term Treasury Yield，Corporate Aaa and Baa Bonds，State & Local Bonds和Home Mortgage Rate。对于每个变量，每个预测者的预测结果和统计结果一起发布，对每个变量还提供10个最高和10个最低预测，剔除极端结果的中值，与上个月相比，预测上升、下降或不变的预测者数量，体现先于统计结果方向变化的扩散指数。Aspen Publishers, www. aspenpublishers. com。

Consensus Economics 创建于1989年，是一家领先的国际经济调查机构，每月统计700多位经济学家的预测和观点。这些调查覆盖70多个国家的主要宏观经济指标（包括增长、通胀、利率和汇率）。预测结果被编辑成一系列出版物，致力于世界上主要工业化国家（G7和西欧）、亚太新兴经济体、拉丁美洲和东欧的主要货币。每项显示调查结果和个人的预测，向订阅者发送纸质版和PDF及Excel格式的电子版。www. consensuseconomics. com。

Federal Reserve Economic Data（*FRED*®）是该类免费经济数据库中最大的，是由圣路易斯美联储编制的。截至2010年3月，包括20478项美国经济时间序列数据。可以下载Microsoft Excel和文本格式，查看数据序列的图形。其中包括Certificates of Deposit, Commercial Paper, Corporate Aaa and Baa Bonds, FRB Rates, Prime Bank Loans, Treasury Bills, Treasury Constant Maturity, Treasury Inflation – Indexed Securities, 30 – Year Mortgages和其他利率数据。网址是research. stlouisfed. org/fred2/。

十二、国际风险

BondsOnline Group, Inc. 提供当前即时和历史数据，包括所有全球当前或过去股票、债券、指数和其他证券的描述性信息，也包括美国公司和机构债券按预扣所得税方法的收益分布。地址在BondsOnline Group, Inc., 9311 SE 36th Street, Suite 201, Mercer Island, WA 98040；(800) 883 – 1808；www. bondsonline. com。

The PRS Group, Inc. 的网站整合了数据、出版物和在线国际风险数据，The Political Risk Services发布100个国家的报告，运用Coplin – O'Leary方法监控对于国际投资下一个5年的风险。The International Country Risk Guide（ICRG）和相关的出版物监控161个国家对于国际投资和财务机构的各类风险。CountryData. com允许用户只选择ICRG和Political Risk Services的数据、预测和风险评级。PRS Group, Inc., 6320 Fly Road, East Syracuse, NY 13057；www. prsgroup. com。

Consensus Economics 为跨国公司提供汇率预测。

十三、期刊

Business Valuation Library 是一个在线数据库，允许用户从*BVUpdate*, *Deluxe BVUpdate*, *BVLaw*, *Economic Outlook Update*, *BVPapers*和*Business Valuation Data Directory*选择建议定制化数据资源。Business Valuation Resources, LLC, 1000 SW Broadway, Suite 1200, Portland, OR 97205；(888) BUS – VALU [287 – 8258]；fax:(503) 291 – 7955；www. BVResources. com。

Business Valuation Practice 是企业价值评估协会的季刊，可以在www. go – iba. org上订阅。

Bussiness Valuation Review 是聚焦企业价值评估的专业性季刊，由专业领域领军人物撰写估值议题。有印刷版和电子版，目标是传播知识，通过发布高质量、与实务相关的研究，促进对各类企业权益评估专业实践的理解。可以在美国评估协会网站 www. bvappraisers. org/lssueStore/获取。

Business Valuation Update™是印刷版和电子版的月度通讯，关注企业价值评估专业领域的新闻、观点和资源。内容有嘉宾观点和访谈、最新法律和法院案例、资本成本、最新数据和出版物、特别报告、读者和编辑交流、新闻更新和日历更新。地址是 Business Valuation Resources, LLC, 1000 SW Broadway, Suite 1200, Portland, OR 97205;（888）BUSVALU [287 - 8258]; fax:（503）291 - 7955; www. BVResources. com。

Financial Valuation and Litigation Expert 是展示财务评估、辩论/反欺诈和诉讼服务方面顶级专家观点和工具的双月刊，内容有当前法院判例总结、专家资源和数据资源、相关观点、行业特别更新、评估方法和应用、折现率和溢价、知识产权侵权、专家见证建议、辩论/反欺诈案例、损失计算范例。可以在 Valuation Products & Services, LC, 3340 Peachtree Road NE, Suite 178_ 5 Tower Place, Atlanta, GA 30326;（404）814 - 3731; www. valuationproducts. com 获得。

The National Litigation Consultants' Review（*NLCR*）包括关于在法庭中财务事项如何提出和定义的特色文章，就现实的问题、坦率的讨论和深入的探讨提供实务分析，还提供实践中如何通过技术工具和网络资源获取信息，对新的诉讼和企业价值评估出版物和软件的独立的、建设性的评论，对效率工具、管理思想和营销进行提示，特别是具有与支持诉讼和财务事件相关的实务分析。可以从国家注册企业价值分析师协会（NACVA）获得。1111 Brickyard Road, Suite 200, Salt Lake City, UT 84106;（801）486 - 0600; fax:（801）486 - 7500; www. nacva. com/NLCR。

Valuation Strategies 是一本全彩色双月刊，聚焦各种税收计划和合规交易评估的重点。这本独特的期刊提供重要的具体细节信息和各类评估事项的分析，也包括保证各类交易准确性需要的作业工具。专业人员的深度分析涉及以下领域：企业价值、不动产和个人财产评估最新技术的专业解释。印刷版和在线版可以从 Thomson Reuters, 3 Times Square, New York, NY 10036;（800）950 - 1216; ria. thomsonreuters. com 获得。

【思考题】

1. 什么是数据来源的可靠性？有何内涵？
2. 在企业价值评估中，需要搜集的资料与数据有哪些？可以从什么渠道获得这些信息？
3. 在企业价值评估中，对数据进行选择和处理的原则是什么？请举例说明。
4. 对数据进行分析时有哪几种方式？

第十一章 国内外企业价值评估准则

【学习目的与要求】

了解我国和国际上主要评估准则的框架体系，熟悉我国和国际上企业价值评估准则的主要内容。

【关键词】

企业价值评估准则　准则框架　披露要求

第一节 中国评估准则中的企业价值评估

一、中国资产评估准则的建立过程

我国的资产评估准则建设始于 1996 年。在此之前，我国的资产评估行业只有 3～4 年的历史。1996 年，原国家国有资产管理局资产评估中心（与中国资产评估协会合署办公）发布了《资产评估操作规范意见（试行）》。该规范意见对资产评估的基本原则、基本方法、评估操作程序、各类具体资产项目评估的方法、评估报告书的编写、送审材料的内容以及工作底稿和项目档案等方面做出了具体规定，对规范行业执业行为和方法起到准则性质的指导作用。

2004 年，财政部发布了《资产评估准则——基本准则》和《资产评估职业道德准则——基本准则》。这两个准则的起草和发布，确立了中国资产评估准则体系建设的基本内容。

我国资产评估准则在制定过程中有如下几个要点：

（一）起草过程

根据年度准则建设计划，由中国资产评估协会组织成立准则起草小组，起草小组经过讨论提出准则大纲，专家评审通过后起草。起草组内部多次讨论后，形成征求意见稿。在广泛征求相关主管部门、地方评估协会、执业评估师意见后，起草组论证修改形成修改稿，再对社会公开征求意见。征求意见处理后，经过文字、法规复核后公开发布。

（二）参与方

评估准则的起草由行业协会组织，一般由资深的评估师担任组长，除执业人员、相关研究机构参与外，还与监管方进行充分沟通。“监管方参与准则制定有三个途径：一是日常与监管部门的沟通中反馈的意见；二是监管方参与准则项目组；三是监管方代表参与准则委员会对准则进行审议，提出修改意见。”① 同时，建立地方协会的准则联络员制度，广泛征求、吸取当地评估机构和人员、企业的意见。

（三）发布方

资产评估准则由财政部和中国资产评估协会制定。财政部设立资产评估准则委员会；中国资产评估协会设立资产评估准则技术委员会和资产评估准则咨询委员会。除最早的无形资产评估准则比较特殊外，现行的准则发布规则是：基本准则由财政部发布，其他准则由中国资产评估协会发布，抄报财政部和相关部门。这既体现了基本准则在评估准则体系中的地位，也增强了行业协会对于专业问题、专业规则把握的准确性和灵活性。

（四）规范主体

国外评估准则规范的都是评估师的执业行为。考虑到我国对于评估行业是对机构和注册资产评估师双重监管，目前我国资产评估准则对于评估师和评估机构按责任不同分别提出了执业规范要求。如对机构侧重评估约定书、底稿管理、内部质量控制等方面的要求，而对评估师更侧重履行评估程序、专业判断等要求。

（五）执行时间日期

我国的评估准则基本上都规定了明确的开始执行日期，执行日期与发布日期之间一般有半年左右的过渡期。过渡期间，没有像国外准则那样注明“推荐执行”的字样。在新准则发布（或修订）后，中国资产评估协会都会组织多次培训，强化对于新准则的认识和理解。

（六）执行监管

在相关部门和行业协会对评估活动的监管中，都把评估准则放在最重要的位置。对案件的调查处理、社会举报的解决，评估准则都起到技术判断、是非判断准绳的作用。各级

---

① 韩立英：“中国资产评估准则及其与国际评估准则的比较”，《国有资产管理》，2010 年第 12 期。

评估行业协会定期组织评估准则执行情况的检查，有力推动了行业和社会各界对于评估准则认识的提高。

（七）修订

尽管每项评估准则的起草过程都经过多次反复论证，甚至两个起草组在发布前并存。但是，我国市场经济的快速发展不断对资产评估提出新的问题，使既有的准则在执行中出现不适用的情况。中国资产评估协会的年度准则制定计划中，都有对现有准则的修订安排。如“无形资产评估准则”、“企业价值评估准则”、“珠宝首饰评估准则”等，都经过了修订。

二、中国资产评估准则体系基本结构

我国资产评估体系包括基本准则、具体准则、评估指南和评估指导意见四个层次。其中，基本准则是对各种资产类型、基本评估程序、报告披露要求的基本规范；具体准则包括两类，体现执业过程控制的程序性准则和体现不同资产类型、不同业务类型的实体性准则；评估指南是对特定目的的评估业务以及特定重要事项的规范；指导意见是针对业务执行中的具体问题规范或尚不适宜作为准则发布的过渡性“准准则”。四个层次的内容具有同等法律效力，都是注册资产评估师和评估机构执业中应遵守的规范，包括那些带有“试行”字样的评估指南和指导意见。图 11 –1 为中国资产评估准则体系图。

评估准则体系具有强制性，适用于价值估算类业务，规范对象为评估机构和注册资产评估师。体系中包含职业道德准则和业务准则两部分，职业道德准则分为基本准则和具体准则两个层次；业务准则分为基本准则、具体准则、评估指南、指导意见四个层次。

2012 年 10 月，财政部提出了《中国资产评估行业发展规划》，明确指出：资产评估行业要充分认识到国家“十二五”规划提出的经济社会发展目标为资产评估行业提供的广阔市场需求，提高自身创新能力，“适应新时期经济社会发展要求，提供全方位服务”。除了“熟悉和掌握股票、债券、基金、期货等现代金融业务，充分发挥专业技术优势，为深化国有企业改革，健全国有资本有进有退、合理流动机制，实现国有经济战略性调整，促进国民经济重点产业结构调整和转型升级，优化产业布局等，提供全方位服务。同时，重视知识产权等无形资产评估，服务于文化、林权、海岛、玉石等相关特殊产业，积极参与财政资金绩效评价、行政事业单位资产管理、涉税评估等业务领域”。此外，“资产评估机构应当大力拓展管理咨询业务，或吸收管理咨询机构加入，积极参与企业内部控制以及企业财务管理能力评估等工作。资产评估协会要加强对管理咨询工作的专业指导和行业规范，更好地服务于市场主体”①。

为适应这些新的市场需求，保持资产评估良好的专业服务形象，指导评估从业人员拓展传统业务、开展新兴业务，中国资产评估协会拟调整准则体系的结构。执业准则体系除了包括价值估算类业务，还将进一步扩充到非价值估算业务领域。新的准则体系包括评估准则体系和操作指引体系。

---

① 《中国资产评估行业发展规划》，《中国资产评估》，2012 年第 12 期。

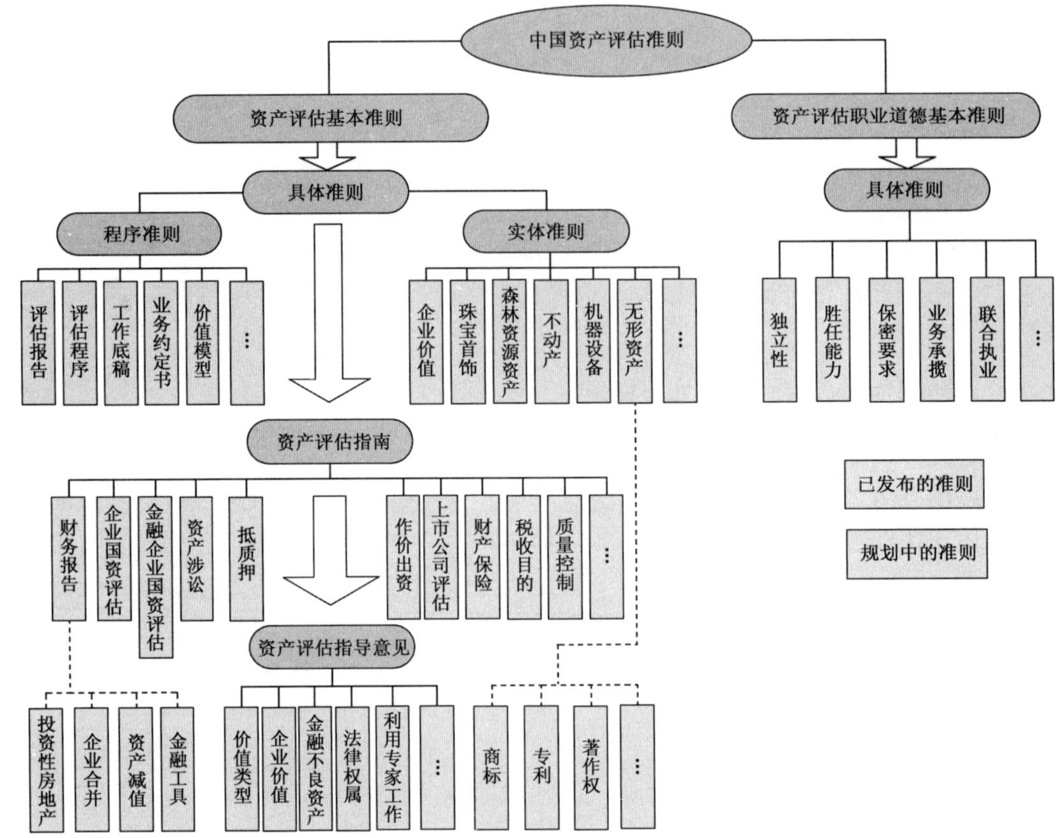

图 11-1 中国资产评估准则体系图

为提高准则体系的操作指导性，在更大范围、更深层次上为评估机构和执业人员提供指导，同时考虑评估实践需求或监管部门要求，针对评估业务特定事项或难点，中国资产评估协会开始陆续发布资产评估操作专家提示，作为对准则在操作上的细化和补充。专家提示由中国资产评估协会组织具有丰富理论和实践经验的专家进行起草。专家提示来自于专家自身经验和以往案例，是优秀评估实践的具体体现。专家提示定位是专家指导性质，强调准则规定优先；为区别与准则和财政部对新兴业务将要出台的指引的法律效力不同，行文表述不同于准则表述方式和体例，表述更加直接、详细；提示只对需要的“要点”进行细化，不是相关事项或业务的完整架构，未涉及的部分应该按照现有法律法规和评估准则执行。

由于评估业务因不同经济行为、交易目的存在多样复杂的情况，专家提示可能会具有一定的局限性。专家提示不作为执业的强制性标准。2012 年已发布两项资产评估操作专家提示。

三、中国资产评估准则的主要内容

截至 2012 年底，已发布的资产评估执业准则如表 11-1 所示。

表 11 -1　　中国资产评估执业标准（已发布）

准则层次	序号	准则名称	发布时间（年）	施行时间	修订情况
基本准则	1	《资产评估准则——基本准则》	2004	2004 年 5 月 1 日	
	2	《资产评估职业道德准则——基本准则》	2004	2004 年 5 月 1 日	
具体准则——程序性准则	3	《资产评估准则——评估报告》	2007	2008 年 7 月 1 日	
	4	《资产评估准则——评估程序》	2007	2008 年 7 月 1 日	
	5	《资产评估准则——业务约定书》	2007	2008 年 7 月 1 日	
	6	《资产评估准则——工作底稿》	2007	2008 年 7 月 1 日	
	7	《资产评估准则——利用专家工作》	2012	2013 年 7 月 1 日	
具体准则——实体性准则	8	《资产评估准则——机器设备》	2007	2008 年 7 月 1 日	
	9	《资产评估准则——不动产》	2007	2008 年 7 月 1 日	
	10	《资产评估准则——无形资产》	2008	2009 年 7 月 1 日	2001 年首次发布
	11	《资产评估准则——珠宝首饰》	2009	2010 年 7 月 1 日	2003 年以指导意见首次发布
	12	《资产评估准则——企业价值》	2011	2012 年 7 月 1 日	2004 年以指导意见首次发布
	13	《资产评估准则——森林资源资产》	2012	2013 年 7 月 1 日	
具体准则——职业道德	14	《资产评估职业道德准则——独立性》	2012	2013 年 7 月 1 日	
评估指南	15	《以财务报告为目的的评估指南（试行）》	2007	2007 年 12 月 31 日	
	16	《企业国有资产评估报告指南》	2008	2009 年 7 月 1 日	
	17	《金融企业国有资产评估报告指南》	2011	2012 年 7 月 1 日	
	18	《评估机构业务质量控制指南》	2010	2011 年 7 月 1 日	
指导意见	19	《注册资产评估师关注评估对象法律权属指导意见》	2003	2003 年 3 月 1 日	
	20	《金融不良资产评估指导意见（试行）》	2005	2005 年 7 月 1 日	
	21	《资产评估价值类型指导意见》	2007	2008 年 7 月 1 日	
	22	《专利资产评估指导意见》	2008	2009 年 7 月 1 日	
	23	《投资性房地产评估指导意见（试行）》	2009	2010 年 7 月 1 日	
	24	《著作权资产评估指导意见》	2010	2011 年 7 月 1 日	

续表

准则层次	序号	准则名称	发布时间(年)	施行时间	修订情况
指导意见	25	《商标资产评估指导意见》	2011	2012 年 3 月 1 日	
	26	《实物期权评估指导意见（试行）》	2011	2012 年 3 月 1 日	
专家提示	27	《资产评估操作专家提示——上市公司重大资产重组评估报告披露》	2012	2013 年 7 月 1 日	
	28	《资产评估操作专家提示——中小评估机构业务质量控制》	2012	2013 年 7 月 1 日	

四、基本准则地位

《资产评估准则——基本准则》是专业执业准则的基础性准则，对其他程序性准则、实体性准则、评估指南、指导意见的基本结构给出了框架性要求。几乎每项具体准则、评估指南、指导意见的第一条都是“为规范注册资产评估师利用专家工作行为，维护社会公共利益和资产评估各方当事人合法权益，根据《资产评估准则——基本准则》，制定本准则”这样类似的条款。

《资产评估准则——基本准则》的基本结构包括：①总则：准则制定的目的，资产评估和注册资产评估师的界定，资产评估准则的范围和层次，适用范围。②基本要求：合规及职业道德，评估原则，胜任能力，利用专家工作，对助理人员的指导和责任，评估程序，背离准则及披露。③操作准则：履行必要程序要求，评估程序，价值定义，评估方法，评估假设，工作底稿。④报告准则：报告编制方，披露必要信息，满足合理需求。⑤执业责任：承担责任范围，评估师、委托方和相关方的责任，关注法律权属。⑥附则：评估机构与准则关系，准则发布，实施日期。

五、《企业价值评估准则》的主要内容

（一）关于《企业价值评估准则》（以下简称《准则》）的制定目的和依据

第一章总则明确了《准则》的制定目的、制定依据、相关定义和适用范围。《准则》把企业价值的基本评估对象界定为三类：企业整体价值、股东全部权益价值和股东部分权益价值。评估实务中出现的企业可以控制的其他权益，如项目中的权益，在《准则》中没有被列为评估对象。关于三类基本评估对象的内涵和描述，以及三者之间的区别和联系，在《准则》第十二条给予列示。

从《企业价值评估准则》与《资产评估准则——基本准则》的关系看，企业价值评估除了遵循相关法律、法规的要求外，还必须符合基本准则的要求。《准则》的使用范围和其他准则一样，企业价值相关业务可以参照执行，也可以不执行。关于企业价值评估业务本身界定问题，与其他评估业务一样，是个边界不明确的概念，主要是非法定、咨询性企业价值评估业务。

（二）关于企业价值评估的基本要求

第二章是企业价值评估的基本要求，是结合企业价值评估业务的特点，对基本准则相关要求的强调或细化，突出了基本要求对于执行企业价值评估业务的重要性。

企业价值评估应当遵守相关法律、法规以及资产评估基本准则，如果业务中涉及其他评估准则的规定范围，应该考虑其他评估准则的相关规定。如用资产基础法评估企业价值时，机器设备、不动产、无形资产的评估要遵循相关准则的要求；评估的具体程序和成果要符合程序性准则、报告准则的规定。

《准则》规定执行企业价值评估业务的从业人员，应当具备相应的专业知识及经验，具备从事企业价值评估的专业胜任能力。企业价值评估涉及财务会计、管理学、产业经济学、微观经济学、宏观经济学、金融经济学等众多学科知识，以及被评估企业所属行业领域的专业知识等。与其他评估业务相比，企业价值评估更具综合性和复杂性。因此，执行企业价值评估业务的人员应该是具备丰富实践经验的从业人员，能从总体上把握企业价值的构成项目、分项价值分布、价值驱动因素和总价值的数量。不断学习相应的专业知识，通过后续教育更新知识，才能使企业价值评估人员保持和提高专业胜任能力。

评估人员执业时的立场是：恪守独立、客观、公正的原则，保持职业谨慎，不出现重大疏漏和错误，不以预先设定的价值作为评估结论。这与其他评估准则相比，并无特别之处。

独立性原则是指评估机构和执业人员与外部组织和服务对象保持实质和形式上的独立。客观性原则要求执业过程中以客观事实为依据，实事求是，尽可能排除人为的主观因素。公正性原则要求以正直诚实的品质，公平地对待有关利益各方。

防止出现重大疏漏和错误，要求评估人员在执业中应当保持应有的职业谨慎：严格执行资产评估准则，不得随意背离；以结论的客观性、公正性为目标检查执业行为；不使用敷衍手段，规避应尽义务。

评估目的、评估对象、价值类型、评估假设、评估方法和评估结论等是进行企业价值评估的主要评估要素。其中，评估目的通常由委托方确定，评估结论服务于评估目的，其他评估要素均要和评估目的保持一致，并支撑评估结论的合理性。

对执业中信息获取和质量的要求是：数量信息、来源可靠、利用恰当。企业价值评估所需信息内容十分广泛，通常需要自下而上系统地搜集企业的经营信息，与企业经营相关的产业经济信息、宏观经济信息、区域经济信息等。评估人员应当对获取信息的充分性、可靠性进行专业判断，以确认对评估目的、价值类型、评估方法、评估假设等评估要素的满足情况，对得到评估结论的支持情况。本教材第十章解释了信息获取对企业价值评估的重要性，还系统推荐了一些可靠的信息来源。

对利用专家工作和引用专业报告的要求是：对于特殊资产或特殊业务，如果缺乏相应的专业知识及经验，评估机构或评估师可以且应当聘请相关专家协助工作，或者引用专业报告，以形成合理的评估结论。例如对民航、化工、核电、矿山等专业性较强的行业进行评估时，在资产分类、资产运行状况判断、评估参数选取等方面可以聘请相关专家协助工作；例如对高速公路经营公司进行评估时，可以引用专业咨询机构出具的交通量预测报告作为预测车辆通行费收入的基础等。无论是外聘专家，还是引用专业报告，需要评估师对他人工作能力、独立性、成果客观性予以适当评价，并采取调查、培训、监督、判断等方式，保障外部工作成果的可靠性。对于一般专业报告，还应当关注重要假设前提、主要评估参数和使用限制条款等。

（三）关于企业价值评估的操作要求

《准则》第三章是对企业价值评估的操作要求，包括对委托事项的明确、评估对象、评估假设、评估资料、审计报告、持续经营前提、收益单元、溢价与折扣等方面的要求。

对企业价值评估应当明确的基本事项要求与基本准则、评估程序准则一致，包括委托方的基本情况，委托方以外的其他评估报告使用者、被评估企业的基本情况、评估目的、评估对象和评估范围、价值类型、评估基准日、评估假设，以及注册资产评估师认为需要明确的其他事项。这些事项除最后两项外，都需要在评估业务约定书、业务承接记录、评估计划、工作底稿中记载。

为避免出现影响独立性的情形，执行企业价值评估业务时，评估机构和评估师需要对委托方、其他评估报告的使用者和被评估企业的基本情况进行了解，对自身在项目中的独立性进行评价。评估机构应当与委托方协商确定报告的使用者，限定评估报告的使用范围，有利于规避不必要的报告使用风险。

评估目的取决于评估对象涉及的经济行为，评估目的不同，价值类型也可能不同，所以同样资产在不同经济行为下，由于价值类型的不同，评估价值可能也是不同的。比如，对于一项股权并购的评估标的，出售方作为委托方时，评估值作为出售价格的参考依据，合适的价值类型是市场价值；收购方要了解的是该项股权能为其创造的价值，收购方委托时合适的价值类型可能是投资价值。

一般情况下，合适的评估基准日应选取与评估目的实现时间最为接近的日期作为评估基准日。

评估假设在采用收益法评估企业价值时，必须依据评估目的、价值类型、市场条件、评估对象自身条件等因素综合分析确定和使用。

企业价值的评估对象包括企业整体价值、股东全部权益价值和股东部分权益价值三类。企业整体价值又称“投入资本价值”，是股东全部权益价值和付息债务价值之和，反映的是企业股东出资资本和债权人资本共同带来的企业的价值。股东部分权益价值对应的是企业股东的部分权益，股东部分权益价值通常是在得到股东全部权益价值后分析确定的。《准则》特别提示：由于控制权因素的影响，股东部分权益价值并不一定等于股东全部权益价值与股权比例的乘积。《准则》中对于控制权的处理给予了规定。

影响价值类型选择的因素包括评估目的、市场条件、评估对象自身条件等。评估假设是评估的最基本要素之一，但也是最难给予细致规定的因素，因此，《准则》只强调要合理使用评估假设，如何判断假设的合理性或合理评估假设应具备的特征并没有说明。在中国评估准则体系框架中，为评估假设专门设计了一个准则。

《资产评估价值类型指导意见》规定：资产评估价值类型包括市场价值和市场价值以外的价值类型。市场价值以外的价值类型包括投资价值、在用价值、清算价值、残余价值等。同一评估对象选择不同的价值类型，可能会得到完全不同的评估结论。在规定具体内涵并满足使用条件时，市场价值和市场价值以外的价值类型的评估结论都是合理的。市场价值是最容易被相关各方接受的价值定义，但并非社会各界能理解它的内涵。因此，《准则》明确规定，评估报告应具体表述价值类型的内涵。

一般来说，评估目的决定价值类型。当评估业务对市场条件和评估对象的使用等无特别限制和要求时，通常应当选择市场价值作为评估结论的价值类型；当评估业务针对的是特定投资者时，通常应当选择投资价值作为评估结论的价值类型；当评估对象面临被迫出售、快速变现或者具有潜在被迫出售、快速变现等情况时，通常应当选择清算价值作为评估结论的价值类型等。

企业价值评估实际上是一种模拟市场判断企业价值的行为，评估假设本质上是对评估条件的某种抽象。由于被评估企业所处内外部环境是不断变化的，需要根据评估基准日掌握的信息，对影响企业价值的某些特征做出合乎逻辑的推断。

评估假设通常包括基本假设和具体假设。基本假设包括交易假设、公开市场假设、持续经营假设或清算假设等。具体假设是对企业价值评估的市场条件、评估对象存续状态和使用状态等具体假定的说明，包括政策环境假设、经济环境假设、法律环境假设、资产使用范围假设、资产利用程度假设和资产利用效果假设等。

进行企业价值评估应当搜集和分析被评估企业的资料和其他相关资料，通常包括九个方面的内容：有关法律文件、权属证明，被评估企业历史沿革，企业的资产、财务、经营管理状况，企业的计划、规划和预测资料，以往的评估及交易资料，宏观、区域经济影响因素，行业现状与发展前景，证券、产权等市场有关资料，可比企业相关信息资料。这些应搜集整理的资料大体上可分为两类：一是被评估企业自身的信息资料；二是其他相关资料。《准则》只给出信息的大致分类，具体资料搜集需要评估从业人员根据具体情况确定。特别是有关资料没有，评估师应考虑对于得出价值结论是否有足够的信息支持，这是需要评估师的经验和专业判断才能决定的。

企业价值评估中应尽可能利用相关的审计报告，被评估企业的历史财务报表是企业价值评估最重要的基础资料，是否经过外部审计决定了财务报告的客观性和可靠性。因此，《准则》要求“注册资产评估师应当尽可能获取被评估企业和可比企业的审计报告”。同时说明评估师运营历史财务报表时的必要工作，“无论财务报表是否经过审计，注册资产评估师都应当对其进行必要的分析和专业判断”。

对被评估企业的历史财务报表进行分析有下列作用：了解企业历史，评价企业经营风险、赢利能力和未来经营前景，分析被评估企业的财务预测，帮助进行同行业企业比较，确定评估参数。

对被评估企业和可比企业财务报表进行必要的分析和调整，是针对收益法和市场法进行企业价值评估共同适用的条款，调整的依据是评估对象、价值类型等的相关条件，以及与评估当事方沟通的有关信息。分析和调整事项通常有：财务报表编制基础，应符合评估对象或评估标的的口径；非经常性收入和支出，以使财务信息更合理地反映企业的正常赢利能力，提高财务比率和价值乘数的可比性；非经营性资产、负债和溢余资产及其相关收入和支出，这些项目通常是经营性资产通过财务模型估算价值后的直接加减项。后一条进一步说明，根据企业资产配置和使用的情况，谨慎识别非经营性资产、负债和溢余资产，并对其进行单独分析和评估。

评估师需要明确非经营性资产、负债和溢余资产概念。其中，非经营性资产、负债是和经营性资产相对的概念，该项目可能不产生收益，也可能所产生的收益与企业正常的经营收益之间没有直接关系。溢余资产是和必备资产相对的概念，是指超出了企业日常活动必备规模的资产，与企业收益无直接关系，包括与生产经营无关的部分非经营性资产、无效资产等。

《准则》提醒评估人员，清算前提下的企业价值有时可能大于持续经营前提下的企业价值。如果投资资本长期预期收益率小于投资资本成本，持续经营假设前提下评估得到的企业价值可能会小于清算假设前提下的企业价值，这可能打破只有经营企业价值高于处置变现价值的一般认识。因此，如果评估人员判断相关权益人有权启动清算程序，应当分析评估对象在清算前提下价值大于在持续经营前提下价值的可能性，并与委托方沟通，选择适当的评估前提、评估方法和披露方式。

《准则》提出了业务单元的概念。业务单元可能是一个公司，也可能是多个公司，界定的基本原则应是在生产、分销或营销等方面没有相互依赖关系，即可模拟分拆出去成为一个独立的企业，或出售给另一家公司。

《准则》强调对具有多种业务类型、涉及多种行业的企业进行企业价值评估时，应当根据业务关联性合理界定业务单元，并根据被评估企业和业务单元的具体情况，采用适宜的财务数据口径进行评估。在实务操作中，企业存在多种不同类型业务、涉及多种行业时，一般应分别进行分析；属同一业务类型的和多个存在业务关联（或上下游关系）控股型企业的，可以合并成“业务单元”进行评估。“采用适宜的财务数据口径”是指采用合并财务报表口径还是采用母公司财务报表口径。

对于部分股权价值与全部股权价值的数量关系，《准则》提示，股东部分权益价值并不一定等于股东全部权益价值与股权比例的乘积。其中的原因是：由于具有控制权或者缺乏控制权可能产生溢价或者折价。由于控制权带来的价值变化有时很难准确估算，《准则》允许评估人员不考虑该因素对价值的影响，但要在评估报告中明确披露评估结论是否考虑了控制权对评估对象价值的影响。

关于控制权的定义，可以参考会计准则的相关定义，拥有控制权的股东享有少数股权股东无法享有的权利，例如，任命或更换公司管理层的权利、达成重大投融资项目的权利、达成重大并购重组的权利等。这些权利使得控制权具有高于按股份百分比的价值。

决定控制权价值的基本因素有：财务与经营状况、法律法规规定、公司章程与协议规定、产业管制强度的影响、潜在的股权稀释（如期权）、控制权的分散程度和运营透明程度等。

《准则》要求评估人员关注流动性对企业价值的影响，当流动性对评估对象价值有重大影响时，应当予以恰当考虑。流动性影响也是高度依赖于市场数据深度研究的价值因素，当没有专业数据分析公司资源或充分的研究依据做支持时，评估人员可以选择不考虑该因素的影响。无论是否考虑流动性对评估对象价值的影响，评估报告中都应披露。影响流动性程度的常见因素有合同约定的卖出权利，股利分配政策，潜在买家的数量，交易股权的规模，公开发售预期及出售前景，相关条款对股权转让限制，公司规模、绩效和风险。

（四）基本评估方法的运用

《准则》第四章对企业价值评估常用的三种基本评估方法及相应的具体评估方法进行了说明和定义。从指导意见到《准则》的修订中，评估方法的说明更加准确、操作性更强，符合国内企业评估的发展状况，并保持了适度超前。特别是对企业价值评估方法的运用和逻辑推理、主要参数的确定和测算，以及在采用多种评估方法时如何形成最终评估结论等进行了规范，提高了《准则》的操作指导性。

《准则》说明了选择基本方法的相关条件，包括评估目的、评估对象、价值类型、资料搜集情况等。《准则》指出，应该分析收益法、市场法和成本法（资产基础法）三种资产评估基本方法的适用性，恰当选择一种或者多种资产评估基本方法。换句话说，应当用排除的方式，说明哪种基本评估方法在特定项目中是不适用的。

评估方法的选择实际上包含了三个不同层面：第一层是基本方法（在国外准则中大都称为评估途径），一般包括收益途径、市场途径和成本途径，近年来增加了期权途径；第二层是具体方法，例如收益途径下的现金流量折现法、股利折现法等；第三层是具体模型，例如现金流量折现法下的企业自由现金流折现模型和股权自由现金流折现模型。

《准则》用6条内容分别规范了企业价值评估中的收益法的定义、适用性、具体方法、模型、收益预测，还对收益期、预测期、折现率、预测期后的价值、预期收益口径等用收益法进行企业价值评估时的重要问题分别进行了规范，这在中外各项评估准则中都算是细致的。

收益法的定义与国际准则一致，即收益法是指将预期收益资本化或者折现的评估方法。本条还规定了收益法的使用条件，即依赖于未来收益可预测情况、所获取评估资料的充分性。具体来说，能够形成评估结论的五个重要参数——未来收益、收益期、预测期、折现率和预测期后价值，可以通过获取的资料合理确定。

收益法常用的具体方法包括股利折现法和现金流量折现法。股利折现法是将预期股利进行折现以确定评估对象价值的具体方法，通常适用于缺乏控制权的股东部分权益价值的评估；现金流量折现法通常包括企业自由现金流折现模型和股权自由现金流折现模型。其中，现金流折现是企业价值评估应用最广泛的模型，模型的参数细节取决于企业未来经营模式、资本结构、资产使用状况以及未来收益的发展趋势等因素。

收益预测是收益法的重要步骤。《准则》规定了企业未来收益预测的当事方及其责任，强调了未来收益预测注意事项及特殊情况披露要求。收益预测的形成过程是：委托方或者相关当事方提供被评估企业未来收益预测；评估人员应分析企业的资本结构、经营状况、历史业绩、发展前景、宏观和区域经济因素、行业现状与发展前景，判断企业预测的合理性并进行调整；依未来各种可能性及其影响确定评估假设；最终形成收益预测结果。《准则》特别强调，如果预测趋势与历史业绩和现实状况存在重大差异，应当在评估报告中披露，并对差异原因进行分析。

对企业价值评估中的市场法的原则规定有6条。市场法采用国外类似做法，直接把操作方式的描述作为定义：将评估对象与可比上市公司或者可比交易案例进行比较确定评估对象价值的方法。《准则》提出的两种常用具体方法是上市公司比较法和交易案例比较法。其中，上市公司比较法是指获取并分析可比上市公司的经营和财务数据，计算适当的价值比率，在与被评估企业比较分析的基础上，确定评估对象价值的具体方法。交易案例比较法是指对可比企业的买卖、收购及合并案例资料进行分析，选择适当的价值比率，在与被评估企业比较分析后，确定评估对象价值。

需要关注的是，《准则》明确了上市公司比较法评估结论应当考虑流动性对价值的影响，而对于收益法是否应当考虑流动性影响，业内尚存争议。运用交易案例比较法时，应当进行评估对象与交易案例的差异因素调整。

上市公司比较法的关键和难点是如何选取可比上市公司和恰当的价值比率。《准则》规定，应当确定企业之间可比的标准，其中“属于同一行业，或者受相同经济因素的影响”是最基本的要求。除此之外，业务结构、经营模式、企业规模、资产配置和使用情况、企业所处经营阶段、成长性、经营风险、财务风险等也是可比因素的选择内容。对于行业的分类，统计部门、证券监管部门、交易机构和专业数据服务公司都有相关的标准。可以采用的价值比率通常包括赢利比率、资产比率、收入比率和其他特定比率。

资产基础法在过往执业实务中被称为“成本加和法”或“成本法”的规范。该方法被定义为“以被评估企业评估基准日的资产负债表为基础，合理评估企业表内及表外各项资产、负债价值”的评估方法。这种对过程的“场景式”描述，给注册资产评估师判断资产基础法是否适用，留出了展示专业判断能力的空间。

如何对被评估企业资产负债表表内，特别是表外的资产、负债项目进行识别，是资产基础法应用的难点。《准则》要求评估人员“应当根据会计政策、企业经营等情况”进行分析判断。另一方面，“并非每项资产和负债都可以被识别并用适当的方法单独评估”。因此，存在对价值有重大影响且难以识别或可以识别、不能单独评估的资产或者负债项目时，资产基础法是不适用的。

常见的表外资产项目可能存在的形式有：①获得专利管理机关颁发证书的专利或专利申请；②自创无形资产，该无形资产价值在账面没有反映；③企业毛利率明显高于同行业平均水平；④存在某种形式的特许权利（有些特许权利法规可能不允许单独转让，但可以随企业权益一同转让）；⑤企业持有较知名商标（可能被冠以驰名商标、著名商标等）；⑥存在著作权；⑦具有独特的经营模式；⑧协议约定的企业获益形式，如优惠贷款利率、优厚供应条件等。

常见的表外负债存在方式主要有：①法律明确规定的未来义务，如土地恢复、环保要求等；②和其他经济体以协议形式明确约定的义务。

应特别注意，由于资产基础法是以“加和”或“构建”的方式得到评估结果，作为企业资产一部分的资产项目在企业整体价值中体现出来的价值，与该资产项目单独评估的价值可能是不同的。在资产基础法中，单项资产的价值取决于企业（或独立获利资产组合）的整体价值和其贡献程度，整体价值按贡献度在构成要素中分配。另外，对专门从长期股权投资获取收益的控股型企业进行评估时，应当考虑控股型企业总部的成本和效益对企业价值的影响。

结合经济发展状况和国际上对于企业价值评估的共同观点，《准则》规定“以持续经营为前提对企业价值进行评估时，资产基础法一般不应当作为唯一使用的评估方法”。即在条件允许时，企业价值评估应当用收益法和市场法进行评估。

如何从多种评估方法计算的结果得到最终评估结论，《准则》在此给评估人员较大的专业判断空间，即应当“结合评估目的、不同评估方法使用数据的质量和数量，采用定性或者定量分析方式形成最终评估结论”。应当注意的是：不同衡量方式得到评估结论的过程，应当符合逻辑，并有充分的分析论证支持。

（五）报告披露要求

《准则》第五章是对企业价值评估报告编制的披露要求，是对《资产评估准则——评估报告》规范的披露内容的具体化或特殊事项的强调，即执行企业价值评估业务时，还必须遵守评估报告准则的要求。

1. 把握评估报告中信息披露的基本原则，使评估报告使用者能够合理理解评估结论。

2. 鉴于收益法和市场法在企业价值评估中应用越来越广泛，《准则》专门对应用收益法和市场法得出评估结论的重点披露内容做出规定。必备的披露内容有：①影响企业经营的宏观、区域经济因素；②所在行业现状与发展前景；③企业的业务分析情况；④企业的资产、财务分析和调整情况；⑤评估方法的运用实施过程。

宏观、区域经济披露的主要内容有：①国家、地区有关企业经营的法律法规；②国家、地区经济形势及未来发展趋势；③有关财政、货币政策等。

行业现状与发展前景应当披露的主要内容有：①行业主要政策规定；②行业竞争情况；③行业发展的有利和不利因素；④行业特有的经营模式，行业的周期性、区域性和季节性特征等；⑤企业所在行业与上下游行业之间的关联性，上下游行业发展对本行业发展的有利和不利影响。

企业业务状况披露的主要内容：①主要产品或者服务的用途；②经营模式；③经营管理状况；④企业在行业中的地位、竞争优势及劣势；⑤企业的发展战略及经营策略等。

企业资产、财务及其调整情况披露的主要内容：①资产配置和使用的情况；②历史财务资料的分析总结，一般包括历史年度财务分析、与所在行业或者可比企业的财务比较分析等；③对财务报表及相关申报资料的重大或者实质性调整。

3. 《准则》对于企业价值评估的方法运用过程的披露内容的要求，其主要内容有：①评估方法的选择及其理由，应综合考虑评估目的、评估对象、价值类型、资料搜集情况、委托方合理需求；②评估方法的运用和逻辑推理过程，如评估假设设定、收益模型选择、收益口径匹配、收益预测、收益折现、可比企业筛选、价值比率选择、差异因素调整等；③主要参数的来源、分析、比较和测算过程；④对初步评估结论进行分析，形成最终评估结论的过程，如不同评估结论的内涵、假设条件、评估结论的合理性。

与评估报告准则一致，《准则》说明评估报告的体例可以根据监管要求、评估目的、委托方需求与约定等因素，确定评估报告披露的详略程度。

第二节 美国评估准则中的企业价值评估

一、美国评估准则基本情况

从20世纪70年代开始，美国评估从业人员陆续成立了多个行业自律组织，其中规模较大的是16个协会，目前，仍有7家有较大影响。每个协会都制定了自己的评估准则。由于各评估协会注重的领域有差异也有重叠，使得准则方面有差异，抑或产生一些矛盾。20世纪80年代中期，从规范评估业务和职业道德角度，美国几家主要评估协会成立了美国评估促进会（The Appraisal Foundation，AF），其下属的评估准则委员会（The Appraisal Standards Board）开始制定统一的行业标准（Uniform Standards of Professional Appraisal Practice，USPAP），并于1987年4月27日发布第一版。1992～1995年，USPAP每年进行修改，2008年后开始每两年修订一次。目前已发布2014～2015年版。

从国际评估发展历史来看，美国的行业规范一直是独树一帜的一派。其准则体系以综合性、快速响应经济发展需要而著称。美国评估准则中最具影响力的是USPAP，所以，美国以外国家一般提及美国的评估准则，指的都是USPAP。

二、美国评估准则的基本框架

USPAP由五个部分组成：定义（Definition）、导言（Preamble）、规则（Rules）、准则和准则条文（Standards and Standards Rules）、评估准则说明（Statements on Appraisal Standards）。另外，相关的规范性规则还有咨询意见和USPAP常见问题。

定义部分介绍了USPAP主要术语的涵义和注释、说明。如评估、评估师、评估执业、假设、特别假设、动产、不动产、价格、工作底稿等，是具体条款的统一的术语。2012～2013年版共有37个定义。

制定USPAP的目的在于规范评估师的执业行为，提高和保持社会公众对评估行业的信任程度。

规则包括职业道德、专业胜任能力、工作范围和管辖除外。

职业道德规则主要由行为、管理、保密、档案管理组成。

准则及准则条文是USPAP中篇幅最重的部分，主要是各类评估业务应该遵守的程序和报告要求。按评估业务类型划分，USPAP 有 10 项准则，涵盖不动产评估、评估复核、不动产评估咨询、批量评估、动产评估和企业价值评估 6 个主题，每个主题都包括两个部分：评估操作（具体执业细节）和评估报告（披露格式、内容和注意事项）。每个准则又都包括原则性要求（不允许背离）和专门性要求（可以有所背离）两类。

评估准则说明是 AF 授权评估准则委员会制定的，目的是明确、解释和细化 USPAP。从执业标准的效力来看，评估准则说明与准则条文具有同等重要性，必须经过公开征求意见后发布。准则说明的结构是：主题、适用范围、问题、说明、结论、采纳日期、最后修订日期（或停止使用日期）。

咨询意见是对准则在特定情形下使用的评估事项和问题的建议，是评估准则委员会发布的一种指南。咨询意见不构成评估准则委员会的法律性意见，是对评估准则在特定情形下使用的范例，或者说是相关评估事项和问题的解决方案。咨询意见以假定的条件为基础，不对真实状况进行调查和验证，执业人员可以有其他的解决方案。

USPAP 常见问题也是评估准则委员会发布的一种指南，用于回答评估从业人员、监管部门、评估服务使用者和社会公众提出的问题，是从评估准则委员会角度对这些问题提供解释。这些解释不是相关问题的唯一解决方案，发布时也无需履行公开征求意见程序。每一版 USPAP 发布时，都会附上常见问题汇编。评估准则委员会网站 www. appraisalfoundation. org 每个月更新问题。

USPAP 的一个特色是：每个定义或条款都紧跟着一个或多个注释（Comments），这些注释类似中国资产评估准则的释义，帮助读者充分理解准则的概念和逻辑，但是作为相关准则的一部分，表述上更加严谨，层次更加简洁清晰。

三、企业价值评估准则的主要内容

USPAP 对于企业价值评估的要求在准则 9 和准则 10 中。准则 9 有 5 个条款，包括评估对象、评估要素、关注非持续经营、资料搜集和评估方法。准则 10 有 4 个条款，包括评估结论表述、报告用途、评估师声明和报告形式。

在 USPAP 中，企业价值评估的评估对象是企业权益或无形资产，准则体系中没有单独的无形资产评估准则。准则 9 首先要求评估师具有专业能力、不出现实质性疏忽或错误、不疏忽大意。

1. 需要明确的评估要素包括：客户和其他的评估结果预定使用者、报告和结论的预定用途、价值类型和定义、价值前提、评估基准日、评估对象、特别假设、非真实性条件和工作范围。

2. 做出价值判断需要的信息与中国准则类似，但更原则一些，包括：①企业或无形资产的性质和以往的发展状况；②影响企业或无形资产，其所处行业和宏观经济发展的金融环境和经济环境；③企业以往的经营业绩、目前的经营状况和未来发展前景；④企业的股本或其他所有者权益，或所评估无形资产以往的出售状况；⑤类似企业的股本或其他所有者权益以往的出售状况；⑥影响评估标的或类似资产以往出售状况的价格、条件和市场环境；⑦有形资产与无形资产的经济收益。

3. 对于采用哪种评估方法准则中没有说明，指出应考虑所采用评估途径中所取得和所分析的数据资料具有适当的数量与质量，以及与获得评估价值结论所采用评估途径、方法与技术具有适用性与匹配性。

4. 对于评估报告的基本要求是：评估师必须以不会引起误解的方式传达每一项分析、意见与结论。USPAP 明确说明评估报告有两种类型：企业价值评估报告和限制用途评估报告。

5. 评估报告披露的内容至少应该包括：客户和预期使用者身份、预期用途、评估对象信息、被评估权益控制程度和确定依据、被评估权益缺乏流动性程度和确定依据、价值类型定义和价值前提、评估基准日和报告日、执行业务的工作范围、执行的程序和分析过程、特别假设和非真实条件及其对结论的影响。

6. 限制用途报告则要说明：客户身份，并规定约束委托方对报告使用的明确的用途限制，并应告诫：在没有阅读评估师工作底稿中的补充资料前，报告中评估师的意见与结论可能不能被恰当理解；除一般评估报告的说明内容外，应有：阐述所遵循的评估程序、阐述所获得评估价值意见与结论以及评估工作档案的有关内容；必须对没有使用市场途径、资产基础（成本）途径或收益途径进行解释。

7. USPAP 企业价值评估报告给出了评估师书面声明的要求内容范本：

"每一份企业或无形资产权益的书面评估报告，必须包含评估师签署的类似于下列内容的誓言：

尽本人的所知所信，我保证：

（1）本报告所包含对事实的叙述是真实和准确的。

（2）报告中的分析、意见与结论仅限于在报告中假设和限定条件之下成立，并是我个人的公正和无偏见的专业分析、意见与结论。

（3）对于报告中所评估的财产，我不沾染其任何现存的或将来的利益（或拥有一定的利益，则需详细说明）；

（4）我在受理本项目之前的三年之内，未作为一名评估师或以其他的身份进行过关于本报告中产权的服务（或进行过，则需详细说明）。

（5）对于报告涉及的各方，也不存在我任何的个人的利益（或存在一定的个人利益，则需详细说明）。对于报告中所涉及的财产和评估项目所涉及的各方，我都不存有任何的偏见。

（6）我受聘于本评估项目，绝不是为了求证或报告事先决定的结论。

（7）我完成本评估项目的报酬，绝不是因求证和报告预先决定的价值或迎合委托方需要求证和报告指定价值的结果。我完成本评估项目的报酬与评估判断的价值量、以评估结果为条件的约定所得以及评估结果使用后所连带发生的事件无关。

（8）我的分析、判断和推论以及本报告都是遵循 USPAP 的要求进行的。

（9）无人对本誓言签署者提供企业/无形资产价值评估业务方面的重要帮助。（反之，则必须予以列示每一位提供企业/无形资产价值评估业务重要帮助者的姓名。）"

第三节 国际评估准则中的企业价值评估

一、国际评估准则委员会的基本情况

按照国际评估准则委员会的官方介绍，20 世纪 70 年代出现的经济高速发展使市场参与者意识到专业资产评估的重要性。在国际上没有统一评估准则出台前，各国专业评估组织之间的不同观点可能会在无意中引起误解。在各种因素的共同作用下，英国、美国、澳大利亚、新西兰、法国等 20 多个国家和地区评估专业协会于 1981 年在澳大利亚墨尔本市召开会议，正式成立国际资产评估准则委员会（IAVSC），1985 年在加拿大魁北克年度会员代表大会上正式更名为国际评估准则委员会（IVSC），2008 年底更名为国际评估准则理事会（仍称 IVSC）。国际评估准则委员会于 1985 年制定了《国际评估准则》（IVS）第 1 版，之后分别于 1994 年、1997 年进行了修订，发布了《国际评估准则》第 2 版和第 3 版。2000 年以后，《国际评估准则》的制定和修订工作进入了一个快速发展的时期，2003 年 4 月推出了第 6 版《国际评估准则》。

2007 年 1 月，国际评估准则理事会提出重组计划，通过从技术和财务上应对世界经济形势变化对评估行业的挑战。同年 4 月 17 日的特别会议，国际评估准则委员会成员全票通过了重组议案。重组后的架构与国际会计准则理事会类似，准则委员会成为委员会的核心和灵魂。该组织的核心架构包括：

管理委员会——全权负责整个国际评估准则组织的管理和财务；

准则委员会——独立的准则制定团体；

专业委员会——负责准则的制定进程。

利益相关方沟通平台——国际评估准则委员会组织机构采用会员制形式，入会标准更加宽泛。除了代表国家的专业评估团体外，评估机构、评估服务使用方、学术界及其他各界都可以参与准则委员会的工作。

二、2011 年版《国际评估准则》架构

IVSC 下属的国际评估准则委员会（IVSB）对第 8 版前的准则进行了评审，研究如何发展准则才能适应评估市场的发展需求。根据评审报告和咨询过程中收到的反馈意见，2011 年版《国际评估准则》在结构和内容进行了大幅度调整，篇幅大大缩减。其主要的变化有：

第一，取消重复。为使准则清晰容易理解，新版准则在形式上进行了简化，合并了以前在第 8 版各部分重复出现的概念或论题。

第二，取消评估方法。新版准则对基本评估方法和具体评估方法只给出概括性定义和解释。应用细节将由 IVSC 专业委员会（IVSC Professional Board）单独出版评估方法技术

资料文件（TIPS）。2007 年版中的两个指南，即成本法（GN 8）和折现现金流法（GN 9）将最先列入 TIPS 计划。

第三，取消道德规范。道德行为是评估实践的一个至关重要的组成部分，但委托和监管评估师是准则使用者的责任。同时，不同国家及不同领域在监管上有不同的形式，容易在倾向于强制执行的准则中引入道德规范对于全球范围内对准则广泛适用造成障碍，之前版本中的道德规范被取消了。

第四，精简术语。IVS 2007 年版包含一个翔实的词汇表，其中包含很多准则中没有用到的术语和多余的定义，这些定义与一般的词典中相似。从精简篇幅角度，新版准则只有一个简短的定义列表，仅包括一些在评估中以特殊意义使用的词汇和术语。

第五，更加关注原则性。2007 年版准则有很多操作性的要求，在全球范围内的评估实践来看太过详细。新准则聚焦于原则性的要求，并在必要时举例说明，以使各地评估师有更多的专业自由度。

2011 年版准则的框架是：

（一）IVS 定义

包括在 IVS 框架、基本准则、资产准则及评估应用中使用的有特定意义或限定性意义的词汇或短语，有价值类型、成本法、公允价值、商誉、收益法、无形资产、投资性不动产、投资价值、市场法、市场租金、市场价值、房地产、不动产、特殊假设、特殊购买方、特殊价值、协同价值、经营性不动产、评估基准日。

（二）IVS 框架

IVS 框架相当于 2007 年版的“公认评估原则的基本概念”，对业界公认的评估概念、原理、定义进行解释，有助于对《国际评估准则》的理解。《国际评估准则》体系中的每项准则和评估应用都基于这一框架的内涵。框架中解释的概念和议题有：估值与判断、独立性与客观性、专业胜任能力、价格、成本及价值、市场、市场参与者、实体特定因素、资产合并、价值类型、市场价值、交易成本、投资价值、公允价值、特殊价值、协同价值、评估假设、强制出售、评估方法、市场法、收益法、成本法、评估方法的运用、评估输入。为了使用者充分理解框架中概念的内涵和相关问题，有些概念和议题对论点逐步深化。如“市场”概念，从交易环境、市场范围、价格形成、界定标准、市场间影响、IVS 市场内涵、市场缺陷等多个角度进行的论证。

（三）基本准则

基本准则是对评估活动的规范，以 100 为起点编号。

IVS 101 工作范围 是对评估业务中评估要素（评估师的身份和地位、客户及其他报告使用者的身份、评估目的、被评估资产或负债的确定、价值类型、评估基准日、调查范围、评估依赖信息的来源和性质、假设及特殊假设、使用分发或发布限制、确认遵循准则、报告）的规定。准则要求，工作范围列明了约定的评估目的、调查范围、将采用的程序、将做出的假设，以及将应用的限制条件。工作范围可以在开始时或评估任务执行过程中设定，但必须在评估工作和评估报告前完成。准则的内容有基本原则、要求、工作范围的变动和生效日期。

IVS 102 实施 是对评估程序的规范，包括基本原则、调查、评估方法、评估记录和生效日期几项内容。

IVS 103 报告 是对评估报告内容的要求。该准则要求，所有评估报告都应该包括的事项有：评估师的身份和地位、客户及其他报告使用者的身份、评估目的、被评估资产或负债的识别、价值类型、评估基准日、调查范围、依赖信息的性质和来源、评估假设及其他特殊假设、使用分发或发布限制、确认本次评估遵循 IVS、评估方法及推理、估值金额、评估报告出具日期。

（四）资产准则

资产准则是对不同资产类型的评估予以规范，每项资产都包含两个部分：①准则——其中包括工作范围、实施、报告、生效日期，是根据该类资产的特性，将基本准则的内容具体化；②注释——对该类资产评估的要点进行的解释，不同资产注释的内容是不同的。资产准则以 200 开始排序。

IVS 200 企业及企业权益 注释的内容有定义、企业、所有权、企业信息、评估方法、市场法、收益法。

IVS 210 无形资产 注释的内容有无形资产的主要类型、商誉、无形资产的特征、评估方法、市场法、收益法、许可费节省法、增量收益法、超额收益法、税收摊销收益、成本法、多种方法。

IVS 220 机器设备 注释的内容有机器设备、无形资产、融资安排、强制出售、评估方法。

IVS 230 不动产权益 注释的内容有不动产权益的类型、权益的等级、租赁、评估方法、市场法、收益法、成本法、附件：历史性不动产。

IVS 233 在建投资性不动产 注释的内容有投资性不动产、评估方法、评估输入、为财务报告目的评估的特殊考虑事项、为担保贷款目的评估的特殊考虑事项。

IVS 250 金融工具 注释的内容有金融工具简介、金融工具市场、信用风险、自身信用风险、流动性及市场活动、评估输入、评估方法、市场法、成本法、控制环境。

（五）评估应用

评估应用是对特殊评估目的应用基本准则的专门化，体例上包括简介、定义、准则（工作范围、实施、报告、生效日期）、应用指南。其中，应用指南类似资产准则的注释，说明了该类业务评估的特点和关注要点。评估应用以 300 开始排列。

IVS 300 以财务报告为目的的评估 应用指南包括公允价值，资产合并，评估输入及公允价值层级，负债，折旧，折旧：土地及建筑物，折旧：工厂和设备，折旧：组件租赁，租赁的投资性不动产，评估租赁资产或负债，收购价格分摊，减值测试，减值测试－可收回金额，减值测试－在用价值，减值测试－公允价值减去处置费用的净额，附件：公共部门的固定资产。

IVS 310 以担保贷款为目的的不动产权益评估 应用指南包括不动产权益、奖励、评估方法、不动产类型、投资性不动产、业主占有的不动产（自用不动产）、专用不动产、经营性不动产、开发性不动产、消耗性资产。

三、企业价值评估准则的主要内容

《国际评估准则》的企业价值评估准则很简练，其主要内容是要求明确特定企业权益是整体权益、部分权益，与资产、负债、股票的关系；对特定权益评估的假设；关注被评估权益清算的可能性。

相关注释是本准则的重点，共30条。

定义：企业价值、权益价值。

相关事项：所有权、控制权益、少数权益、非控制权益。

评估目的：收购、兼并、出售全部股权或部分股权、征税、诉讼、破产清算及财务报告。

信息来源：企业历史信息、相关经济发展以及特定的行业动态、企业财务状况、表外资产或负债。

评估方法：明确IVS框架中所描述的市场法和收益法可以适用于企业及企业权益的评估。成本法通常不可用，除非是新建企业，并且单项资产有充分的市场信息。投资或控股公司，可以通过资产和负债价值的加和评估。IVS定义为“净资产法”（Net Asset Approach）或“资产途径”（Asset Approach），并认为这不是一种评估方法，因为单项资产或负债的评估采用一种或多种框架中的主要评估方法进行。

市场法：把目标企业与市场上交易的相似企业所有权权益或股票相比较，或者与同一企业股权的以前相关交易相比较。用到的三类最常见的数据是：相似企业公开股票交易数据、企业买卖的产权交易市场、目标企业权益的历史交易价格或报价。

《准则》要求：相似企业应有一个合理的对比基础，其基本前提是与目标企业处于同一个行业，或对相同经济因素具有相同的反应。相似性的判断因素有：①数量和质量方面与目标企业的相似性；②相似企业数据的数量和可验证性；③相似企业交易价格的公平性。相似性的定性和定量对比分析，通常是对交易价格或评估价值可比乘数的调整。调整的内容有风险差异，未来预期差异，权益控制程度、市场流通性、持股规模等的差异。经验法则不宜作为最终结论，需要采用其他方法进行交叉检验（Check）。公开交易股票或合伙企业权益的市场价格，相同或相似业务的企业或企业权益的收购价格，可以用于验证市场法评估结论的合理性。

收益法一般包括现金流资本化（Capitalised Cash Flow）或收益资本化（Capitalised Earnings），以及折现现金流方式（Discounted Cash Flow）。收益和现金流有不同的计量方法，税前税后均可以，资本化率或折现率必须与收益或现金流口径匹配。

确定资本化率或折现率需要考虑的因素包括利率水平、市场参与者对相似投资的期望回报率、实现未来预期收益的风险。未来现金流的预期增长通常反映在资本化率中。预测收入或现金流是以名义货币单位计量时，折现率应当是包含通胀因素的名义折现率。

企业价值评估采用企业全部现金流、资本化率或折现率采用加权平均资本成本、企业价值扣除债务资本市场价值得到股东权益、股权现金流直接折现得到权益价值、溢余资产的考虑等，都与中国企业价值评估准则一致。

收益法需要进行目标企业财务比率分析，对未来现金流与历史的差异需要进行调整，常见的调整有：①将收入与费用调整到合理的持续经营的水平；②目标企业和对比企业的会计政策调整一致，以保证财务数据可比；③交易背景对交易价格影响；④调整劳动成本、租赁成本、关联交易至市场价格或市场报价水平；⑤非经常项目影响；⑥折旧和应纳税所得的可比性；⑦存货的会计处理方式。

该准则明确：进行收益法评估时，现金流预测和折现率中未反映事项可以进行调整，包括权益的可流通性、控制的调整，这两点在国际行业内存在争议。

【思考题】

1. 中国资产评估准则体系有哪些内容?
2. 试画出《资产评估准则——企业价值》的框架结构。
3. 在企业价值评估报告中进行披露时，有哪些注意事项?
4. 小组讨论：对比中国、美国、《国际企业价值评估准则》（或资产评估准则中有关企业价值评估的部分），试说明中国企业价值评估准则有何特点、优点及缺点，对国外准则有何可借鉴之处。